职业教育“课证融通”
立体化系列规划教材财务会计类

会计电算化

张立国 张晓慧 ◇ 主　编
孟沙沙 唐伟云 ◇ 副主编

人 民 邮 电 出 版 社
北　京

图书在版编目（CIP）数据

会计电算化 / 张立国，张晓慧主编. -- 北京 : 人民邮电出版社，2015.8
（职业教育“课证融通”立体化系列规划教材财务会计类）
ISBN 978-7-115-39369-2

Ⅰ. ①会… Ⅱ. ①张… ②张… Ⅲ. ①会计电算化－高等职业教育－教材 Ⅳ. ①F232

中国版本图书馆CIP数据核字(2015)第108042号

内容提要

本书以财政部最新颁布的《会计从业资格考试大纲（修订）》为依据，结合职业院校会计专业的教学需要，在多年研究该考试命题特点的基础上编写而成。

本书的主要内容包括了解会计电算化、认识会计软件的运行环境、会计软件的应用和应用电子表格软件。本书附录提供了“考情简介与应试策略”，旨在总结、提炼考试内容的重点及命题方式，为考生提供全面的应试策略。

本书的配套资源包括配套光盘以及 PPT 课件、备课教案、拓展参考的用友 T3 操作视频和金蝶 KIS 操作视频、教学素材等丰富内容。其中配套光盘中不仅提供了书中的素材及效果文件、真题精练板块的答案文件以及学习使用电子表格软件 Excel 的微课视频，还提供了会计从业资格考试无纸化考试系统（依据财政部最新自主研发的实操环境），包括“考试指南”“考试大纲”“章节练习”“题型精练”“模拟考场”“错题重做”板块，帮助读者提前感受考场。

本书可以作为职业院校财会相关专业的教材，也可供全国各地报考会计从业资格考试“会计电算化”科目的考生使用，还可作为会计人员岗位培训教材和相关会计工作者的参考用书。

◆ 主　　编　张立国　张晓慧
副 主 编　孟沙沙　唐伟云
责任编辑　刘　琦
执行编辑　朱海昀
责任印制　杨林杰

◆ 人民邮电出版社出版发行　　北京市丰台区成寿寺路 11 号
邮编　100164　　电子邮件　315@ptpress.com.cn
网址　http://www.ptpress.com.cn
北京鑫正大印刷有限公司印刷

◆ 开本：787×1092　1/16
印张：14　　2015 年 8 月第 1 版
字数：338 千字　　2015 年 8 月北京第 1 次印刷

定价：39.80 元（附光盘）

读者服务热线：(010)81055256　印装质量热线：(010)81055316
反盗版热线：(010)81055315
广告经营许可证：京崇工商广字第 0021 号

前　言

组织编写本书的初衷

会计从业资格考试（俗称“会计证考试”）是从事会计工作的一种法定资格认证，也是进入会计职业的“门槛”。考生通过考试后，便可获得会计从业资格证。该考试的考试大纲由财政部于 2014 年进行了全面修订，并从 2014 年 10 月 1 日起施行。同时，该考试采用财政部统一编制的无纸化考试题库，并实行三科连考，即一次性通过三个考试科目才能取得会计从业资格证书，从而增加了考试难度。

近年来，随着各院校将会计从业的课程逐渐纳入教学计划，传统的教材已无法同时满足教学与考试的双重需求。与此同时，根据实行无纸化考试省份的情况来看，其平均通过率较低，尤其是对于在校参加会计从业资格考试的学生来说，复习备考的方向和应试策略较难把握。不仅考试规则难，还缺乏对出题方式以及无纸化考试环境的认识和了解。

为了满足各院校教学需要，以及学生考证的复习需求，我们针对当前最新会计从业资格考试的考情和命题思路，在多年研究该考试命题特点的基础上，以教学需求为主线、考试大纲为蓝本，编写了本套“课证融通”系列教材。

本书的特点

1. 满足教学需求为首，紧扣考试大纲，做到课证融通

本书以最新的考试大纲为依据，保持了考纲的体例编排和内容设计，同时根据教学需求调整了相关知识点的讲解方式及篇幅，对部分知识点进行深度剖析，并增加了实务操作的相关内容，使知识讲解更加全面和系统。同时，我们深入研究了近几年的考试真题，使本书全面覆盖教学知识点和对应考试大纲的内容，不仅知识结构清晰，还对各项目进行考情分析，归纳了有效的学习方法，使本书真正满足“课证融通”的教学需求。

2. 采用项目式教学，合理安排教学任务，注重技能

本书精心设计了“项目导入”“学习目标”“考情分析”“任务目标”“知识讲解”“任务实施”“项目总结”“项目实训”“拓展知识”“真题精练”这样循序渐进的教学结构，将学习场景引入课堂教学，激发学生的学习兴趣；然后在技能任务的驱动下，实现“讲中学、学中练”的教学理念；最后有针对性地进行项目实训和知识拓展补充，并通过练习题巩固所学知识。

3. 穿插案例阅读和例题，讲解浅显易懂，配有相关图示和举例

结合初学者学习会计的特点，本书尽量做到语言描述浅显易懂，并通过生动、形象的示意图和贴近实际工作的案例等帮助读者理解。在对各知识点的讲解过程中，还结合不同类型的试题，包含历年考试真题和典型例题等，同步给出答案和解析，便于读者熟悉考试题型的解题思路与命题特点。

4. 提供特色小栏目，加深领悟力

本书设置了“知识补充”和“名师点睛”两个特色小栏目。其中，“知识补充”栏目主要是对一些相关的知识点、法规和概念做进一步的说明；“名师点睛”栏目主要是将抽象化

的知识进一步进行归纳和总结，并对其实质进行剖析，以加深读者对知识的理解和领悟。

5. 各章末提供自测练习题，可反复练习，提高解题能力

在每个项目最后，按该项目考点所涉及的不同题型提供自测练习题。这些练习题是根据对应考点在考试题库中的命题类型及方式精心设计的，其参考答案和解析位于光盘中（具体请参见 光盘 \ 真题精练答案 \ 真题精练答案与解析 .doc）。

6. 提供无纸化考试系统，完全模拟真实考试环境，复习更高效

本书的配套光盘中提供了模拟考试系统，帮助考生提前熟悉考试环境及命题类型。光盘中的考题都是精心挑选的历年真题和预测题，均有参考答案及详细解析，可供考生模拟演练，并通过解析获知答题思路及考查重点，进一步突破复习难点。

本书的教学资源

本书的教学资源包括以下 3 方面的内容。

（1）配套光盘。本书配套光盘包含书中任务实施和项目实训涉及的素材与效果文件、各项目“真题精练”的答案与解析、微课视频，以及无纸化考试题库系统等内容。

（2）教学资源包。本书配套精心制作的教学资源包，包括 PPT 课件和备课教案，以便老师顺利开展教学工作。

（3）教学扩展包。教学扩展包中包括方便教学的拓展资源，如金蝶 KIS 操作视频、用友 T3 操作视频、教学素材等。

特别提醒：教学资源包和教学拓展包可访问人民邮电出版社教学服务与资源网（www.ptpedu.com.cn）搜索下载，或者发电子邮件至 dxbook@qq.com 索取。

怎样使用本书

- 建议读者先仔细阅读“附录　考情简介与应考策略”，充分了解考试规则和考试重点，掌握复习方法，了解考试过程中应注意的问题及解题技巧。
- 精读本书中的内容，包括“拓展知识”板块中的内容。对于理论知识需要加以记忆，对于实务知识可通过案例和实训加以理解和巩固。
- 对书中内容掌握到一定程度后，可通过配套光盘提供的模拟考试系统进行反复练习，这样不仅能熟悉考试环境，还能查漏补缺。虽然考试是随机抽题，且考题千变万化，但考查的重点与方式基本不变，做题时要注意对各种知识点进行归纳总结，以不变应万变。

联系我们

本书由张立国、张晓慧任主编，由孟沙沙、唐伟云任副主编，参与编写的还有赵琪。参与本书资料收集整理、编写、校排、光盘制作等工作的人员还有：肖庆、李秋菊、黄晓宇、蔡长兵、牟春花、李凤、熊春、蔡飓、高志清、丘青云、罗贝加、高利水、曾勤、何晓琴、蔡雪梅等。

尽管在本书的编写与出版过程中，编者一直力争做到精益求精，但由于水平有限，书中难免有错漏和不足之处，恳请广大读者批评、指正。本书责任编辑的联系邮箱为 zhuhaiyun@ptpress.com.cn。

编　者

2015 年 4 月

光盘使用说明

将光盘放入光驱中，在“我的电脑”窗口中双击光盘盘符，打开光盘文件夹窗口，在其根目录下提供有“素材文件”“效果文件”“真题精练答案”“微课视频”等文件夹，如图 0-1 所示，双击打开相应的文件夹，便可查看其内容。

图 0-1 查看光盘文件夹

运行光盘模拟考试题库系统的方法是在光盘的根目录下双击 autorun.exe 文件图标运行光盘（光盘放入某些计算机后也会自动运行），稍后进入演示主界面。在光盘演示主界面上方有“首页”“考试指南”“考试大纲”“章节练习”“题型精练”“模拟考场”和“错题重做”等几个按钮，单击某个按钮，即可进入对应板块。下面分别介绍各个板块的功能。

1．“首页”板块

该板块主要是显示光盘中各个模块中的题目数量以及考生练习完成的进度情况，如图 0-2 所示。

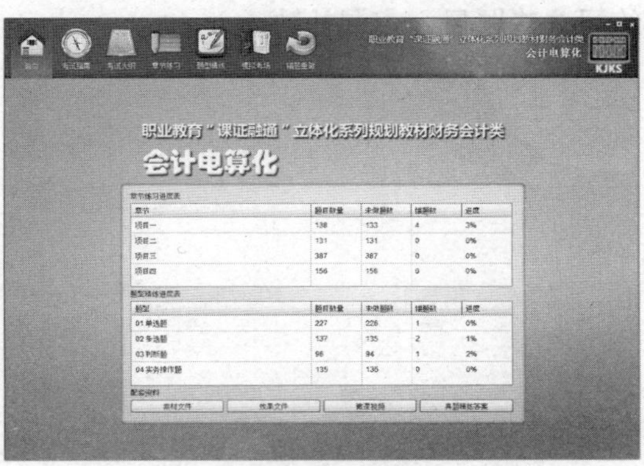

图 0-2 光盘题库系统“首页”板块

2．“考试指南”板块

该板块主要是介绍会计从业资格考试的考试情况，以及“会计电算化”科目的考情、考纲分析，学习方法和应试技巧，单击左侧窗格中的按钮即可查看相应内容，如图 0-3 所示。

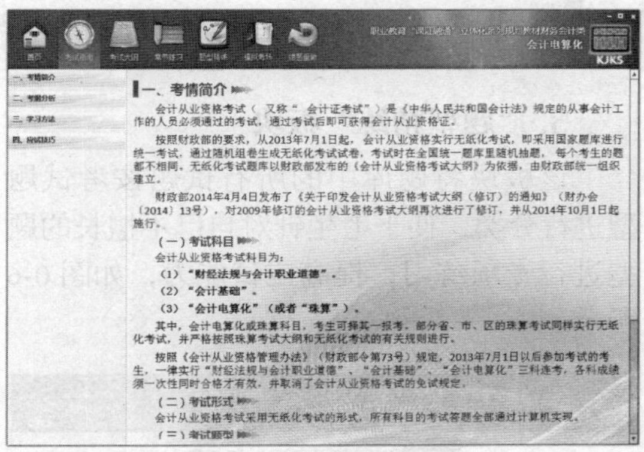

图 0-3 “考试指南”板块

3．“考试大纲”板块

该板块主要是介绍“会计电算化”科目的考试大纲，单击左侧窗格中各章按钮即可查看该章的考试大纲内容，如图 0-4 所示。

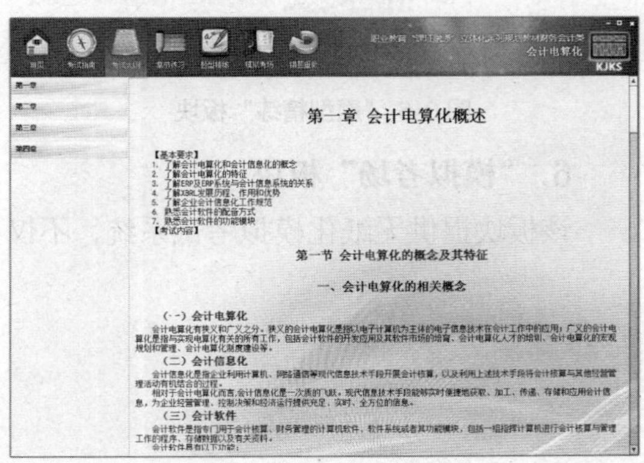

图 0-4 “考试大纲”板块

4．“章节练习”板块

本板块将题库中的所有试题，按章节结构进行分类，便于考生针对本书各个项目所覆盖的考试知识点进行专项练习，提高应试能力，如图 0-5 所示。

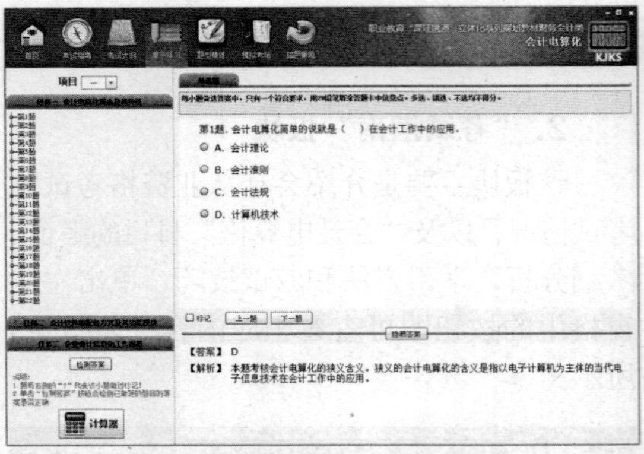

图 0-5 “章节练习”板块

5.“题型精练”板块

该板块将题库中的所有试题按考试题型进行分类，便于考生针对自己不擅长的题型进行专项练习，提高应试能力，如图 0-6 所示。

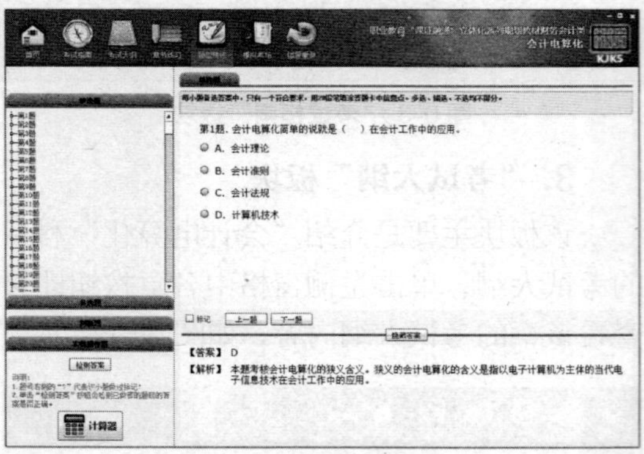

图 0-6 “题型精练”板块

6.“模拟考场”板块

该板块提供无纸化模拟考试系统，不仅能帮助考生提前熟悉考试环境及命题类型，还能通过模拟考试检验学习效果，如图 0-7 所示、图 0-8 所示。

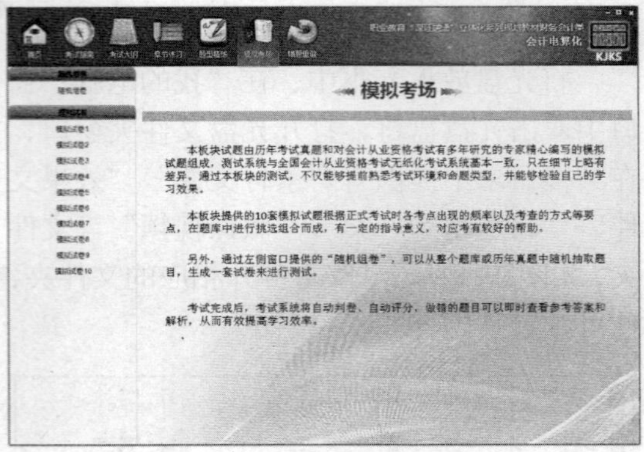

图 0-7 “模拟考场”板块

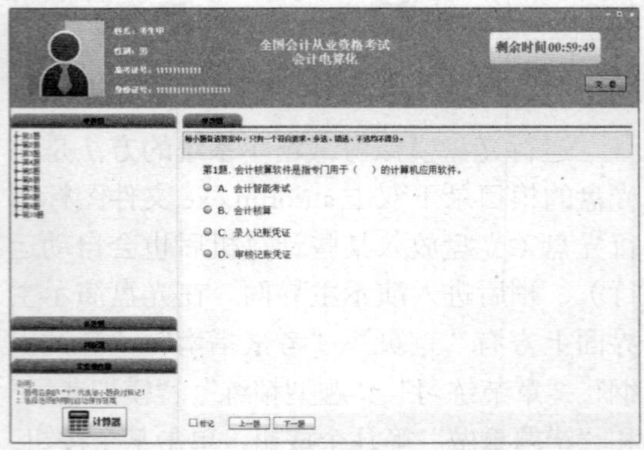

图 0-8 模拟考场界面

7.“错题重做”板块

凡是在“章节练习”“题型精练”和“模拟考场”板块中答错的题目或是在“模拟考场”板块中没有作答的题目，都会自动添加到“错题重做”板块中，考生可在其中反复练习这些题目，查漏补缺。

目录

PART 1

项目一 了解会计电算化

项目引入

杜老师：小叶，你之前了解过会计电算化吗？

叶丽娜：听说过，不过没有具体了解过。老师给我详细讲讲吧，我想多学习一些知识。

杜老师：好，对于新的知识，就是要有好学求知的主动性。会计电算化简单地说就是信息技术在会计工作中的应用。它是现代企业的管理工具，通过它，可以及时准确地获取、加工、传递和应用会计信息，为企业经营管理、控制决策和经济运行提供技术支持。

叶丽娜：它对企业这么重要，作为这个专业的学生，我更要学好这门课程。

学习目标

- 了解会计电算化的相关概念和特征；
- 了解企业会计信息化工作规范；
- 熟悉会计软件的配备方式；
- 熟悉会计软件的功能模块。

考情分析

- 题型与分值：单选题、多选题和判断题，分值约占5%。
- 复习重点与建议：牢记会计电算化、会计信息化等知识的概念，了解ERP、XBRL等英文术语的含义，熟悉会计软件配备方式的优缺点。

任务一 了解会计电算化的概念及其特征

会计电算化是现代社会化大生产的必然产物，通过计算机处理会计数据，改变了手工操作效率低、计算结果不精确的缺点，同时有利于提升企业的会计核算和管理水平。

【任务目标】

本任务的目标是了解会计电算化的相关概念及特征，认识会计电算化的发展历程和未来走向，从而增强学习会计电算化的主动性。

【知识讲解】

一、会计电算化的相关概念

（一）会计电算化

1. 会计电算化的定义

随着我国会计电算化事业的发展，会计电算化的概念也在不断发展，会计电算化的概念有狭义和广义之分。

- **狭义的会计电算化**：狭义的会计电算化是指以电子计算机为主体的当代电子信息技术在会计工作中的应用，即通过在计算机中运用会计软件处理会计工作来替代手工完成或手工难以完成的会计工作。
- **广义的会计电算化**：广义的会计电算化是指与实现会计电算化有关的所有工作，包括会计电算化软件的开发应用及其软件市场的培育、会计电算化人才的培训、会计电算化的宏观规划和管理、会计电算化的制度建设等。

2. 会计电算化的发展历程

计算机发明之后，其应用范围从军事领域不断向其他方面扩展，其与会计的结合是从20世纪中期开始的。在会计电算化的发展过程中，以下几个关键时间点需要注意。

- **1954年**：美国通用电气公司第一次使用计算机计算职工的薪酬，标志着会计电算化的产生。
- **1979年**：财政部为长春第一汽车制造厂拨款500万元人民币，作为第一家会计电算化试点单位。该厂从当时的民主德国引进“EC—1040”计算机，与原第一机械工业部（现为工业和信息化部）联合进行会计电算化试点，1979年也就成为中国会计电算化发展的起点。
- **1981年8月10日~19日**：在财政部、原第一机械工业部和中国会计学会的支持下，由第一汽车制造厂和中国人民大学联合发起的“财务、会计成本应用电子计算机专题讨论会”在吉林省长春市召开。“会计电算化”一词在该会议上被正式提出，其全称为“电子计算机信息技术在会计中的应用”。
- **1989年9月**：先锋集团公司的“凯利·先锋CP—800通用财会软件系统”通过财政部审批，成为我国第一款财务软件。此后，用友通用会计核算软件、金蜘蛛财会软件等10个商品化会计核算软件依次通过审批。
- **1989年12月**：财政部颁布我国第一个关于会计电算化管理的重要行政法规——《会计软件核算管理的几项规定（试行）》。
- **1994年6月**：财政部颁布《会计电算化管理办法》（财会字[1994]27号），自1994年7月1日起施行。

- 1996年6月：财政部发布《会计基础工作规范》（财会字[1996]19号），自公布之日起实施。
- 2013年12月6日：财政部印发《企业会计信息化工作规范》（财会[2013]20号），自2014年1月6日起施行。

名师点睛

对于涉及时间、事件的知识点，应主要关注"第一次""起点"等关键字眼所对应的时间或事件，对于其他信息，则以了解为主，不用花太多时间记忆。

试题精讲

【单选题】会计电算化简单的说就是（　）在会计工作中的应用。

A. 会计理论　　B. 会计准则　　C. 会计法规　　D. 计算机技术

【答案】D

【解析】狭义的会计电算化是指以电子计算机为主体的当代电子信息技术在会计工作中的应用。

（二）会计信息化

会计信息化是指企业利用计算机、网络通信等现代信息技术手段开展会计核算，以及利用上述技术手段将会计核算与其他经营管理活动有机结合的过程。

相对于会计电算化而言，会计信息化是一次质的飞跃。现代信息技术手段能够实时且便捷地获取、加工、传递、存储和应用会计信息，为企业经营管理、控制决策和经济运行提供充足、实时、全方位的信息。

知识补充

1999年4月2日~4日，深圳市财政局与深圳金蝶软件科技有限公司在深圳市召开"新形势下会计软件市场管理研讨会暨会计信息化理论专家座谈会"。会上正式提出了"会计信息化"的概念，因此该会议是会计电算化向会计信息化转变的一个里程碑。

（三）会计软件

1. 会计软件的定义与功能

会计软件是指专门用于会计核算、财务管理的计算机软件、软件系统或者其功能模块，包括指挥计算机进行会计核算与管理工作的程序、存储数据以及有关资料。会计软件具有以下功能。

- 为会计核算、财务管理直接提供数据输入，即会计数据可通过键盘、移动存储设备和网络传输等多种形式进行输入，且在会计软件的控制下，保证会计数据符合统一的会计制度规定。
- 生成会计凭证、会计账簿和会计报表等相关会计资料，即会计软件可根据录入的相关数据，按照功能模块的设定和统一的会计制度规定，自动生成各种凭证、对账单、余额调节表、会计账簿和会计报表等会计资料。
- 对会计资料进行查询、分析、转换、输出，即会计软件可提供对机内会计数据的查询、分析、转换和输出等功能，实现会计数据的全面利用和共享。

2. 会计软件的分类

会计软件主要有两种分类标准：适用范围、硬件结构。在不同标准下，软件的类别不同，而且具有相应的特点。

（1）以适用范围为标准，会计软件可分为通用会计软件和专用会计软件。

通用会计软件是指由专业软件公司研制，公开在市场上销售，能适应不同行业、不同单位会计核算与基本管理需要的会计软件。这类软件的特点如下。

- **通用性强**：该类软件的通用性具体体现在满足不同会计主体的不同需求、满足同一会计主体在不同时期的不同需求，即给予用户自定义相关参数的权限，例如自定义凭证格式、自定义账簿格式、自定义报表格式等，这样有助于用户按需获取符合管理要求的信息。
- **安全可靠**：该类软件由专业公司研制，在上市销售前需要经过大量测试，根据用户的试用情况多次修改和完善，因此，其质量比专用会计软件高，安全性和可靠性更强。
- **支持各种软硬件平台**：该类软件可支持各类操作系统，且能在不同的数据库系统上运行，这就便于用户根据需要更换升级操作系统或数据库系统，节省更换系统的时间和成本。
- **保密程度高**：该类软件的所有权属于软件开发商，由其掌握源程序代码，因此用户无法模拟、拷贝代码，也就避免竞争对手非法获取用户的商业机密。
- **软件的维护和升级由厂家负责**：该类软件的源程序代码为开发商所有，因此软件的维护和升级只能由开发商及其授权单位进行，且一般实行终身维护，便于用户长期使用。

专用会计软件是指由使用单位根据自身会计核算与管理的需要，自行开发或委托其他单位开发，专供本单位使用的会计软件。该类软件的特点是开发成本较高、专用性强、只能在一定范围内使用。但是，用户拥有该软件的所有权，可掌握所有的源代码，因此便于用户自行维护软件和进行二次开发。

（2）以硬件结构为标准，会计软件可分为单用户软件和多用户（网络化）软件。

- **单用户软件**：单用户软件是指单独在一台或几台计算机上运行，生成的数据不能交换和共享的会计软件。该类软件的特点是适用于规模较小的中小企业，系统维护工作量小、难度低，数据安全性、保密性较好，硬件和软件的购置成本较低。
- **多用户（网络化）软件**：多用户（网络化）软件指可在一个多用户系统的主机（计算机网络的服务器）上安装，系统中各终端（工作站）同时运行，会计信息可在各终端共享的会计软件。该类软件的特点是适用于规模较大的企业，可实现资源共享，提高企业处理会计信息的效率，但系统维护要求高，数据的安全保密措施要求严，硬件和软件的购置成本较高。

试题精讲

【判断题】会计软件是指专门用于会计核算工作的计算机应用软件，但不包括采用各种计算机语言编制的用于会计核算工作的计算机程序。（　）

【答案】×

【解析】会计核算软件还应包括采用各种计算机语言编制的用于会计核算工作的计算机程序。

（四）会计信息系统

1. 会计信息系统的定义

会计信息系统（Accounting Information System，简称AIS），是指利用信息技术对会计数据进行采集、存储和处理，完成会计核算任务，并提供会计管理、分析与决策相关会计信息的系统。该系统将会计数据转化为会计信息，是企业管理信息系统的一个重要子系统。

2. 会计信息系统的分类

会计信息系统可分别按照信息技术的影响程度、功能和管理层次的高低进行分类，如图1-1所示。

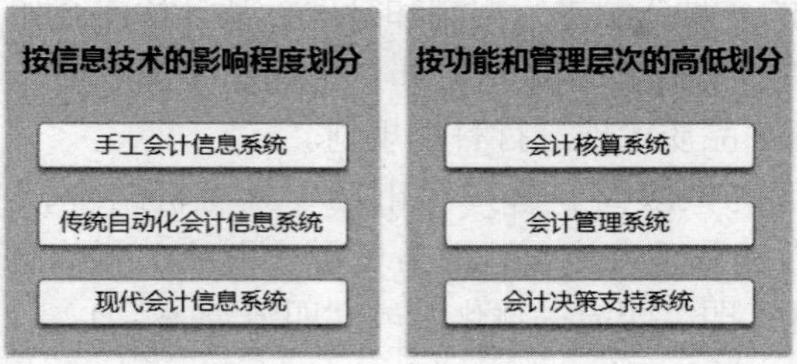

图1-1 会计信息系统的分类

根据信息技术的影响程度，会计信息系统可划分为手工会计信息系统、传统自动化会计信息系统和现代会计信息系统。

- **手工会计信息系统：**手工会计信息系统是指一种以人工处理为主的数据处理系统。在手工会计信息系统阶段，财会人员使用纸、笔、算盘等工具，对会计数据进行记录、计算、分类、汇总并编制会计报表。
- **传统自动化会计信息系统：**该系统并没有改变手工系统信息处理模式，虽然它使人工差错数量、会计职员数量、对纸质文档依赖程度大大降低，但并没有充分利用信息技术优势，存在一定局限性。
- **现代会计信息系统：**20世纪80年代，针对传统会计信息系统不能支持非财务决策的弊端，美国学者提出了REA模型，该模型充分利用信息技术并克服了电算化会计信息系统的弊端，因此称其为现代会计信息系统。REA模式的核心是集成，包括对业务处理、信息处理、实时控制和管理决策的集成处理。它不仅仅应用于财务管理，而是面向整个企业管理，从详细记录最原始经济业务事件的属性或语义表述于数据库中开始，而不是从记录经过人为加工后的会计分录开始，其基本元素不再是科目、分录或账簿。

知识补充

美国密歇根州立大学会计系教授麦卡锡（William E. McCarthy）于1982年7月在《会计评论》上发表了题为《REA会计模型：共享数据环境中的会计系统的一般框架》（The REA Accounting Model: A Generalized Framework for Accounting Systems in a Shared Data Environment）的论文，该论文正式提出了REA模型——Resources（资源）、Events（事件）、Agents（主体）。

根据其功能和管理层次的高低，会计信息系统可划分为会计核算系统、会计管理系统和会计决策支持系统。

- **会计核算系统：**该系统的功能是处理会计信息，如成本核算、固定资产核算、工资数据核算等。
- **会计管理系统：**该系统的功能是在会计核算系统的基础上，对核算得到的数据进行管理和控制，如成本管理和控制、销售管理和控制等。
- **会计决策支持系统：**该系统的功能是进行科学的经营决策和预测工作，包括投入产出预测和决策、长短期投资预测、风险预测与控制和利润预测等内容。

（五）ERP和ERP系统

1. ERP的概念与内容

ERP（全称为Enterprise Resource Planning，译为“企业资源计划”），是由美国管理咨询公司加特纳公司（Gartner Group Inc.）于1990年提出的一种管理理论，是指利用信息技术对企业内部、外部的各种资源进行规划和管理，其具体内容如下。

- 整合企业内部所有资源，对开发设计、采购、生产、成本、库存、分销、运输、财务、人力资源、品质管理进行科学规划。
- 将企业与其外部的供应商、客户等市场要素有机结合，实现对企业的物资资源（物流）、人力资源（人流）、财务资源（财流）和信息资源（信息流）等资源进行一体化管理（即“四流一体化”或“四流合一”）。

案例阅读与思考

1997年，中国软件行业协会财务与企业管理软件分会在北京奥林匹克饭店组织了“向ERP进军”的发布会，这次会议标志着中国会计软件由财务管理向企业管理转型。1998年，用友和金蝶已经领先于其他软件企业，分别开发出各自的ERP系统：U8和K/3。ERP极大地改变了企业的管理模式和效率，有力地推动了企业的发展。以美的风扇为例，实施ERP后，其库存同比下降了25%，装配生产比率同比提高28%，采购资金下降5%，加班时间减少30%，产量增加30%。到了2008年，中国实施会计信息化改革，ERP系统也适应新形势，逐渐朝着扁平化、网络化的方向发展。

2. ERP系统的概念、特点与模块

ERP的核心思想是供应链管理，强调对整个供应链的有效管理，提高企业配置和使用资源的效率。而ERP系统是整合了ERP核心思想的数据系统，它实现了企业内部与外部各环节的业务集成，将各个独立的应用整合到一起，形成一个协调的企业信息和管理系统，并通过计算机和网络等现代技术高效、实时地共享企业事务处理系统间的各种数据和资源。

试题精讲

【判断题】ERP系统具备财务、分销和生产管理等管理功能，是会计信息系统的一个子系统。（ ）

【答案】×

【解析】ERP系统包含一个企业的采购、生产、销售和管理等各方面的数据信息系统，会计信息系统只是ERP系统的一个子系统。除会计信息系统外，ERP系统还包括诸如供应链管理、制造管理、分销管理等多个子系统。

ERP系统的主要模块包括4个：生产控制管理（计划、制造）、物流管理（采购、库存、分销）、财务管理（会计核算、财务管理）和人力资源管理，如图1-2所示。

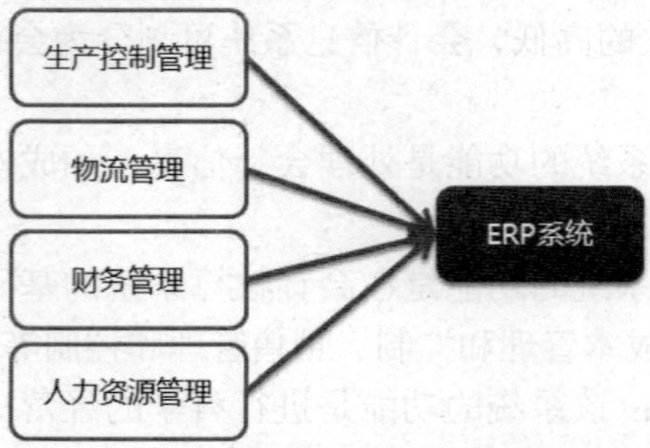

图1-2 ERP系统的主要模块

（六）XBRL

XBRL（全称为eXtensible Business Reporting Language，译为“可扩展商业报告语言”），是一种基于可扩展标记语言（eXtensible Markup Language，XML）的开放性业务报告技术标准。

1. XBRL的作用与优势

XBRL的主要作用在于将财务和商业数据电子化，促进财务和商业信息的显示、分析和传递。XBRL通过定义统一的数据格式标准，规定了企业报告信息的表达方法。企业应用XBRL的优势主要有6个方面，具体如表1-1所示。

表 1-1 XBRL 的优势

优势	具体体现
①提供更为精确的财务报告与更具可信度和相关性的信息	XBRL自动生成财务报告，无需手工录入，不仅提高了报表编制的效率，同时降低了重新录入资料的次数，减少了手工录入错误的概率
②降低数据采集成本，提高数据流转及交换效率	基于XBRL架构的财务报表信息具有标准格式，即一次生成后，可直接在会计师事务所、监管机关、银行等各个机构之间流通使用
③帮助数据使用者更快捷方便地调用、读取和分析数据	XBRL报表文档可以与Excel矩形数据转换，可以直接用IE浏览器打开，从而实现数据更为方便地实时共享
④使财务数据具有更广泛的可比性	XBRL财务报表不仅可以进行纵向、跨年份分析，还可以进行横向、跨多报表、多公司、多国家对比分析
⑤增加资料在未来的可读性与可维护性	XBRL报表文档采用ASCⅡ码存储，增加了资料在未来的可读性和可维护性，适合需要长期保存的文件资料
⑥适应变化的会计准则制度的要求	原有XBRL报表文档只需按照新的会计准则进行重组，就可以满足新的会计制度的要求，自动生成具有可比性、一致性的数据

案例阅读与思考

XBRL在中国属于新生事物，正处于初期的摸索阶段。从2011年试点企业的反馈来看，XBRL的实施涉及多个专业、多个部门，知识背景复杂，但是它在优化管理流程、提升财务信息的收集质量、支持管理者决策等方面具有光明的应用前景。

以国内某著名通信厂商为例，在实施XBRL后，该企业所有财务报告的信息格式都得到统一。这样，既能节约耗材使用成本和印刷成本，又能降低重复输入的错误，增加企业财务报告在国际上的通用性。而且，XBRL可以在不同的信息之间建立链接，便于企业跟踪相关的信息线索，从上向下考察到底层的数据，有助于管理层及时做出有效、合理的决策。

在实施XBRL的过程中，企业需要与软件厂商密切沟通，需要有一大批通用型人才参与其中，这样就能培养出既精通会计知识，又掌握XBRL技术和较高英文能力的人才队伍。

2. 我国XBRL发展历程

尽管XBRL的历史并不长，从1998年该概念在美国提出至今不到20年，但其在全球迅速推广，将成为未来电子财务报告的国际通行标准。中国及时关注到了XBRL，在2002年就将XBRL选定为电子化信息披露的格式标准，并在证券领域大力推广。此后，XBRL在中国不断受到关注和重视，与国际接轨的步伐也逐渐加快。具体来说，以下时间点见证了

XBRL在中国的由小到大、由理论到实践的转变。

- 2003年11月：上海证券交易所在全国率先实施基于XBRL的上市公司信息披露标准。
- 2005年1月：深圳证券交易所颁布了1.0版本的XBRL报送系统。
- 2005年4月：上海证券交易所正式成为XBRL国际组织会员，这是我国以单位身份加入XBRL国际组织的第一例。
- 2006年3月：深圳证券交易所加入XBRL国际组织。
- 2008年11月：XBRL中国地区组织成立。
- 2009年4月：财政部在《关于全面推进我国会计信息化工作的指导意见》（财会[2009]6号）中将XBRL纳入会计信息化的标准。
- 2010年10月19日：国家标准化管理委员会和财政部颁布了可扩展商业报告语言技术规范系列国家标准和企业会计准则通用分类标准。
- 2011年：从当年1月1日起，财政部开始在部分企业和会计师事务所实施通用分类标准，在积累经验的基础上将实施单位扩展到地方国有大中型企业。同时，针对不同行业的特点，先后制定石油和天然气行业扩展分类标准、银行业扩展分类标准等。

二、会计电算化的特征

会计电算化的出现，提高了会计工作的效率和准确性，有助于会计人员从烦琐、重复的具体核算中走出来，从而将更多的时间和精力投入到企业管理和问题分析中。从目前的实践情况来看，会计电算化具有如下4个特征。

（一）人机结合

在会计电算化方式下，会计人员填制电子会计凭证并审核后，执行"记账"功能，计算机将自动完成记账。另外，计算机还可以根据程序和指令在极短的时间内自动完成会计数据的分类、汇总、计算、传递及报告等工作。

（二）会计核算自动化、集中化

在会计电算化方式下，试算平衡、登记账簿等以往依靠人工完成的工作，都由计算机自动完成，大大减轻了会计人员的工作负担，提高了工作效率。而计算机网络在会计电算化中的广泛应用，使得企业能将分散的数据统一汇总到会计软件中进行集中处理，既提高了数据汇总的速度，又增强了企业集中管控的能力。

（三）数据处理及时准确

在会计电算化方式下，会计数据的分类、汇总、计算、传递和报告等工作可以在较短的时间内完成，会计处理流程变得更为简便，核算结果更为精确。此外，会计软件运用适当的处理程序和逻辑控制，能够避免在手工会计处理方式下出现的一些错误。

（四）内部控制多样化

在会计电算化方式下，与会计工作相关的内部控制制度也将发生明显的变化，内部控制由过去的纯粹人工控制发展成为人工与计算机相结合的控制形式。内部控制的内容更加丰富，范围更加广泛，要求更加严格，实施更加有效。

【任务实施】

结合前面的讲解，回答下列问题。

（1）20世纪80~90年代，我国出现过哪些会计软件？请至少列举5个，并简要介绍其中一个软件的发展过程。

（2）假定你是一名创业者，在选择企业的会计软件时，你会考虑哪些因素？

（3）2010年10月19日，国家标准化管理委员会和财政部颁布了《企业会计准则通用分类标准》，根据该文件，第一批实施通用分类标准的企业有哪些？请至少列举5个。

任务二 了解会计软件的配备方式及其功能模块

企业要实现会计电算化，首先要根据自身管理的需要、预算等，确定配备会计软件的具体方式，使会计软件尽快适应企业管理需求，为提升企业管理效率、质量打下技术基础。同时，要熟悉会计软件各模板之间的数据传递关系，以最大限度地利用该软件达到简化流程、优化会计信息的目的。

【任务目标】

本任务的目标是通过对会计软件的配备方式、会计软件内模块的学习，了解各种会计软件配备方式的优缺点，以及会计软件各模块的具体功能，从总体上把握会计数据在各模块间的传递关系。

【知识讲解】

一、会计软件的配备方式

企业配备会计软件的方式主要有购买、定制开发、购买与开发相结合等。其中，定制开发包括企业自行开发、委托外部单位开发、企业与外部单位联合开发三种具体方式，各种方式之间的具体关系如图1-3所示。

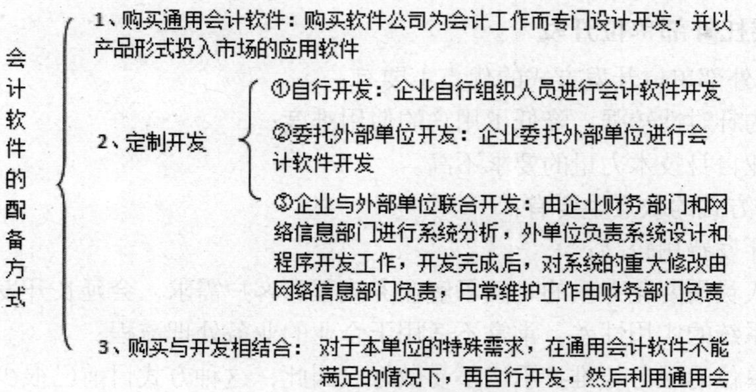

图1-3 会计软件的配备方式

（一）购买通用会计软件

企业作为用户，付款购买了通用会计软件后，即可获得该软件的使用、维护、升级以及人员培训等服务。

采用这种方式的优点主要有：

- 企业投入少，见效快，实现会计电算化的过程简单；
- 软件性能稳定，质量可靠，运行效率高，能够满足企业的大部分需求；
- 软件的维护和升级由软件公司负责；

● 软件安全保密性强，用户只能执行软件功能，不能访问和修改源程序。

采用这种方式的缺点主要有：

● 软件的针对性不强，通常针对一般用户设计，难以适应企业特殊的业务或流程；

● 为保证通用性，软件功能设置往往过于复杂，业务流程简单的企业可能感到不易操作。

知识补充

会计软件是实现会计电算化的主要途径，基于成本等因素，企业选用某软件后一般不会轻易变动，因此应慎重选择。在选择会计软件时，应从以下方面考虑：选择行业适用或常用的版本；满足企业会计核算与会计管理的需要；选择操作难度、培训成本与员工能力基本匹配的版本；选择售后服务质量较高、技术力量强、反应时间快速的软件厂商。

（二）自行开发

采用自行开发方式的优点主要有：

● 企业能够在充分考虑自身生产经营特点和管理要求的基础上，设计最有针对性和适用性的会计软件；

● 由于企业内部员工对系统充分了解，当会计软件出现问题或需要改进时，企业能够及时高效地纠错和调整，保证系统使用的流畅性。

采用这种方式的缺点主要有：

● 系统开发要求高、周期长、成本高，系统开发完成后，还需要较长时间的试运行；

● 自行开发软件系统需要大量的计算机专业人才，普通企业难以维持一支稳定的高素质软件人才队伍。

（三）委托外部单位开发

采用委托外部单位开发方式的优点主要有：

● 软件的针对性较强，降低了用户的使用难度；

● 对企业自身技术力量的要求不高。

采用这种方式的缺点主要有：

● 委托开发费用较高；

● 开发人员需要花大量的时间了解业务流程和客户需求，会延长开发时间；

● 开发系统的实用性差，常常不适用于企业的业务处理流程；

● 外部单位的服务与维护承诺不易做好。因此，这种方式目前已很少使用。

（四）企业与外部单位联合开发

采用企业与外部单位联合开发方式的优点主要有：

● 开发工作既考虑了企业的自身需求，又利用了外单位的软件开发力量，开发的系统质量较高；

● 企业内部人员参与开发，对系统的结构和流程较熟悉，有利于企业日后进行系统维护和升级。

采用这种方式的缺点主要有：

● 软件开发工作需要外部技术人员与内部技术人员、会计人员充分沟通，系统开发的周期较长；

● 企业支付给外部单位的开发费用相对较高。

试题精讲

【单选题】关于企业与外部单位联合开发会计软件的优缺点，下列说法错误的是（ ）。

A. 开发的系统质量较高　　　　B. 系统开发的周期较长

C. 便于企业对系统的维护和升级　　　　D. 开发费用不高

【答案】D

【解析】选项D错误，采用这种方式配备会计软件，企业支付给外单位的开发费用相对较高。

二、会计软件的功能模块

会计软件的功能模块是指会计软件中能够相对独立完成会计数据输入、处理和输出功能的各个部分或一组程序，也称子程序。

（一）会计软件各模块的功能描述

完整的会计软件的功能模块包括：账务处理模块、固定资产管理模块、工资管理模块、应收管理模块、应付管理模块、成本管理模块、报表管理模块、存货核算模块、财务分析模块、预算管理模块、项目管理模块、其他管理模块。

1. 账务处理模块

账务处理模块是以凭证为数据处理起点，通过凭证输入和处理，完成记账、银行对账、结账、账簿查询及打印输出等工作。目前许多商品化的账务处理模块还包括往来款管理、部门核算、项目核算和管理及现金银行管理等一些辅助核算功能。该模块的具体功能如表1-2所示。

表 1-2 账务处理模块的功能

功能	具体内容
账务初始化（即建账）	根据程序要求和内部管理需要，设置系统参数、自定义会计科目体系、设置记账凭证格式、设置账簿体系、输入期初余额等
凭证处理	输入、修改、审核、汇总和打印凭证等
查询	自定义查询条件，快速查找需要的会计凭证、会计账簿和会计科目等
对账	包括账账核对的自动检查核对功能，如总账、明细账、日记账之间的账账核对，同时提供手动核对功能，如核对银行对账单、编制余额调节表等
结账	按会计制度的相关规定，由程序自动进行结账，计算并汇总各会计科目的借贷发生额和余额等数据
打印、输出	将记账凭证、账簿等会计资料通过打印机打印输出，以便使用和保管
其他辅助功能	银行对账、往来账清理以及部门核算、项目核算等

2. 固定资产管理模块

固定资产管理模块主要是以固定资产卡片和固定资产明细账为基础，核算固定资产的入账成本、计提和分配固定资产折旧，以及管理实物等。该模块的具体功能主要有以下6

个方面。

- 按类别、使用情况、所属部门和价值结构等，分析、统计固定资产，并提供各种条件下的查询、打印功能。
- 固定资产管理模块与其他模块的数据接口管理功能。
- 可根据固定资产分类和管理要求，设计建立固定资产卡片，确定固定资产计提折旧的方法，登记固定资产的增减变动情况。
- 可汇总并计算固定资产原值、计提折旧额及净值。
- 可自动编制资产增减变动与计提折旧等会计凭证，并自动转入账务处理模块。
- 可生成和输出固定资产明细账和资料卡片。

3. 工资管理模块

工资管理模块是进行工资核算和管理的模块。该模块以人力资源管理部门提供的员工及其工资的基本数据为依据，完成员工工资数据的收集、员工工资的核算、工资发放、工资费用的汇总和分摊、个人所得税计算和按照部门、项目等条件进行工资分析、查询和打印输出，以及与其他模块的数据接口管理功能。

4. 应收、应付管理模块

应收、应付业务也称为往来业务，是指企业在日常活动中与其他组织、个人之间发生的债权、债务关系。应收、应付管理模块以发票、费用单据、其他应收单据、应付单据等原始单据为依据，记录销售、采购业务所形成的往来款项，处理应收、应付款项的收回、支付和转账，进行账龄分析和坏账估计及冲销，并对往来业务中的票据、合同进行管理。同时提供统计分析、打印和查询输出功能，以及与采购管理、销售管理、账务处理等模块进行数据传递的功能。

5. 成本管理模块

成本管理模块主要提供成本核算、成本分析、成本预测功能，以满足会计核算的事前预测、事后核算分析的需要。该模块的三大功能具体介绍如下。

- **成本核算功能**：通过定义成本核算对象，选择成本核算方法和各种费用的分配方法，自动对从其他模块传递来的数据或手工录入的数据进行分类、计算、汇总和输出。
- **成本预测功能**：通过各种成本预测方法对产品成本和部门成本进行预测，为企业经营决策提供数据支持。
- **成本分析功能**：通过对分批核算的产品进行追踪分析，计算部门内部利润，并通过对历史数据进行对比分析，监控计划成本和实际成本的差异。

此外，成本管理模块还具有与生产模块、供应链模块，以及账务处理、工资管理、固定资产管理和存货核算等模块进行数据传递的功能。

6. 报表管理模块

报表管理模块与其他模块相连，可以根据会计核算的数据，生成各种内部报表、外部报表、汇总报表，并根据报表数据分析报表，以及生成各种分析图等。在网络环境下，很多报表管理模块同时提供远程报表的汇总、数据传输、检索查询和分析处理等功能。

7. 存货核算模块

存货核算模块以供应链模块产生的入库单、出库单、采购发票等核算单据为依据，核算存货的出入库和库存金额、余额，确认采购成本，分配采购费用，确认销售收入、成本和费用，并将核算完成的数据，按照需要分别传递到成本管理模块、应付管理模块和账务处理模块。

8. 财务分析模块

财务分析模块能够从会计软件的数据库中提取数据，运用各种专门的分析方法，完成对企业财务活动的分析，实现对财务数据的进一步加工，生成各种分析和评价企业财务状况、经营成果和现金流量的各种信息，为决策提供正确依据。

9. 预算管理模块

预算管理模块将需要进行预算管理的集团公司、子公司、分支机构、部门、产品、费用要素等对象，根据实际需要分别定义为利润中心、成本中心、投资中心等不同类型的责任中心，然后确立各责任中心的预算方案，指定预算审批流程，明确预算编制内容，进行责任预算的编制、审核、审批，以便实现对各个责任中心的控制、分析和绩效考核。

名师点睛

预算管理的对象是责任中心，也叫责任单位，是指企业内部具有一定权力并承担相应工作责任的部门或管理层次，它可以是集团公司、子公司、分支机构、部门、产品、费用要素等，与会计主体可能一致，也可能不一致，在学习时应注意两者的区别。

利用预算管理模块，既可以编制全面预算，又可以编制非全面预算；既可以编制滚动预算，又可以编制固定预算、零基预算；同一责任中心，既可以设置多种预算方案，编制不同预算，又可以在同一预算方案下选择编制不同预算期的预算。

预算管理模块还可以实现对各子公司预算的汇总、对集团公司及子公司预算的查询，以及根据实际数据和预算数据自动进行预算执行差异分析和预算执行进度分析等。

知识补充

滚动预算法又称连续预算法或永续预算法，是指在编制预算时，预算期与会计期间脱离，随着预算的执行不断地补充预算，逐步向后滚动，使预算期始终保持为固定长度的一种预算方法。

固定预算法是指在编制预算时，以预算期内正常、可实现的某一固定的业务量水平作为唯一基础来编制预算的方法。

零基预算法又称为零底预算，是指在编制预算时不考虑以往会计期间所发生的费用项目或费用数额，而是一切以零为出发点，从实际需要逐项审议预算期内各项费用的内容及开支标准是否合理的预算方法。

10. 项目管理模块

项目管理模块主要是对企业的项目进行核算、控制与管理。项目管理主要包括项目立项、计划、跟踪与控制、终止的业务处理以及项目自身的成本核算等功能。该模块可以及时、准确地提供有关项目的各种资料，包括项目文档、项目合同、项目的执行情况，通过对项目中的各项任务进行资源的预算分配，实时掌握项目的进度，及时反映项目执行情况及财务状况，并且与账务处理、应收管理、应付管理、固定资产管理、采购管理、库存管理等模块集成对项目收支进行综合管理，是对项目的物流、信息流、资金流的综合控制。

11. 其他管理模块

根据企业管理的实际需要，其他管理模块一般包括领导查询模块、决策支持模块等。领导查询模块可以按照领导的要求从各模块中提取有用的信息并加以处理，以最直观的表格和图形显示，使得管理人员通过该模块及时掌握企业信息；决策支持模块利用现代计算机、通信技术和决策分析方法，通过建立数据库和决策模型，实现向企业决策者提供及时、可靠的财务和业务决策辅助信息。

上述各模块既相互联系又相互独立，有着各自的目标和任务，它们共同构成了会计软件，实现了会计软件的总目标。

试题精讲

【单选题】会计软件系统的核心模块是（ ）。

A. 报表管理模块　　B. 采购管理模块

C. 账务处理模块　　D. 成本管理模块

【答案】C

【解析】账务处理模块是会计软件系统的核心，该模块可以与其他模块实现数据共享，是其他模块数据的最终流向，同时可以为其他模块提供查询服务。

（二）会计软件各模块的数据传递

会计软件是由各功能模块共同组成的有机整体，为实现相应功能，相关模块之间相互依赖，互通数据。会计软件各模块的数据传递功能介绍如下。

1. **存货核算模块→账务处理模块**

存货核算模块生成存货入库、存货估价入账、存货出库、盘亏/毁损、存货销售收入、存货期初余额调整等业务的记账凭证，并传递到账务处理模块，以便用户审核登记存货账簿。

2. **应付管理模块→账务处理模块**

应付管理模块完成采购单据处理、供应商往来处理、票据新增、付款、退票处理等业务后，生成相应的记账凭证并传递到账务处理模块，以便用户审核登记赊购往来及其相关账簿。

案例阅读与思考

2015年1月15日，A公司采购部根据生产需求，由业务员李严向强者钢铁厂购买甲材料1 000公斤（单价90元），已开具增值税专用发票。该批材料及发票已送到仓库，但货款暂未支付。强者钢铁厂给予的付款条件为：2/10，1/20，*n*/30。该厂适用的增值税税率为17%。

本例中，A公司会计人员应在应付管理模块填制并审核应付单（单据的填制和审核不能由同一人操作），然后通过该模块的凭证生成功能，直接生成该应付款对应的转账凭证（即传递到账务处理模块），其具体分录如下。

借：库存商品——甲材料	90 000	
应交税费——应交增值税（进项税额）	15 300	
贷：应付账款——强者钢铁厂		105 300

3. **应收管理模块→账务处理模块**

应收管理模块完成销售单据处理、客户往来处理、票据处理及坏账处理等业务后，生成相应的记账凭证并传递到账务处理模块，以便用户审核登记赊销往来及其相关账簿。

4. **固定资产管理模块→账务处理模块**

固定资产管理模块生成固定资产增加、减少、盘盈、盘亏、固定资产变动、固定资产评估和折旧分配等业务的记账凭证，并传递到账务处理模块，以便用户审核登记相关的资产账簿。

5. 工资管理模块→账务处理模块

工资管理模块进行工资核算，生成分配工资费用、应交个人所得税等业务的记账凭证，并传递到账务处理模块，以便用户审核登记应付职工薪酬及相关成本费用账簿。

6. 成本管理模块→账务处理模块

成本管理模块中，成本信息的取得有两种方式，具体如下。

- 如果计入生产成本的间接费用和其他费用定义为来源于账务处理模块，则成本管理模块在账务处理模块记账后，可从账务处理模块中直接取得间接费用和其他费用的数据。
- 如果不使用工资管理、固定资产管理、存货核算模块，则成本管理模块需在账务处理模块记账后，自动从账务处理模块中取得材料费用、人工费用和折旧费用等数据。

成本管理模块的成本核算完成后，要将结转制造费用、结转辅助生产成本、结转盘点损失和结转工序产品耗用等记账凭证数据传递到账务处理模块。

7. 存货核算模块→成本管理模块

存货核算模块将材料出库核算的结果传递到成本管理模块。

8. 存货核算模块→应付管理模块

存货核算模块将应计入外购入库成本的运费、装卸费等采购费用和应计入委托加工入库成本的加工费传递到应付管理模块。

9. 固定资产管理模块→成本管理模块

固定资产管理模块将固定资产折旧费用的数据传递到成本管理模块。

10. 工资管理模块→成本管理模块

工资管理模块为成本管理模块提供人工费资料。

11. 其他模块→报表管理模块、财务分析模块

报表管理模块和财务分析模块可以从各模块取数，编制财务报表、财务分析报告等进行财务分析。

12. 预算管理模块→其他模块

预算管理模块编制的预算经审核批准后，生成各种预算申请单，分别传递给账务处理模块、应收管理模块、应付管理模块、固定资产管理模块、工资管理模块，由各模块进行责任控制。

13. 项目管理模块→其他模块

项目管理模块中发生和项目业务相关的收款业务时，可以在应收发票、收款单或者退款单上输入相应信息，从而生成相应的业务凭证并传递至账务处理模块；发生和项目相关的采购活动时，其信息也可以在采购申请单、采购订单、应付模块的采购发票上记录，然后将生成的业务凭证传递至账务处理模块；在固定资产管理模块引入项目数据可以更详细地归集固定资产建设和管理的数据；项目的领料和项目的退料活动等数据可以在存货核算模块中进行处理，并生成相应凭证传递到账务处理模块。

14. 账务处理模块→各模块

各功能模块都可以从账务处理模块获得相关的账簿信息。例如，在固定资产管理模块中进行对账时，可从账务处理模块中获取资产原值、累计折旧等数据。

综上所述，会计软件各模块之间的数据传递是很频繁的，这种传递可保证会计数据及

时、准确地贯穿于企业管理的各个环节。会计软件各模块间的数据传递如表1-3所示。

表 1-3　会计软件各模块的数据传递

传递路线	举例
存货核算模块⟷账务处理模块	入库单→付款凭证 借：库存商品 　　应交税费——应交增值税（进项税额） 　　贷：银行存款
应付管理模块⟷账务处理模块	应付单→转账凭证 借：库存商品 　　应交税费——应交增值税（进项税额） 　　贷：应付账款
应收管理模块⟷账务处理模块	应收单→转账凭证 借：应收账款 　　贷：主营业务收入 　　　　应交税费——应交增值税（销项税额）
固定资产管理模块⟷账务处理模块	固定资产增加资料→付款凭证 借：固定资产 　　应交税费——应交增值税（进项税额） 　　贷：银行存款
工资管理模块⟷账务处理模块	工资表→转账凭证 借：管理费用（管理人员工资等） 　　贷：应付职工薪酬
成本管理模块⟷账务处理模块	制造费用分配表→转账凭证 借：生产成本 　　贷：制造费用
存货核算模块→成本管理模块	销售发票、出库单等→转账凭证 借：主营业务成本 　　贷：库存商品
存货核算模块→应付管理模块	借：委托加工物资 　　贷：应付账款
固定资产管理模块→成本管理模块	借：制造费用（基本生产车间所使用固定资产计提的折旧） 　　贷：累计折旧
工资管理模块→成本管理模块	工资表→转账凭证 借：生产成本（生产人员工资等） 　　贷：应付职工薪酬
其他模块→报表管理模块和财务分析模块	“库存现金”科目期末余额＋“银行存款”科目期末余额＋“其他货币资金”科目期末余额＝“货币资金”项目期末余额
预算管理模块→其他模块	根据预算金额购置固定资产
项目管理模块→其他模块	可通过工程类别查询某一项工程的全年投资额

备注：各功能模块都可以从账务处理模块获得相关的账簿信息。

试题精讲

【单选题】能够完成记账、银行对账、结账、账簿查询及打印输出等工作的模块是（ ）。

A. 固定资产管理模块　　B. 工资管理模块

C. 报表管理模块　　D. 账务处理模块

【答案】D

【解析】账务处理模块以凭证为数据处理起点，它通过凭证输入和处理，完成记账、银行对账、结账、账簿查询及打印输出等工作。

【任务实施】

结合前面的讲解，回答下列问题。

处理以下事项将涉及哪些模块？请列出模块名称。

（1）A公司于2015年1月5日向B公司销售X产品100件（单价为250元），已开出增值税专用发票，款项尚未收到。

（2）经管理层批准，A公司决定出售办公室的一台电子设备。

（3）A公司财务部秦峰因公出差，回来后报销差旅费1 000元。

（4）A公司向基本生产车间的工人发放取暖补贴共计20 000元。

上述事项涉及的会计软件模块分析如下：

（1）该事项属于赊销，相关会计分录如下。

借：应收账款　　9 250

　　贷：主营业务收入　　25 000

　　　　应交税费——应交增值税（销项税额）　　4 250

该事项涉及的数据可由应收管理模块直接传递到账务处理模块，还与存货核算模块、报表管理模块、财务分析模块等有关。

（2）该事项属于固定资产处置，相关会计分录如下。

借：固定资产清理

　　累计折旧

　　贷：固定资产

该事项可能涉及的模块有固定资产管理模块、账务处理模块、项目管理模块、报表管理模块、财务分析模块等。

（3）该事项的相关会计分录如下。

借：管理费用　　1 000

　　贷：现金　　1 000

该事项可能涉及的模块有账务处理模块、报表管理模块、财务分析模块等。

（4）该事项的相关会计分录如下。

借：生产成本——基本生产成本　　20 000

　　贷：应付职工薪酬　　20 000

该事项可能涉及的模块有账务处理模块、工资管理模块、成本管理模块。

任务三 学习企业会计信息化工作规范

根据财政部《关于印发<企业会计信息化工作规范>的通知》（财会[2013]20号），我国于2014年1月6日起施行《企业会计信息化工作规范》（以下简称《规范》），这项部门规章的目的在于推动企业会计信息化，节约社会资源，提高会计软件和相关服务质量，规范信息化环境下的会计工作。该规范的亮点很多，例如首次以“会计信息化”的概念来规范企业的相关工作，及时关注云计算、远程访问等新技术，承认电子原始凭证的有效等。

【任务目标】

本任务的目标是了解信息化的基础知识，学习电算化实务中的最新工作规范，为参加实际工作打下基础。

【知识讲解】

一、会计软件和服务的规范

会计软件和服务的规范是对软件本身的质量和供应商服务质量的具体要求。会计软件需达到相关要求和提供必要的功能，软件供应商应保证会计资料安全、完整，及时解决用户在使用过程中遇到的问题。《企业会计信息化工作规范》对会计软件和服务的具体要求如下。

- 会计软件应当保障企业按照国家统一会计准则制度开展会计核算，不得有违背国家统一会计准则制度的功能设计。
- 会计软件的界面应当使用中文并且提供对中文处理的支持，可以同时提供外国或者少数民族文字界面对照和处理支持。

> **名师点睛**
>
> 根据财政部会计司的解释，对会计软件的语言的规定包括两方面要求：一是软件界面、功能菜单、操作向导、表单格式、提示信息、帮助文件等都要使用中文；二是要有对中文处理的支持，即要有符合中国国家标准的汉字编码支持能力，使汉字能在系统中正确输入、显示和打印。两个要求的含义不同，需要同时满足。

- 会计软件应当提供符合国家统一会计准则制度的会计科目分类和编码功能。
- 会计软件应当提供符合国家统一会计准则制度的会计凭证、账簿和报表的显示和打印功能。
- 会计软件应当提供不可逆的记账功能，确保对同类已记账凭证的连续编号，不得提供对已记账凭证的删除和插入功能，不得提供对已记账凭证日期、金额、科目和操作人的修改功能。
- 鼓励软件供应商在会计软件中集成可扩展商业报告语言（XBRL）功能，便于企业生成符合国家统一标准的XBRL财务报告。

> **名师点睛**
>
> 根据财政部会计司的解释，规范记账主要包括三个方面：一是已记账凭证发生的后果不可撤销，即凭证记账后，该凭证对相关科目发生额和余额的影响就发生效力；二是保护记账顺序，已记账凭证要连续编号，禁止对已记账凭证进行删除和插入操作；三是保护记账内容，禁止修改已记账的凭证的关键信息，如日期、金额、科目和操作人等。

- 会计软件应当具有符合国家统一标准的数据接口，满足外部会计监督需要。
- 会计软件应当具有会计资料归档功能，提供导出会计档案的接口，在会计档案存储格式、元数据采集、真实性与完整性保障方面，符合国家有关电子文件归档与电子档案管理的要求。

- 会计软件应当记录生成用户操作日志，确保日志的安全、完整。
- 以远程访问、云计算等方式提供会计软件的供应商，应当在技术上保证客户会计资料的安全、完整。
- 客户以远程访问、云计算等方式使用会计软件生成的电子会计资料归客户所有。软件供应商应当提供符合国家统一标准的数据接口供客户导出电子会计资料，不得以任何理由拒绝客户导出电子会计资料的请求。

名师点睛

日志的作用是记录和还原核算过程，主要为会计监督服务。具体来说，用户操作日志应当满足以下要求。

- **完整性**：会计软件必须能保证日志记录的完整，记录对核算结果有直接影响的数据录入、修改、插入、删除，对核算工作所依赖的基础数据（如会计科目表、银行账户信息、辅助核算项目信息、人员信息）的维护等。
- **安全性**：会计软件应当采取技术手段，保证用户操作日志中的任何信息不被用户以任何手段修改和删除。
- **可查询性**：用户操作日志必须提供对各类操作的查询功能，以便会计监督人员筛选出所需的信息。

- 以远程访问、云计算等方式提供会计软件的供应商，应当做好本厂商不能维持服务情况下，保障企业电子会计资料安全以及企业会计工作持续进行的预案，并在相关服务合同中与客户就该预案做出约定。

知识补充

《企业会计信息化工作规范》中对“云”这一新兴技术及时给予了回应。“会计软件云”是依托于高速互联网的一种全新会计软件服务和使用模式。它是指会计软件未安装在企业本地，而是运行于供应商的远端服务器，用户通过互联网使用软件，会计资料也存储在远端服务器中，其本质是会计软件和服务器资源的租用。

- 软件供应商应当努力提高会计软件相关服务质量，按照合同约定及时解决用户使用中的故障问题。会计软件存在影响客户按照国家统一会计准则制度进行会计核算问题的，软件供应商应当为用户免费提供更正程序。
- 鼓励软件供应商采用呼叫中心、在线客服等方式为用户提供实时技术支持。
- 软件供应商应当就如何通过会计软件开展会计监督工作，提供专门教程和相关资料。

试题精讲

【判断题】鉴于不同企业的不同情况，涉及的会计科目也各不相同，因此会计软件不需提供统一的会计科目分类和编码功能。（ ）

【答案】×

【解析】会计软件应当提供符合国家统一会计准则制度的会计科目分类和编码功能。

二、企业会计信息化的工作规范

企业会计信息化的工作规范包括对会计信息化建设和信息化条件下的会计资料管理的

具体要求。

（一）会计信息化建设

《规范》对企业推进会计信息化建设做出了具体的要求，提出了建议和意见，具体内容如下。

- 企业应当充分重视会计信息化工作，加强组织领导和人才培养，不断推进会计信息化在本企业的应用。企业应当指定专门机构或者岗位负责会计信息化工作，对于未设置会计机构和配备会计人员的企业，由其委托的代理记账机构开展会计信息化工作。
- 企业开展会计信息化工作，应当根据发展目标和实际需要，合理确定建设内容，避免投资浪费。
- 企业开展会计信息化工作，应当注重信息系统与经营环境的契合，通过信息化推动管理模式、组织架构、业务流程的优化与革新，建立健全适应信息化工作环境的制度体系。
- 大型企业、企业集团开展会计信息化工作，应当注重整体规划，统一技术标准、编码规则和系统参数，实现各系统的有机整合，消除信息孤岛。

知识补充

“信息孤岛”是对“信息闭塞、不能和外界连通的地方”的形象说法，具体到计算机领域，是指相互之间在功能上不关联互助、信息不共享互换以及信息与业务流程和应用相互脱节的计算机应用系统。这种现象是由于不同阶段的应用系统只考虑当时的需求，而没有统一规划，导致新旧系统无法配套统一，一些数据无法传递，从而彼此隔离、互不关联。

- 企业配备会计软件，应当根据自身技术力量以及业务需求，考虑软件功能、安全性、稳定性、响应速度、可扩展性等要求，合理选择购买、定制开发、购买与开发相结合等会计软件配备方式。
- 企业通过委托外部单位开发、购买等方式配备会计软件，应当在有关合同中约定操作培训、软件升级、故障解决等服务事项，以及软件供应商对企业信息安全的责任。
- 企业应当促进会计信息系统与业务信息系统的一体化，通过业务的处理直接驱动会计记账，减少人工操作，提高业务数据与会计数据的一致性，实现企业内部信息资源共享。

名师点睛

业务系统与会计系统互联后，业务发生时，业务系统就可以将数据直接推送给会计系统。会计系统根据这些数据，按照既定规则生成记账凭证并自动记账，这一过程就是业务直接驱动的记账。它的优势有5个方面：一是提高效率；二是增强会计核算的及时性；三是避免人工差错；四是防止舞弊；五是提高系统间数据的一致性。

- 企业应当根据实际情况，开展本企业信息系统与银行、供应商、客户等外部单位信息系统的互联，实现外部交易信息的集中自动处理。

案例阅读与思考

信息化条件下，无论是企业内部，还是企业与外部，都有互联互通的需求。业务系统向企业外部拓展，可以使企业记账的环节推前到业务端口。企业间互联互通的一个典型是电子机票，航空公司通过与机场系统互联，共同改进乘客体验，转换机票销售模式。过去，乘客办理乘机手续，手里必须要有纸质机票。因此，乘客主要通过实体销售点购买机票，不仅往返奔波，还可能出现乘机时忘带机票的情况。而实行电子机票后，乘客可采用电话、网络的方式购票，然后通过银行卡支付。乘机时不需要携带任何购票凭证，机场终端根据乘客身份信息即可查询出购票情况。这样为乘客提供了极大便利，也为航空公司节省了成本。

- 企业进行会计信息系统前端系统的建设和改造，应当安排负责会计信息化工作的专门机构或者岗位参与，充分考虑会计信息系统的数据需求。
- 企业应当遵循企业内部控制规范体系要求，加强对会计信息系统规划、设计、开发、运行、维护全过程的控制。

知识补充

建立企业内部控制规范体系的目的是保证企业经营管理合法合规、资产安全、财务报告及相关信息真实完整，提高经营效率和效果，促进企业实现发展战略。该体系由《企业内部控制基本规范》（2009年7月1日起在上市公司范围内施行）和《企业内部控制规范配套指引》（2011年1月1日起首先在境内外同时上市的公司施行）共同构成。

- 处于会计核算信息化阶段的企业，应当结合自身情况，逐步实现资金管理、资产管理、预算控制、成本管理等财务管理信息化；处于财务管理信息化阶段的企业，应当结合自身情况，逐步实现财务分析、全面预算管理、风险控制、绩效考核等决策支持信息化。

（二）信息化条件下的会计资料管理

《规范》从政策制度层面认可了电子会计资料的有效性，免除了企业对一定范围内会计资料的打印责任，这体现了生态文明的精神，顺应了以无纸化为发展方向的会计信息化建设。但是，无纸化也是有条件的，需要根据实际情况循序渐进地推进。具体来说，信息化条件下，应从以下方面处理和管理会计资料。

- 对于信息系统自动生成且具有明晰审核规则的会计凭证，可以将审核规则嵌入会计软件，由计算机自动审核。未经自动审核的会计凭证，应当先经人工审核再进行后续处理。

名师点睛

可采用计算机自动审核的凭证必须是信息系统自动生成的，包括原始凭证和记账凭证。该类凭证涉及的业务一般是有固定规则的，例如，电信企业确认话费收入的分录是由业务结算系统传递数据，会计软件根据既定业务规则自动生成的，这种情况下的记账凭证即可对其进行自动审核。

- 分公司、子公司数量多、分布广的大型企业、企业集团应当探索利用信息技术促进会计工作的集中处理，逐步建立财务共享服务中心。

案例阅读与思考

财务共享是指企业（集团）将下属单位相同的财务职能集中，由一个相对独立的财务机构来行使，即各单位共享一个机构的财务服务。它起源于20世纪80年代，由美国通用、福特等大型制造企业集团提出。目前，财富100强企业中，已有超过80%的企业建立了财务共享服务中心。在我国，随着经济全球化、监管政策的趋同以及信息化的快速发展，越来越多的企业开始关注、规划和实施财务共享。

- 外商投资企业使用的境外投资者指定的会计软件或者跨国企业集团统一部署的会计软件，应当符合会计软件和服务的规范的要求。
- 企业会计信息系统数据服务器的部署应当符合国家有关规定。
- 企业会计资料中对经济业务事项的描述应当使用中文，可以同时使用外国或者少数民族文字对照。
- 企业应当建立电子会计资料备份管理制度，确保会计资料的安全、完整和会计信息系统的持续、稳定运行。
- 企业不得在非涉密信息系统中存储、处理和传输涉及国家秘密、关系国家经济信息安全的电子会计资料；未经有关主管部门批准，不得将其携带、寄运或者传输至境外。
- 企业内部生成的会计凭证、账簿和辅助性会计资料，同时满足下列条件的，可以不输出纸面资料：①所记载的事项属于本企业重复发生的日常业务；②由企业信息系统自动生成；③可及时在企业信息系统中以人类可读形式查询和输出；④企业信息系统具有防止相关数据被篡改的有效机制；⑤企业对相关数据建立了电子备份制度，能有效防范自然灾害、意外事故和人为破坏的影响；⑥企业对电子和纸面会计资料建立了完善的索引体系。

名师点睛

“重复发生的日常业务”是指在一年内反复发生，可以预期将会发生的事项，例如购销业务、货币资金收付业务等。这些业务将产生大量的会计资料，如果这些资料能实现无纸化，那么就可以为企业节约大量的成本开支。相反，企业并购等非日常业务不仅数量少，而且一般来说风险大、重要程度高，在会计监督中，相关资料被查阅的可能性大，因此需要保留纸面会计资料。

建立完善的索引体系，具体是指以下三个方面：一是可通过一类资料向前向后追溯其他相关资料，保证线索不断；二是通过索引能够找到会计资料；三是对电子资料和纸面资料要建立统一的索引体系。

- 企业获得的需要外部单位或者个人证明的原始凭证和其他会计资料，如果同时满足下列条件的，可以不输出纸面资料：①会计资料附有可靠的电子签名且电子签名经符合《中华人民共和国电子签名法》的第三方认证；②所记载的事项属于本企业重复发生的日常业务；③可及时在企业信息系统中以人类可读形式查询和输出；④企业对相关数据建立了电子备份制度；⑤企业对电子和纸面会计资料建立了完善的索引体系。

知识补充

根据我国《电子签名法》第二条规定，“电子签名，是指数据电文中以电子形式所含、所附用于识别签名人身份并表明签名人认可其中内容的数据”。该法第十四条还规定，“可靠的电子签名与手写签名或者盖章具有同等的法律效力”。

第三方认证，是指用于电子签名的数字证书由独立于交易双方的第三方中介机构签发，所生成的电子签名真实性由该第三方进行鉴定的机制。根据《电子签名法》，电子认证服务机构的设立由工业和信息化部审批，公众可以通过该部门网站查询依法设立的电子认证服务机构名录。

- 企业会计资料的归档管理，遵循国家有关会计档案管理的规定。
- 实施企业会计准则通用分类标准的企业，应当按照有关要求向财政部报送XBRL财务报告。

名师点睛

会计资料和会计档案是不同的概念。会计资料的范围比会计档案更广，会计档案属于会计资料，但不是所有会计资料都是会计档案，只有具有长期保存价值并归档保存的会计资料才属于会计档案。

三、会计信息化的监督管理

财政部门作为会计工作的主管单位，对会计信息化工作有监督职责。基于转变政府职能的要求，财政部门主要采取通报和公示的方式进行事后监管，具体做法如下。

- 企业使用会计软件不符合《企业会计信息化工作规范》要求的，由财政部门责令限期改正。限期不改的，财政部门应当予以公示，并将有关情况通报同级相关部门或其派出机构。
- 财政部采取组织同行评议，向用户企业征求意见等方式对软件供应商提供的会计软件遵循《企业会计信息化工作规范》的情况进行检查。省、自治区、直辖市人民政府财政部门发现会计软件不符合《企业会计信息化工作规范》的，应当将有关情况报财政部。
- 软件供应商提供的会计软件不符合《企业会计信息化工作规范》的，财政部可以约谈该供应商主要负责人，责令限期改正。限期内未改正的，由财政部予以公示，并将有关情况通报相关部门。

试题精讲

【单选题】下列选项中，不属于地方财政部门对企业使用会计软件不符合《企业会计信息化工作规范》处理手段的是（ ）。

A. 责令限期改正　　B. 公示

C. 通报有关部门　　D. 行政处罚

【答案】D

【解析】本题考核会计信息化的监督管理。企业使用会计软件不符合《规范》要求的，由财政部门责令限期改正。限期不改的，财政部门应当予以公示，并将有关情况通报同级相关部门或其派出机构。

【任务实施】

结合前面的讲解，回答下列问题。

（1）如果一项原始凭证从纸面扫描为电子影像，或者将手工填写的记账凭证（例如利润分配）输入到会计软件中，这些电子资料属于由信息系统自动生成的会计资料吗？

（2）有的会计软件提供反结账、反记账、反审核等各种逆向操作功能，且没有对操作内容进行详细的日志记录，这些行为违反了《企业会计信息化工作规范》的哪些要求？

（3）列举在实际生活中使用电子签名的情况。

项目总结

本项目主要介绍会计电算化的相关基本概念、特征，会计软件的配备方式与优缺点，以及会计软件功能模块的具体内容和数据传递关系；通过XBRL技术标准、云计算、远程访问等新兴事物，向读者展示会计电算化的最新发展趋势与方向；通过讲解《企业会计信息化工作规范》的具体内容，帮助读者熟悉会计信息化的最新规章制度，以便更快地适应实际的会计工作。

拓展知识

一、会计软件核算与手工会计核算的区别

会计软件核算是电算化发展的必经之路，它比手工会计核算系统更适应现代企业管理的需要。具体而言，两者的不同点如下。

（一）数据收集方式

手工会计核算系统下，数据的收集较为单一，即先取得原始凭证，然后在账本上填制、审核记账凭证、生成总账和明细账、手工计算编制会计报表。

在会计软件核算系统下，会计人员根据原始凭证或汇总原始凭证，以键盘输入、语音输入、扫描仪扫描录入等多种方式将数据输入到计算机中形成记账凭证。数据的收集可前移到生产、销售等环节，可以通过自动装置或现场终端直接输入计算机，实现即时反映产销数据的目的，提高了数据传输速度和效率。

（二）数据处理方式

手工会计核算系统下，企业通常根据业务量的大小，且考虑了人、财、物分管的内部监督要求，安排分管现金、往来业务、费用、存货等的人员分别登记明细账和总账，在登记时很容易造成数字错误，导致对账程序复杂而花费大量人力物力。

在会计软件核算系统下，会计科目、固定资产、存货、往来单位、业务或责任归属部门等都统一编号，一般不会出现归类错误、数据加总错误等问题，相关数据可由计算机成批、实时地自动汇总、核对，准确率高且可靠性强。

（三）会计数据的存储方式

手工会计核算系统下，会计数据以纸质的形式存放，需要的纸张多、空间大、保管难度较大。而在会计软件核算系统下，会计数据以数据库文件形式保存在磁盘等介质中，不再需要大量的纸张和档案保存空间。

（四）账务处理程序不同

手工会计核算系统下，根据登记总分类账的依据和程序的不同，分为记账凭证账务处理程序、汇总记账凭证账务处理程序、科目汇总表账务处理程序，企业根据自身业务量的

大小、会计工作的分工程度来确定采用相应的程序，以提高核算效率。其中，科目汇总表记账处理程序如图1-4所示。

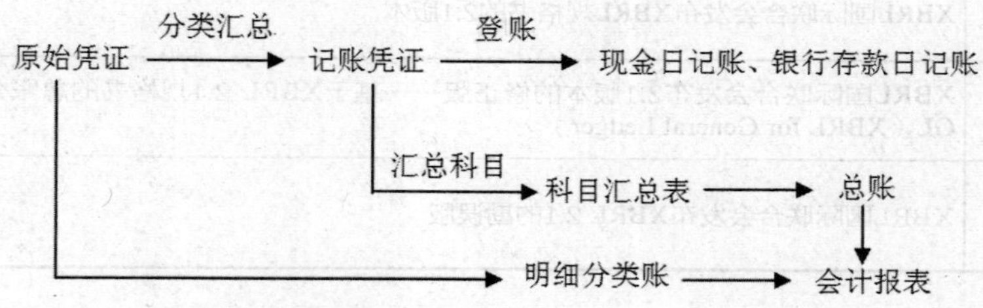

图1-4　科目汇总表记账处理程序

在会计软件核算系统下，记账工作完全由计算机代替，软件后台的数据处理程序只要是正确的，其输出的数据结果就是正确的。电算化账务数据处理流程如图1-5所示。

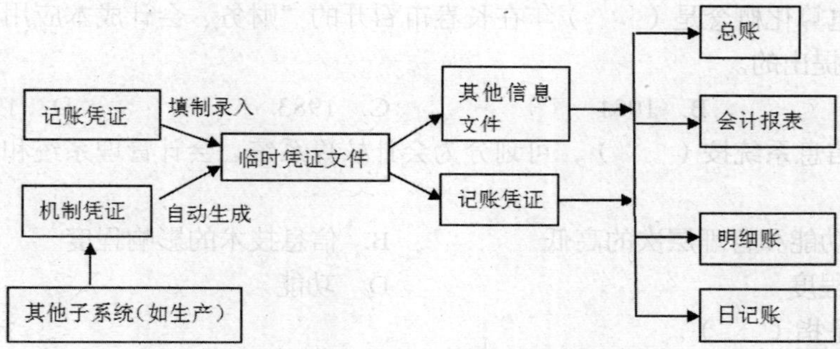

图1-5　电算化账务数据处理流程图

二、国外XBRL的发展历程

XBRL起源于美国，该理念一经提出，便得到了世界范围的普遍认同，全球信息供应链中各有关参与者，从政府监管机构、会计师事务所、软件公司、信息发布商到银行、证券、保险和税务等都投入到XBRL的推广和应用中。不到20年的时间，XBRL就得到了长足的发展，在这个过程中，有几个关键时间点值得注意，具体如表1-4所示。

表 1-4　XBRL 在国外的发展历程

时间		事件
1998年	4月	美国注册会计师Chaeles Hofman开始研究XML
	7月	Hofman向美国注册会计师协会（AICPA）高级技术工作组主席Wayne Harding报告了XML格式财务报告的潜力。AICPA开始开发XML格式财务报表的标准语言，并把这个语言命名为XFRML（扩展财务报告标记语言）
1999年	7月	AICPA成立了一个由微软公司（Microsoft）、IBM公司、路透社、EDGAR online、Sage、SAP、Hyperion、摩根士丹利公司（Morgan Stanley）、国际会计准则委员会（IASC）、英格兰及威尔士特许会计师协会（ICAEW）以及五大会计师事务所的代表组成的XFRML执行委员会
	8月	又有12家公司加盟此项目的开发
	10月	XFRML测试用的原型建立完成。XFRML计划的顺利进行，使得AICPA决定发展一个以XML为基础的标准财务报告语言——XBRL
2000年		XBRL国际联合会（XBRL International）成立，该组织的主要职责和任务是负责制定并发布XBRL标准、推动XBRL的国际化。当年7月，该组织根据美国情况首次发布了XBRL规格书（Specification）及XBRL分类标准（Taxonomy）1.0版本

续表

时间	事件
2003年	XBRL国际联合会发布XBRL规格书的2.1版本
2005年	XBRL国际联合会发布2.1版本的修正版——基于XBRL 2.1规格书的总账分类标准XBRL GL（XBRL for General Ledger）
2008年	XBRL国际联合会发布XBRL 2.1的勘误版

真题精练

一、单选题

1. 会计电算化概念是（　　）年在长春市召开的“财务、会计成本应用电子计算机专题讨论会”上提出的。

A. 1978　　B. 1981　　C. 1983　　D. 1990

2. 会计信息系统按（　　），可划分为会计核算系统、会计管理系统和会计决策支持系统。

A. 系统功能和管理层次的高低　　B. 信息技术的影响程度

C. 复杂程度　　D. 功能

3. ERP是指（　　）。

A. 物料需求计划　　B. 制造资源计划

C. 企业资源计划　　D. 电子数据处理

4. ERP系统的核心思想是（　　）。

A. 内部资源全面管理　　B. 生产计划与控制管理

C. 供需链管理　　D. 物料需求管理

5. XBRL是一种（　　）。

A. 可扩展标记语言　　B. 技术标准

C. 应用软件　　D. 功能模块

6. 会计软件的功能模块是（　　）。

A. 一种文件　　B. 一种计算功能

C. 一种软件程序　　D. 一种打印功能

7. 购买通用会计软件的缺点是（　　）。

A. 企业购入的费用较高　　B. 软件的针对性不强

C. 软件性能不太稳定　　D. 软件的维护和升级较为麻烦

8. 下列选项中，不属于会计软件基本功能模块的是（　　）。

A. 决策支持模块　　B. 账务处理模块

C. 固定资产管理模块　　D. 工资管理模块

9. 账务处理与工资核算系统之间的数据应通过（　　）自动完成。

A. 自动转账凭证　　B. 报表传递

C. 自动转账功能　　D. 软盘传递

10. 企业使用会计软件不符合《企业会计信息化工作规范》要求的，由（　　）责令限期改正。

A. 国务院　　B. 金融机构

C. 财政部门　　D. 人民法院

二、多选题

1. 广义的会计电算化是指与实现会计工作电算化有关的所有工作，包括（　　）。

A. 会计电算化软件的开发和应用

B. 会计电算化人才的培训

C. 会计电算化的宏观规划、市场的培育与发展

D. 会计电算化的制度建设

2. 会计电算化具有的特征包括（　　）。

A. 一些会计工作可以通过计算机执行

B. 试算平衡由计算机自动完成计算

C. 对会计数据的分类、汇总等处理时间较短

D. 内部控制由单纯的人工控制变为人工与计算机交互控制

3. ERP系统以（　　），通过运用现代企业管理思想，达到有效控制和规划的目的。

A. 服务为宗旨

B. 市场需求为导向、客户需求为中心

C. 核心企业为龙头、获取最大利润为目标

D. 协同竞争、双赢原则为运行模式

4. ERP系统中的主要模块包括（　　）。

A. 财务管理模块　　B. 物流管理模块

C. 税务管理模块　　D. 人力资源管理模块

5. 下列选项中，属于XBRL优势的有（　　）。

A. 增加资料在未来的可读性与可维护性

B. 提高数据采集成本，减低数据流转及交换效率

C. 企业投入少，见效快，实现信息化的过程简单

D. 提供更为精确的财务报告与更具可信度和相关性的信息

6. 企业委托外部单位开发会计软件的优点是（　　）。

A. 委托开发费用不高　　B. 软件的针对性较强

C. 对企业自身技术力量要求不高　　D. 开发时间较短

7. 账务处理模块可以从（　　）获取数据。

A. 应收、应付管理模块　　B. 存货核算模块

C. 固定资产管理模块　　D. 工资管理模块

8. 下列关于应收管理模块功能的说法中，正确的有（　　）。

A. 以发票、费用单据、其他应收单据、应付单据等原始单据为依据

B. 进行账龄分析和坏账估计及冲销

C. 管理往来业务中的票据、合同

D. 核算存货的出入库和库存金额、余额

9. 会计软件各个功能模块中，可接收其他模块传递的数据，又可向其他模块传递数据的有（　　）。

A. 报表管理模块　　B. 账务处理模块

C. 固定资产管理模块　　D. 工资管理模块

10. 下列说法中，正确的是（　　）。

A. 企业应加强组织领导和人才培养，不断推进会计信息化在本企业的应用

B. 企业应根据自身发展的目标和实际需要，合理确定会计信息化的建设内容

C. 企业应注重会计信息系统与经营环境的契合

D. 企业应遵循企业内部控制规范体系要求，加强对会计信息系统规划、设计、开发、运行、维护全过程的控制

三、判断题

1. 狭义的会计电算化是指当代电子信息技术在会计工作中的应用。（　　）

2. 会计信息化是会计电算化的一次飞跃，它可以利用计算机、网络通信等技术进行会计核算。（　　）

3. “计算机网络的使用，使得企业能将分散的数据统一汇总处理，既提高了速度，又增强了管控能力。”上述内容体现了会计电算化人机结合的特征。（　　）

4. 企业自行开发会计软件虽然需要培养大量的计算机专业人才，但软件系统的开发周期更短、成本更低。（　　）

5. 企业委托外部单位开发，将有助于日后对软件系统的维护和升级。（　　）

6. 工资管理模块与账务处理模块之间不存在数据传递。（　　）

7. 财务分析功能模块可以结合其他模块得到的数据进行各种指标分析，为企业决策提供一定的数据支持。（　　）

8. 根据会计软件和服务的相关规定，会计软件的界面只能使用中文并提供对中文处理的支持，以方便在我国境内使用。（　　）

9. 企业内部生成的会计凭证、账簿和辅助性会计资料，满足特定条件时，可以不输出纸面资料。（　　）

10. 软件供应商提供的会计软件不符合《企业会计信息化工作规范》的，相关部门可约谈软件供应商负责人，情节严重的可给予行政处罚。（　　）

PART 2

项目二 认识会计软件的运行环境

项目引入

杜老师：小叶，学了会计电算化的基础理论后有什么收获?

叶丽娜：我觉得会计数据很奇妙，它像水一样，可以在会计信息系统中自由流动。我很想自己体验一下会计软件的具体操作，是不是只要有了会计软件，我就可以完成全部会计工作了?

杜老师：没这么简单，会计软件的运行需要有很多平台，例如在做账时要通过鼠标、键盘等将数据录入软件，这些设备是运行会计软件所需的硬件环境；此外还需要软件环境和网络环境的配合才行。

叶丽娜：哦，原来使用会计软件之前还有这么多东西要准备。

杜老师：是的，而且为了保证会计数据的安全，还要特别注意安全、规范的使用会计软件。

学习目标

- 了解会计软件的硬件环境；
- 了解会计软件的软件环境；
- 了解会计软件的网络环境；
- 掌握安全使用会计软件的基本要求。

考情分析

- 题型与分值：单选题、多选题和判断题，分值约占10%。
- 复习重点与建议：如果平时对计算机硬件、软件和网络的知识接触较多，阅读教材时可重点关注以前不熟悉的知识点，并多加练习，巩固记忆。另外，要掌握知识点的总分结构，例如软件有哪两大类型，两大类下又可以分为哪些小类，具体的分类标准是什么等。

任务一 认识会计软件的硬件环境

会计软件的使用需要有硬件的支撑，硬件设备、硬件结构共同构成会计软件的硬件环境，硬件质量的高低、硬件结构与企业组织管理的匹配程度决定了企业使用会计软件的效率、效果。

【任务目标】

本任务的目标是熟悉会计软件工作环境中使用的硬件设备及其功能，了解硬件设备的组合方式。

【知识讲解】

一、硬件设备的构成

硬件设备一般包括输入设备、处理设备、存储设备、输出设备和通信设备。

（一）输入设备

计算机常见的输入设备包括键盘、鼠标、光电自动扫描仪、条形码扫描仪（又称扫码器）、二维码识读设备、POS机、芯片读卡器、语音输入设备、手写输入设备等。常见的输入设备如图2-1所示。下面主要介绍键盘、鼠标和扫描仪三种输入设备。

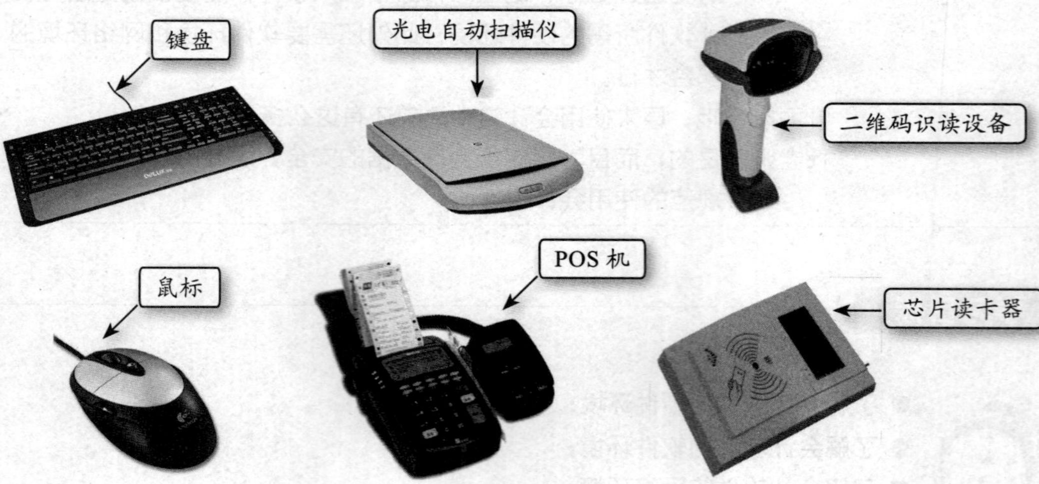

图2-1 常见的输入设备

> **知识补充**
>
> POS的全称是Point Of Sales，译为“销售时点”。POS机是一种多功能终端，把它安装在信用卡的特约商户和受理网点中与计算机联成网络，可实现电子资金自动转账。这种商业模式最早应用于零售业，以后逐渐扩展至金融、旅馆等服务行业。

1. 键盘

在会计软件中，键盘一般用来完成会计数据或相关信息的输入工作。常见的键盘一般分成5个区：功能键区、指示灯区、主键盘区、编辑键区和小键盘区，如图2-2所示。

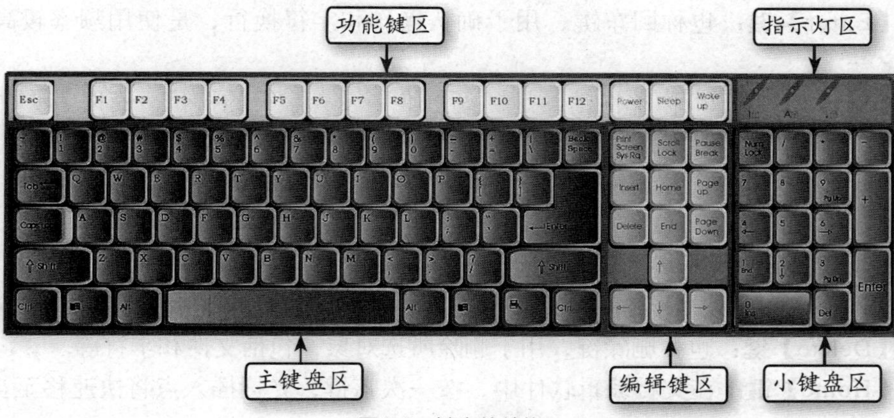

图2-2 键盘的结构

（1）功能键区

功能键区位于键盘的顶端，包括【Esc】键、【F1】~【F12】键、【Power】键、【Sleep】键和【Wake up】键，各按键的作用如下。

- 【Esc】：“Esc”是escape的缩写，意为“取消、退出”，主要用于退出程序、撤销操作等。
- 【F1】~【F12】：“F”是Function的缩写，译为“功能、作用”。这些功能键随程序的不同，作用会发生变化，其中【F1】键一般用于获取相应程序的帮助信息。
- 【Power】：使计算机关机。
- 【Sleep】：使计算机进入睡眠状态。
- 【Wake up】：使计算机从睡眠状态转为正常运行状态。

（2）指示灯区

指示灯区包括“Num Lock”“Caps Lock”和“Scroll Lock”3个指示灯，从左至右分别用于指示小键盘输入状态、大小写锁定状态以及滚屏锁定状态。

（3）主键盘区

主键盘区是使用最频繁的区域，主要由字母键、双档字符键、控制键、符号键和特殊键构成。各按键的作用如下。

- **字母键**：其上标有A~Z大写字母的键位，正常情况下按字母键将输入对应的小写字母。
- **控制键**：包括两个【Ctrl】键、两个【Shift】键和两个【Alt】键。这些键位一般不单独使用，而与其他键位或鼠标结合使用。例如按【Ctrl＋C】组合键可进行复制操作。
- **双档字符键**：指有上下两个字符的键位。这些键主要用于输入标点符号、数字和特殊符号等。正常情况下按这些键位将输入下档字符，在按住【Shift】键的同时按这些键位则会输入上档字符。
- **【Back Space】键**：常用于删除字符。
- **【Tab】键**：也称跳格键，按一次该键，将使光标插入点移动一定的距离，以便使输入的字符上下对齐。
- **【Caps Lock】键**：也称大写字母锁定键，其中的“Caps”表示capital letters（大写字母）。按一次该键，将使指示灯区的第2个灯位点亮，此时按字母键将输入相应的大写字母。

- 【Enter】键：也称回车键，用于确认操作和字符换行，是使用频率较高的键位之一。
- 【Space】键：也称空格键，是键盘上唯一没有字符的键位。有时其作用相当于【Enter】键，可以确认操作。在输入字符时主要用于输入空格。
- Win键：在键盘上该键位有两个，其上一般印有Windows的标志图形，按一次该键将弹出“开始”菜单。

（4）编辑键区

编辑键区的键位主要用于控制输入字符时的光标插入点位置。该区主要按键的作用如下。

- 【Delete】键：也称删除键，用于删除所选对象，包括文件和字符等。
- 【Home】键：在文档编辑软件中，按一次该键，光标插入点将快速移至当前行的行首。
- 【End】键：在文档编辑软件中，按一次该键，光标插入点将快速移至当前行的行尾。
- 【Page Up】键：也称向前翻页键。在文档编辑软件中，按一次该键，可以翻至当前光标插入点所在页面的上一页。
- 【Page Down】键：也称向后翻页键。在文档编辑软件中，按一次该键，可以翻至当前光标插入点所在页面的下一页。
- 【↑】【↓】【←】【→】键：统称方向键，在文档编辑软件中用于控制光标插入点的位置。

试题精讲

【单选题】要输入@符号，首先应按住（　）键。

A. Ctrl　　B. Alt　　C. Shift　　D. BackSpace

【答案】C

【解析】本题考核键盘各键位的用法。@符号属于双字符键的上档字符，输入时应先按住Shift键再敲击键位。

（5）小键盘区

小键盘区常用于快速输入数字和控制文档编辑软件中的光标插入点。小键盘区中的大部分键位都是双档字符键，在正常情况下，按该区域中的键位将输入该键位的下档字符，若按下【Num Lock】键（Num为number的缩写，意为“数字”），使指示灯区的第1个灯位点亮时，按该区域中的键位将输入该键位的上档字符。

2. 鼠标

鼠标是计算机不可缺少的输入设备，它可以控制屏幕上光标的移动，可以实现快速选择命令、单击图标等操作，从而减少了击键次数，简化了操作过程。鼠标的类型很多，主要有两种分类方法。

- 以定位原理为标准，鼠标可分为机械式鼠标、光电式鼠标、滚轮鼠标和轨迹球鼠标等。其中，机械式鼠标和光电式鼠标是最常见的两种鼠标。机械式鼠标的底部有一个可滚动的橡胶球，光电式鼠标的底部则有一个光电探测器。
- 以接口为标准，鼠标可分为串行接口鼠标、总线接口鼠标和USB接口鼠标等。常用的鼠标接口类型为串行接口，使用时只需将鼠标接口直接插入到计算机的COM1、COM2或RS-232接口即可。

在会计软件中，鼠标一般用来完成会计软件中的各种用户指令，选择会计软件各功能模块的功能菜单。

3. 扫描仪

扫描仪是计算机的图像输入设备，它按感光模式可分为滚筒式扫描仪和平板扫描仪，如图2-3所示。

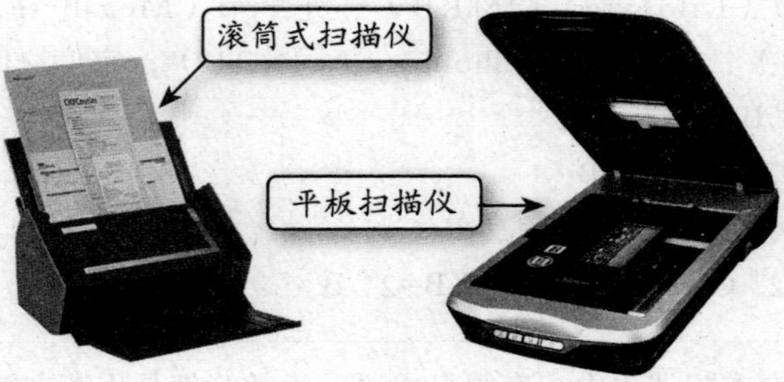

图2-3 扫描仪

扫描仪的原理是通过光学扫描方式从纸介质上“读出”照片、文字或图形，然后将信息送入计算机进行分析处理。在会计电算化环境中，扫描仪一般用来扫描原始凭证和单据，并将扫描结果存入会计软件相关数据库中。

（二）处理设备

处理设备主要是指计算机主机。中央处理器（Central Processing Unit，CPU）是计算机主机的核心部件，其主要功能是按照程序给出的指令序列，分析并执行指令，因此它的性能在很大程度上决定了计算机的整体性能。常见的CPU型号如图2-4所示。

图2-4 常见的CPU型号

中央处理器主要由控制器、运算器组成。

1. 控制器

控制器是整个计算机的指挥控制中心，由指令寄存器（Instruction Register，IR）、程序计数器（Program Counter，PC）和操作控制器（Operation Controller，OC）3个部件组成，可以协调整个计算机进行有序的工作。它一方面负责从存储器中取出指令，并对指令进行分析判断，然后产生一系列控制信号，以控制计算机各部件自动连续地工作；另一方面还要接收各部件反馈回来的信息。

2. 运算器

运算器是在控制器控制下完成加、减、乘、除运算和逻辑判断的计算机部件，它主要由算术逻辑单元（Arithmetic logic unit，ALU）、累加器、状态寄存器、通用寄存器组等组成。计算机运行时，运算器的操作和操作种类由控制器决定，运算器处理的数据来自存储器，处理后的结果数据通常送回存储器或暂时寄存在运算器中。

（三）存储设备

存储器（Memory）是计算机系统中的记忆设备，主要用于存放程序和数据。存储器中最小的存储单元是字节（Byte，简称B），它由8个位（bit）组成。

所有存储单元可存放数据的总和称为存储容量。常见的存储容量的单位除了字节以外，还包括千字节（Kilobyte，简称KB）、兆字节（Megabyte，简称MB）、吉字节（Gigabyte，简称GB）、太字节（Trillionbyte，简称TB），它们之间的换算方法如下。

1KB=1 024B=2^{10} B

1MB=1 024KB=2^{10} KB=2^{20} B

1GB=1 024MB=2^{10} MB=2^{20} KB=2^{30} B

1TB=1 024GB=2^{10} GB=2^{20} MB=2^{30} KB=2^{40} B

名师点睛

在本门课程中，有很多术语、函数等都是用英文缩写表示的。为了在学习或考试时避免混淆，读者应知道其对应的中文意思，最好知道其英文全称及含义，这样有助于准确记忆相关知识点。

试题精讲

【单选题】存储器容量1G、1K、1M分别表示2的（　）次方字节。

A. 10、20、30　　　　B. 30、10、20

C. 20、30、10　　　　D. 30、20、10

【答案】B

【解析】根据存储容量的转换关系。1G=2^{30} B，1KB=1 024B=2^{10} B，1MB=1 024KB=2^{20} B，因此B选项为正确答案。

根据在计算机结构中所处位置的不同，存储器可分为内存储器和外存储器。

1. 内存储器

内存储器又称内存或主存，主要用于存放急需处理的数据和正在运行的程序，其容量比外存小，但数据存取速度较快。内存可分为随机存储器（RAM）和只读存储器（ROM），两者的特点不同。

- **随机存储器**（Random Access Memory，RAM）：可以读出内容，也可以写入内容。读出时并不损坏原来存储的内容，只有写入时才修改原来存储的内容。断电后，存储器中存储的内容将立即消失，即随机存储器具有易失性。一般计算机中的内存条就是RAM的一种，如图2-5所示。
- **只读存储器**（Read-Only Memory，ROM）：只能读出原有的内容，而不能由用户再写入新内容，它一般用来存放专用的固定程序和数据，不会因断电而丢失。

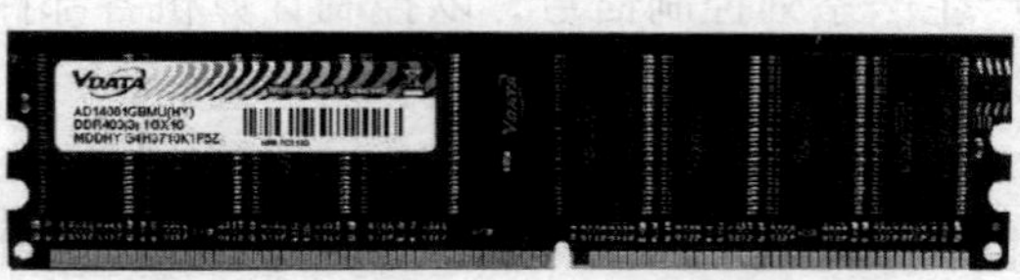

图2-5　内存条

2. 外存储器

外存储器又称外存或辅存，一般存储容量较大，但数据存取速度较慢。断电以后，外存的数据不受影响。会计软件中的各种数据一般存储在外存储器中。常见的外存储器包括硬盘、光盘和各种可移动存储设备等，如图2-6所示。

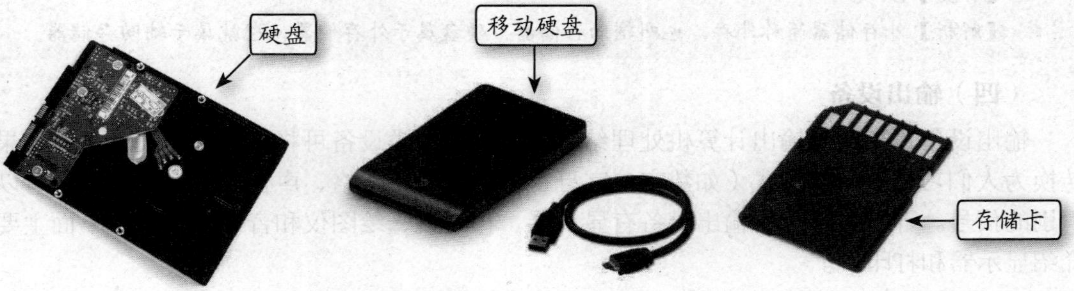

图2-6 常见的外存储器

- **硬盘**：硬盘的存储容量较大，目前微机的硬盘容量一般为几十到几百GB，其读写速度较快、性能稳定且可靠性较高。
- **光盘**：光盘是以光信息作为存储物的载体，具有体积小、容量大、价格便宜、携带方便和可靠性高等特点，不过它的读取速度比硬盘慢。目前常用的光盘为只读型光盘，即CD-ROM和DVD-ROM，它们的容量分别在650MB和4.5GB左右。

> **知识补充**
>
> CD是Compact Disc的缩写，是一种用来储存数字资料的光学盘片，它在1982年面世，至今仍然是商业录音的标准储存媒体。
>
> DVD是Digital Versatile Disc的缩写，译为“数字通用光盘”。1994年底，索尼公司提出了第一个DVD技术规格，之后仅一年多的时间，第一款DVD样机就诞生了。

- **可移动存储设备**：可移动存储设备包括U盘、移动硬盘和各种存储卡等。其中，U盘可以通过USB接口与微机连接，实现即插即用的数据存取功能，可存储照片、资料和影像等各种数据；移动硬盘以硬盘为存储介质，可实现在各计算机之间交换大容量数据，它在数据的读写模式上与标准IDE硬盘（即固定在机箱中的硬盘）是相同的，且便于携带；存储卡是一种用于手机、数码相机、便携式电脑、MP3（Music Player）或其他数码产品上的独立存储介质，一般是卡片的形态，具有体积小巧、携带方便、使用简单、兼容性强等优点。

> **知识补充**
>
> USB是Universal Serial Bus的缩写，译为“通用串行总线”，它是连接计算机系统与外部设备的一个串口总线标准，也是一种输入输出接口的技术规范，被广泛应用于个人电脑和移动设备等信息通信产品，并扩展至摄影器材、数字电视（机顶盒）、游戏机等其它相关领域。USB的规格是由Intel（英特尔）、NEC（日本电气株式会社）、Compaq（康柏）、DEC（美国数字设备公司）、IBM（国际商业机器公司）、Microsoft（微软）、Northern Telecom（北方电信公司）在1994年底联合制定的。

试题精讲

【多选题】硬盘属于（ ）。

A. 随机存储器　　B. 外部存储器

C. 辅助存储器　　D. 内部存储器

【答案】B、C

【解析】外存储器简称外存，也叫辅助存储器。硬盘属于外存储器，也就属于辅助存储器。

（四）输出设备

输出设备是指用于输出计算机处理结果的设备，这类设备可将计算机处理得到的结果转换为人们习惯的信息形式（如数字、字母、图形图像、表格、声音等）或其他设备可以识别的信号。计算机常见的输出设备有显示器、打印机、绘图仪和音响装置等，下面主要介绍显示器和打印机。

1. 显示器

显示器是用于显示计算机输入输出信息的屏幕设备，又称监视器或显示终端。显示器可根据工作原理、分辨率和显示颜色进行分类。

- **按工作原理划分**：显示器分为阴极射线管显示器（CRT）、液晶显示器（LCD）和等离子显示器。CRT显示器是计算机常用的显示器；液晶显示器是显示器的发展方向，其具备重量轻、厚度薄、耗电少且辐射低等优点。
- **按分辨率划分**：显示器分为低分辨率、中分辨率和高分辨率显示器三类。分辨率越高，图像的清晰度越好，显示的效果也更优秀。
- **按颜色划分**：显示器分为单色显示器和彩色显示器两大类。

在会计软件中，显示器既可以显示用户在系统中输入的各种命令和信息，也可以显示系统生成的各种会计数据和文件。

2. 打印机

打印机是从计算机获得硬拷贝的输出设备，用于将计算机处理结果打印在纸张等相关介质上，以供阅读和保存。在会计软件中，打印机一般用于打印输出各类凭证、账簿、财务报表等各种会计资料。按照打印机的打印原理，可将打印机分为击打式打印机和非击打式打印机两大类。

- **击打式打印机**：这类打印机通过打印针的运动撞击色带，在纸上打印出一列点。打印头可横向移动打印出点阵，这些点的不同组合就构成各种字符或图形。击打式打印机中使用最为普遍的就是针式打印机，又称点阵打印机。
- **非击打式打印机**：这类打印机不用机械击打方式就可完成印字工作，目前使用较为普遍的喷墨打印机和激光打印机就属于这个类别。

（五）通信设备

计算机常使用的通信设备有网络电缆、光纤等。在会计软件中，网络电缆一般用于传送会计数据。

二、硬件结构的形式

硬件结构是指硬件设备的不同组合方式。会计信息系统中常见的硬件结构通常有单机结构、多机松散结构、多用户结构和微机局域网络4种形式。

（一）单机结构

单机结构属于单用户工作方式，一台微机同一时刻只能一人使用，如图2-7所示。

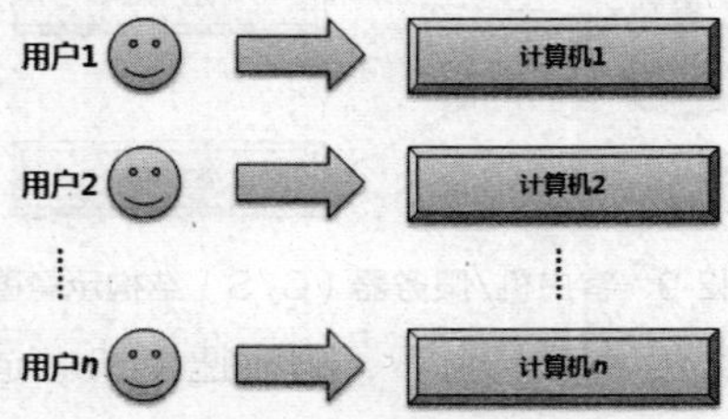

图2-7 单机结构示意图

单机结构的优点在于使用简单、配置成本低，数据共享程度高，一致性好。但是该结构也有缺点，具体表现为集中输入速度低，不能同时允许多个成员进行操作，并且不能进行分布式处理，因此只适用于数据输入量小的企业。

（二）多机松散结构

多机松散结构是指有多台微机，但每台微机都有相应的输入输出设备，每台微机仍属单机结构，各台微机不发生直接的数据联系，而是通过磁盘、光盘、U盘、移动硬盘等传送数据。这种结构的优点在于输入输出集中程度高，速度快。它的缺点在于数据共享性能差，系统整体效率低，因此主要适用于数据输入量较大的企业。

（三）多用户结构

多用户结构又称为联机结构，整个系统配备一台计算机主机（通常是中型机，目前也有较高档的微机）和多个终端（终端由显示器和键盘组成）。主机与终端的距离较近（在100米左右），并为各终端提供虚拟内存，各终端可同时输入数据，如图2−8所示。

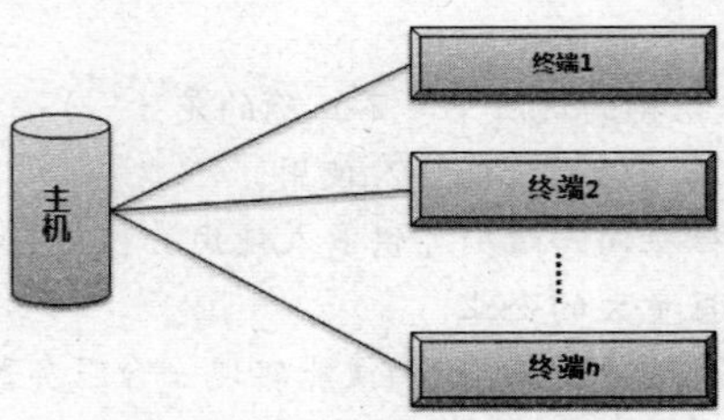

图2-8 多用户结构示意图

多用户结构的优点在于会计数据可以通过各终端分散输入，并集中存储和处理。它的缺点在于费用较高，应用软件较少，主机负载过大，容易形成拥塞，因此主要适用于数据输入量大的企业。

（四）微机局域网络

微机局域网络又称为网络结构，是由一台服务器（通常是高档微机）将许多中低档微机连接在一起（由网络接口卡、通信电缆连接），相互通信、共享资源，组成一个功能更强的计算机网络系统。该结构通常分为客户机/服务器结构和浏览器/服务器结构两种结构，主要适用于大中型企业。

1. 客户机/服务器结构

客户机/服务器结构（Client / Server Structure）模式下，服务器配备大容量存储器并安装数据库管理系统，负责会计数据的定义、存取、备份和恢复，客户端安装专用的会计软件，负责会计数据的输入、运算和输出，如图2-9所示。

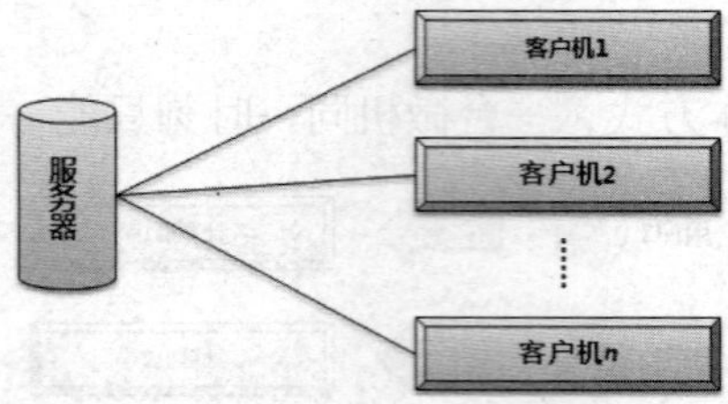

图2-9　客户机/服务器（C/S）结构示意图

客户机/服务器结构的优点在于技术成熟、响应速度快、适合处理大量数据；其缺点是系统客户端软件安装维护的工作量大，且数据库的使用一般仅限于局域网的范围内。

2. 浏览器/服务器结构

浏览器/服务器结构（Browser / Server Structure）模式下，服务器是实现会计软件功能的核心部分，客户机上只需安装一个浏览器，用户通过浏览器向分布在网络上的服务器发出请求，服务器对浏览器的请求进行处理，将用户所需信息返回到浏览器，如图2-10所示。

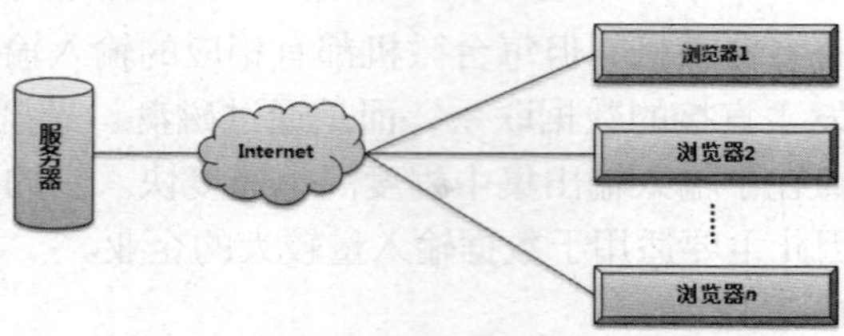

图2-10　浏览器/服务器（B/S）结构示意图

浏览器/服务器结构的优点在于维护和升级方式简单，运行成本低；其缺点是应用服务器运行数据负荷较重。

试题精讲

【单选题】下列关于硬件结构的说法中，不正确的是（　）。

A. 单机结构下一台微机同一时刻只能一人使用

B. 多机松散结构下一台微机同一时刻可供多人使用

C. 多用户结构适用于数据量大的企业

D. 客户机/服务器结构不需要经过Internet便能实现一台服务器供多台客户机访问

【答案】B

【解析】多机松散结构虽然有多台微机，且各台微机有相应的输入输出设备，但各台微机不发生直接的数据联系，仍属单机结构，无法实现一台微机同一时刻可供多人使用的目的。

【任务实施】

结合前面的讲解，回答下列问题。

（1）你是否有购买计算机硬件设备的经历？如果需要购买你会如何挑选，会考虑哪些因素？

（2）有人说会计人员只要会算账即可，不用花时间去学习计算机技术，你如何看待这类观点？你觉得学习计算机技术对会计人员有什么帮助？

任务二　认识会计软件的软件环境

会计软件不仅需要硬件环境，还需要软件环境。没有配备任何软件的计算机一般称为

"裸机"。裸机不能完成任何有实际意义的工作。只有通过安装软件，用户才能与计算机进行交流，从而使用计算机完成各种工作。

【任务目标】

本任务的目标是熟悉软件的分类和具体的软件，了解在实际工作中安装会计软件的前期准备工作。

【知识讲解】

一、软件的类型

软件是指在计算机硬件上运行的各种程序及相应的文档资料。对于计算机，硬件是其躯体，而软件则是其灵魂，两者都是计算机必不可少的组成部分。软件主要分为两类：系统软件和应用软件，如图2-11所示。

- 软件
  - 1、系统软件
    - ①操作系统：Windows、Mac、UNIX 和 Linux 等
    - ②数据库管理系统：Visual FoxPro、Access 等
    - ③支撑软件：纠错程序、诊断程序等
    - ④语言处理程序：汇编程序、翻译程序和解释程序等
  - 2、应用软件
    - ① 文字处理软件：Word、WPS 文字等
    - ②表格处理软件：Excel
    - ③图形图像处理软件：Photoshop、AutoCAD
    - ④网络通信软件：网页浏览器和电子邮件管理软件等
    - ⑤统计软件等其他软件

图2-11　软件的类型

（一）系统软件

系统软件是一类用来控制计算机运行，管理计算机的各种资源，并为应用软件提供支持和服务的软件，它通常包括操作系统、数据库管理系统、支撑软件和语言处理程序等。

1. 操作系统

操作系统是指计算机系统中负责支撑应用程序的运行环境以及用户操作环境的系统软件，具有对硬件直接监管、管理各种计算机资源以及提供面向应用程序的服务等功能。操作系统为用户提供操作界面和编程接口，任何其他程序只有通过操作系统获得必要的资源后才能运行。目前计算机上常见的操作系统有Windows、Mac OS、UNIX和Linux等，如表2-1所示。

表 2-1　常见的操作系统

名称	设计者	发展历程	系统特点
Windows	微软公司	1983年宣布研制 1985年推出第一个版本Windows 1.03版，截至2015年1月的最新版本为Windows 10	界面图形化；支持多用户、多任务；出色的多媒体功能；网络支持良好等
Mac OS	比尔·阿特金森、杰夫·拉斯金和安迪·赫茨菲尔德	1984年开发成功，先后经历System 1.0、System 2.0、System 6、System 7，1997年夏季苹果公司发布Mac OS 8，结束了System X.X的命名方式，截至2015年1月的最新版本为Mac OS X 10	运行于苹果Macintosh系列电脑，具有多平台兼容模式，为安全和服务做准备；占用更少的内存；其架构与Windows不同，所以很少受到病毒的袭击
UNIX	AT & T公司贝尔实验室	1969年开发，此后由于该技术的版权所有者不断变更，授权者的数量也在增加，出现各种版本	多用户、多任务操作系统，支持多种处理器架构
Linux	林纳斯·托瓦兹	1991年10月正式诞生，由于免费使用和自由传播的特点，该类操作系统的版本很多	支持多用户、多进程、多线程；实时性较好且稳定

2. 数据库管理系统

数据库管理系统（Database Management System，DBMS）是一种操纵和管理数据库的大型软件，其主要作用在于建立、使用和维护数据库，是用户和数据库之间的接口。它对数据库进行统一的管理和控制，以保证数据库的安全性和完整性。

根据数据库数据模型的设计方法不同，可以将数据库管理系统分为层次型、网状型和关系型三类。

- **层次型数据库**：将数据组织成一对多关系的结构，层次结构采用关键字来访问其中每一层次的每一部分。
- **网状型数据库**：用连接指令或指针来确定数据间的显式连接关系，是具有多对多类型的数据组织方式。
- **关系型数据库**：以记录组或数据表的形式组织数据，利用各种地理实体与属性之间的关系进行存储和变换，不分层也无指针，是建立空间数据和属性数据之间关系的一种非常有效的数据组织方法。

在财会金融领域，各种会计软件是基于数据库系统的应用软件，会计软件的成功应用离不开相应的数据库管理系统的支持。只有在数据库管理系统的支持下，用户才可以按照工作需求定义数据的存储格式，对数据进行维护和深入加工处理等操作。目前微机上常用的单机数据库管理系统主要有Visual FoxPro、Access等，大型数据库管理系统主要有SQL Server、Sybase、DB2、Oracle等。

3. 支撑软件

支撑软件是为其他软件和应用软件以及用户提供某些通用支持的程序，如纠错程序、诊断程序、调试程序和编辑程序等。它是介于系统软件和应用软件之间的一个中间软件，但也是软件系统的一个重要组成部分。

4. 语言处理程序

语言处理程序包括汇编程序、解释程序和编译程序等，其任务是将用汇编语言或高级语言编写的程序，翻译成计算机硬件能够直接识别和执行的机器指令代码。没有语言处理程序的支持，编写的各种应用软件就无法被计算机接受和识别，也就无法在计算机系统上使用。

试题精讲

【多选题】下列各项中，不属于系统软件的有（　）。

A. 文字处理软件　　B. 辅助设计软件

C. 表格处理软件　　D. 语言处理程序

【答案】A、B、C

【解析】语言处理程序属于一种系统软件。A、B、C选项均是应用软件。

（二）应用软件

应用软件是为解决各类实际问题而专门设计的软件。根据使用目的的不同，应用软件可划分为用户程序和应用软件包。其中，用户程序是为解决特定的具体问题而开发的软件，如会计核算软件和人事管理系统等就属于这类软件；应用软件包是为解决某类典型问题而开发的软件，如Word、Excel等软件则属于应用软件包。

一般来说，应用软件包大致可分成文字处理软件、表格处理软件、图形图像处理软件、网络通信软件和统计软件等几类。

1. 文字处理软件

文字处理软件可用于对文字的输入、修改、编辑、存储和输出等，常见的有Word和WPS等。

> **知识补充**
>
> WPS是Word Processing System的缩写，译为“文字编辑系统”，是一款由香港金山公司与北大方正公司合作开发的中文办公软件。1989年，上述两个公司发布了中国内地第一套文字处理软件WPS V1.0。该软件是中国最流行的文字处理软件之一，目前广泛应用于政府单位和国有大中型企业，截至2015年1月其最新版本为WPS Office 2013。

2. 表格处理软件

表格处理软件可制作各种数据表格，并进一步管理、组织、分析表格中的数据，以及完成表格的打印、数据检索等功能，最常见的表格处理软件是Excel。

3. 图形图像处理软件

图形图像软件可分为图形图像处理软件和绘图软件，如Photoshop可对各种位图进行处理，AutoCAD可绘制各种建筑或机械图。

4. 网络通信软件

网络通信软件可分为两大类：一类是专用的通信软件或协议转换软件，主要用于实现网络底层各种通信协议的传输和转换。这类软件具有系统软件性质，一般都包含在具有网络功能的操作系统中。另一类网络通信软件则是用于实现各种网络应用，如网页浏览器和电子邮件管理软件等。

5. 统计软件

统计软件是通过对数据进行收集、汇总和分析等处理，将各种不规则和变化大的信息处理为具有指导意义或参考价值的数据。这类软件对社会、经济等领域有重要作用，如人口统计、气象分析和经济统计等。

试题精讲

【多选题】常见应用软件有（　　）。

A. 会计电算化软件　　B. 办公自动化软件

C. 建筑辅助设计软件　　D. Windows 2003

【答案】A、B、C

【解析】Windows 2003属于操作系统，其他选项均为不同类型的应用软件。

二、安装会计软件的前期准备

安装会计软件之前，需要进行操作系统、数据库系统的安装等前期准备工作。

（一）安装操作系统

在安装会计软件前，技术支持人员必须首先确保计算机的操作系统符合会计软件的运行要求。某些情况下，技术支持人员应该事先对操作系统进行一些简单的配置，以确保会计软件能够正常运行。

需要注意的是，会计软件的兼容性也应事先确认。例如，用友T3软件可以在Windows

XP和Windows 7操作系统中运行，但还不支持Windows 8操作系统，因此如果操作系统安装的是Windows 8，那么即使安装了用友T3软件也无法使用。

（二）安装数据库管理系统

在检查并设置完操作系统后，技术支持人员需要安装数据库管理系统。例如，安装用友T3软件或金蝶10.0版软件时，都需要先在计算机中安装SQL Server 2000、MSDE 2000或SQL Server 2005等数据库管理系统。

（三）安装支撑软件

会计软件的正常运行需要某些支撑软件的辅助。在设置完操作系统并安装完数据库管理系统后，技术支持人员应安装计算机缺少的支撑软件。例如，安装会计软件前，应确保计算机中安装有Microsoft Net Framework 2.0等支撑软件。

（四）安装会计软件

在确保计算机操作系统满足会计软件的运行要求，并完成数据库管理软件和支撑软件安装后，技术支持人员方可开始安装会计软件，同时应考虑会计软件与数据库系统的兼容性。

试题精讲

【判断题】安装会计软件之前，只要保证计算机上成功安装并能正确运行操作系统即可。（ ）

【答案】×

【解析】由于会计软件是基于数据库系统的应用软件，因此安装会计软件之前，应依次安装操作系统、数据库管理系统以及必要的支撑软件。

【任务实施】

结合前面的讲解，回答下列问题。

（1）你使用过哪些操作系统，你有亲自安装操作系统（如Windows）的经历吗？

（2）请至少介绍一种你使用过的应用软件，包括它的功能、作用。

（3）目前市场上常见的会计软件有哪几种？请至少列举5个，并简要介绍它们的基本情况。

任务三 认识会计软件的网络环境

计算机网络是使用会计软件的各客户端共享信息的途径，对于在各地有分支机构的大中型企业，他们需要一个功能强大的网络系统，来实现会计信息的共享并支撑其业务发展。

【任务目标】

本任务的目标是了解计算机网络的功能与分类、会计信息系统的网络组成部分。

【知识讲解】

一、计算机网络基本知识

（一）计算机网络的概念与功能

计算机网络是以硬件资源、软件资源和信息资源共享以及信息传递为目的，在统一的网络协议控制下，将地理位置分散的许多独立的计算机系统连接在一起所形成的网络。

计算机网络的功能主要体现在资源共享、数据通信、分布处理等3个方面。

- **资源共享**：资源共享是计算机网络最主要的功能。在计算机网络中，各种资源可以相互通用，用户可以共同使用网络中的软件、硬件和数据。
- **数据通信**：计算机网络可以实现各计算机之间的数据传送，可以根据需要对这些数据进行集中与分散管理。
- **分布处理**：当计算机中的某个计算机系统负荷过重时，可以将其处理的任务传送到网络中较空闲的其他计算机系统中，以提高整个系统的利用率。计算机系统解决了分布处理在地理位置上的缺陷，通过网络将各地的设备连接起来，即实现信息的集中管理，又为分布与集中相结合的管理和处理方式提供了条件。

（二）计算机网络的分类

计算机网络有几种分类方法，如按照覆盖的地理范围大小划分、按照通信媒体不同划分、按照使用范围大小划分、按配置方式划分、按对数据的组织方式划分等。

1. 按照覆盖的地理范围大小划分

按照覆盖的地理范围进行分类，计算机网络可以分为局域网、城域网和广域网3类。

- **局域网**（Local Area Network，LAN）：局域网是指一种在小区域内使用的，由多台计算机组成的网络，覆盖范围通常局限在10千米范围之内，属于一个单位或部门组建的小范围网，如一个办公室、一栋大楼等。它的特点是连接范围小，用户数量少，配置简单且连接速率高。
- **广域网**（Wide Area Network，WAN）：广域网是一种远程网，涉及长距离的通信，覆盖范围可以是一个国家或多个国家，甚至整个世界。由于广域网地理上的距离可以超过几千千米，所以信息衰减非常严重，这种网络一般要租用专线，通过接口信息处理协议和线路连接起来，构成网状结构，解决寻径问题。它的特点是技术复杂、管理复杂等。
- **城域网**（Metropolitan Area Network，MAN）：城域网是指作用范围在广域网与局域网之间的网络，其网络覆盖范围通常可以延伸到整个城市，借助通信光纤将多个局域网联通公用城市网络形成大型网络，不仅使局域网内的资源可以共享，局域网之间的资源也可以共享。

2. 按照通信媒体不同划分

按计算机网络的通信媒体不同划分，可将其分为有线网和无线网。

- **有线网**：有线网是指采用同轴电缆、双绞线或光缆来连接的计算机网络。其中，同轴电缆是常见的一种有线联网方式，它价格较为经济、安装便利，但传输率和抗干扰能力一般，传输距离较短。双绞线也是常见的有线联网方式，它的价格更便宜，安装也更加方便，但易受干扰、传输率较低，传输距离比同轴电缆短。
- **无线网**：无线网是指允许用户建立远距离无线连接的全球语音和数据网络，也包括为近距离无线连接进行优化的红外线技术及射频技术。无线网与有线网的用途类似，其最大的不同在于传输媒介不同，无线网一般采用电磁波作为传输介质。

3. 按使用范围大小划分

按计算机网络的使用范围划分，可将其分为公用网和专用网。

- **公用网**：公用网也称通用网，指为公众提供各种信息服务的网络系统。目前，经国家有关部门批准建设的公用网有10个，这十大互联网络的简要情况如表2-2所示。

表 2-2　十大互联网络

名称	概况	网址
中国公用计算机互联网（CHINANET）	1994年9月开始建设，是由中国电信经营管理	—
宽带中国CHINA169	由原中国网通在2003年推出	—
中国科技网（CSTNET）	1989年8月由中国科学院开始建设，前身为“中关村教育与科研示范网络”，1994年4月，该网率先实现了中国与Internet全功能网络连接，标志着我国最早的国际互联网络的诞生	http://www.stdaily.com/
中国教育和科研计算机网（CERNET）	1994年7月建成中国第一个采用TCP/IP和X.25的全国互联网主干网，教育部负责管理，清华大学等高等学校承担建设和管理运行	http://www.edu.cn/
中国移动互联网（CMNET）	2001年11月，中国移动通信集团公司开启“移动梦网”创业计划，标志着中国移动互联网的开始	—
中国联通互联网（UNINET）	2000年7月19日，中国联通互联网业务开通，其拨号上网接入号码为“165”	—
中国国际经济贸易互联网（CIETNET）	我国唯一面向全国经贸系统企、事业单位的专用互联网，由中国国际电子商务中心负责组建运营	—
中国长城互联网（CGWNET）	1998年5月开始建设，是我国国防类域名的唯一注册管理机构	http://www.cgw.cn/
中国卫星集团互联网（CSNET）	2000年，国务院正式批准组建“中国卫星通信集团公司”，且该公司获得互联网络国际联网的互联单位资格，之后分别在北京、香港、喀什构建了国内卫星地面运营的“大三角”，打造天地一体的通信网络	—
中国铁通互联网（CTTNET）	全国性的高速宽带IP骨干网络，总体构架采用当今国际先进骨干网和城域网两层结构，承载包括数据、语音、视频等在内的综合业务及其增值业务，并实现各种业务网络的无缝连接	http://www.10050.net

- **专用网**：也称行业网，指为满足自身需要而组建、拥有和使用，且不向他人提供服务的网络系统，例如铁路网、交通网、电力网等。

4. **按配置方式划分**

按计算机网络的配置划分，可将其分为同类网、单服务器网和混合网。

- **同类网**：也称对等网，该网络系统采用分散管理的方式，网络中的每台计算机既可作为客户机，又可作为服务器来工作。
- **单服务器网**：在这种网络系统中，只有一台计算机作为整个网络的服务器，其他计算机均是客户机。
- **混合网**：在这种网络系统中，服务器不止一个，同时也不是所有客户机都能充当服务器来使用，这种网络关系介于单服务器网和同类网之间。

5. **按对数据的组织方式划分**

按计算机网络对数据的组织方式划分，可将其分为分布式数据组织网络系统和集中式数据组织网络系统。

- **分布式数据组织网络系统**：在这种网络系统中，资源既是互联的，又是独立的，它们分布在网络中的各个客户机上，由客户机独立支配。这种网络系统的特点在于系统独立性强，使用灵活方便；但缺点是管理维护较为困难，且安全性和保密性较差。

- **集中式数据组织网络系统**：在这种网络系统中，资源由指定的服务器统一管理，系统中的各客户机必须在服务器或起决定作用的计算机支配下才能进行工作。这种网络系统的特点在于管理维护较为方便，系统响应时间较短，信息处理更为集中。

试题精讲

【多选题】根据对网络组建和管理的部门与单位不同，常将计算机网络分为（　　）。

A. 公用网　　B. 光纤网　　C. 宽带网　　D. 专用网

【答案】A、D

【解析】按计算机网络的使用范围划分，实际上也就是按网络组建和管理的部门与单位进行划分，答题时应充分理解题目的含义。选项B、C都属于有线网。

二、会计信息系统的网络组成部分

会计信息系统网络主要由服务器、客户机和网络连接设备组成。

（一）服务器

服务器，别称伺服器（香港等使用繁体中文地区的说法），是网络环境中的高性能计算机。其作用是侦听网络上的其他计算机（客户机）提交的服务请求，并提供相应的服务，控制客户端计算机对网络资源的访问，并能存储、处理网络上大部分的会计数据和信息。服务器的性能必须适应会计软件的运行要求，其硬件配置一般高于普通客户机。

服务器的构成与微机基本相似，都有处理器、硬盘、内存、系统总线等，但是这些设备是针对具体的网络应用特别制定的，因而服务器与微机相比，在处理能力、稳定性、可靠性、安全性、可扩展性、可管理性等方面都更高效。具体来说，服务器的高性能主要体现在高速度的运算能力、长时间的可靠运行、强大的外部数据吞吐能力等方面。

（二）客户机

客户机又称为用户工作站，是连接到服务器的计算机，能够享受服务器提供的各种资源和服务。会计人员通过客户机使用会计软件，因此客户机的性能也必须适应会计软件的运行要求。

名师点睛

客户机和服务器都是独立的计算机，当一台连入网络的计算机向其他计算机提供各种网络服务（如数据、文件的共享等）时，它就被叫做服务器，而那些用于访问服务器资料的计算机则被叫作客户机。

（三）网络连接设备

网络连接设备是把网络中的通信线路连接起来的各种设备的总称。这些设备包括中继器、交换机和路由器等，如图2-12所示。

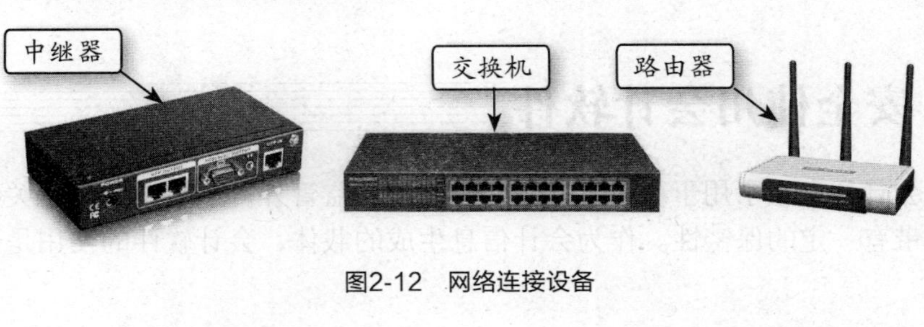

图2-12　网络连接设备

1. 中继器

中继器是网络物理层上面的连接设备，适用于完全相同的两类网络的互连，主要功能是通过对数据信号的重新发送或者转发，来扩大网络传输的距离。

中继器是局域网中用来延长网络距离的最简单、最廉价的网络互联设备，对线路上的信号具有放大再生功能，常用于两个网络节点之间物理信号的双向转发工作，完成信号的复制、调整和放大功能，以此来延长网络的长度。

2. 交换机

交换机是一种存储转发设备，其端口数较多、数据传输效率高、转发延迟很小、吞吐量大、丢失率低、网络整体性能增强，一般用于互连相同类型的局域网。

3. 路由器

路由器是连接因特网中各局域网、广域网的设备，它会根据信道的情况自动选择和设定路由，以最佳路径按前后顺序发送信号。路由器是互联网络的枢纽，目前已经广泛应用于各行各业，其主要功能如下。

- **网络互连**：路由器支持各种局域网和广域网接口，主要用于互连局域网和广域网，实现不同网络互相通信。
- **数据处理**：路由器提供包括分组过滤、分组转发、优先级、复用、加密、压缩和防火墙等功能。
- **网络管理**：路由器提供包括路由器配置管理、性能管理、容错管理和流量控制等功能。

试题精讲

【单选题】下列关于服务器的描述，错误的是（ ）。

A. 服务器也称伺服器

B. 服务器的性能一般低于普通的客户机

C. 服务器可侦听网络上的其他客户机提交的服务请求

D. 服务器可以存储、处理网络上的数据和信息

【答案】B

【解析】服务器是网络环境中的高性能计算机，用于侦听网络上的其他计算机（客户机）提交的服务请求，提供相应的服务，控制客户端计算机对网络资源的访问，并能存储、处理网络上大部分的会计数据和信息，因此其性能一般比普通客户机要高。

【任务实施】

结合前面的讲解，回答下列问题。

（1）你目前使用的是什么网络？按照各种分类方法，它可以归为哪一类？

（2）你使用网络时主要做哪些事情？请总结一下网络的好处和坏处（至少分别列出三点）。

任务四 安全使用会计软件

企业的会计信息除了用于决策者使用和有关部门监管外，一般不会向无关组织或个人透露，因此带有一定的保密性。作为会计信息生成的载体，会计软件的使用是否安全、是

否符合规范则直接关系到企业会计信息的安全。

【任务目标】

本任务的目标是掌握安全使用会计软件的基本要求，了解计算机病毒的特点和类型，了解黑客的常用手段，从而提高使用会计软件的安全意识，学会基本的防范方法。

【知识讲解】

一、安全使用会计软件的基本要求

在实际工作中，会计人员经常会有一些非规范化操作，例如密码与权限管理不当、会计档案保存不当、未按照正常操作规范运行软件等，这些操作可能会威胁会计软件的安全运行。有鉴于此，在使用会计软件时，应遵循以下3个基本要求。

- **严格管理账套使用权限**：在使用会计软件时，用户应该对账套使用权限进行严格管理，防止数据外泄；用户不能随便让他人使用计算机；在离开计算机时，必须立即退出会计软件，以防止他人偷窥系统数据。
- **定期打印备份重要的账簿和报表数据**：为防止硬盘上的会计数据遭到意外或被人为破坏，用户需要定期将硬盘数据备份到其他磁性介质上（如U盘、光盘等）。在月末结账后，对本月重要的账簿和报表数据还应该打印备份。
- **严格管理软件版本升级**：对会计软件进行升级的原因主要有：①因改错而升级版本；②因功能改进和扩充而升级版本，例如用友T3软件升级后增加“生产管理”模块；③因运行平台升级而升级版本，例如Windows XP系统升级至Windows 7系统，数据库管理系统和会计软件均可能需要升级。经过对比审核，如果新版软件更能满足实际需要，企业应该对其进行升级。

案例阅读与思考

会计电算化的出现是会计行业的重大变革，它极大地提高了会计核算的速度和质量，将会计人员从繁琐的手工环节脱离出来，参与到企业的管理中，这样就提升了企业的管理水平。但事物在变革期总是伴随着泥沙俱下的现象，会计电算化也不例外，利用电算化系统非法获取不正当经济利益（即电算化舞弊）的情况时有发生。据相关统计，在美国，一起会计电算化舞弊造成的损失可高达几十万美元，可能导致一家公司信誉扫地，甚至破产清算。

试题精讲

【判断题】因临时原因需要离开电脑时，可不退出会计软件，以避免重新启动的麻烦。（ ）

【答案】×

【解析】在使用会计软件时，应严格管理账套的使用权限。离开计算机时，必须立即退出会计软件，以防止他人偷窥系统数据。

二、计算机病毒的防范

计算机病毒（Virus）是指编制者在计算机程序中插入的破坏计算机功能或数据，影响计算机使用并且能够自我复制的一组计算机指令或程序代码。

案例阅读与思考

1982年的1月30日，在美国宾夕法尼亚州匹兹堡市，15岁的芒特莱巴嫩公立高中（Mt. Lebanon High School）学生里奇·斯克伦塔（Rich Skrenta）写出了世界上第一个被广泛传播的个人电脑病毒“Elk Cloner”。而在中国，1988年出现了第一个病毒——“小球”病毒。江民杀毒软件创始人王江民当时设计出清除该病毒的杀毒程序KV1（KV表示Kill Virus，即“杀毒”），该程序也就成为中国最早的计算机杀毒软件雏形。

据统计，全世界的病毒种类在100万种以上。病毒这一新事物是计算机技术和以计算机为核心的社会信息化进程发展到一定阶段的必然产物，其产生的原因很多，例如，一些计算机爱好者故意编制出一些特殊的计算机程序，以显示自己的才干；有些人想通过病毒获取不正当利益；有些用于研究或实验而设计的“有用”程序，由于某种原因失去控制而扩散出来。

（一）计算机病毒的特点

目前的计算机病毒大多具有寄生性、传染性、潜伏性、隐蔽性、破坏性和可触发性等特点，它的传播方式主要有磁盘传播、机器传播和网络传播等。

1. 寄生性

病毒可以寄生在正常的程序中，跟随正常程序一起运行。当执行这个程序时，病毒就起破坏作用，而在未启动这个程序之前，它是不易被人发觉的。

2. 传染性

计算机病毒是一段人为编制的计算机程序代码，这段程序代码一旦进入计算机并得以执行，就会搜寻符合其传染条件的程序或存储介质，确定目标后再将自身代码插入其中，达到自我复制的目的。一台计算机中病毒后，如不及时处理，那么病毒会迅速扩散，并通过U盘、移动硬盘或计算机网络等传染给其他计算机，严重的可能导致整个计算机网络瘫痪。

试题精讲

【单选题】计算机病毒不能通过（　）传播。

A．光盘　　B．网络　　C．电子邮件　　D．空气

【答案】D

【解析】计算机病毒的传播途径主要通过磁盘传播、机器传播和网络传播。

3. 潜伏性

病毒可以事先潜伏在电脑中不发作，然后在某一时间集中大规模爆发。例如，臭名昭著的“黑色星期五”病毒会在13号的星期五定期发作并破坏计算机系统。当病毒不发作时，不会对计算机系统造成任何破坏，因此使用者根本无法察觉。

4. 隐蔽性

计算机病毒一般都是具有很高的编程技巧、短小精悍的程序，它们具有极强的隐蔽性，附在程序或磁盘中较隐蔽的地方。有的病毒可以通过病毒软件检查出来，有的根本无法查出，而且有些病毒时隐时现，变化无常，通常这类病毒处理起来很困难。

5. 破坏性

计算机系统感染到病毒后，系统本身或应用程序都有可能受到病毒的破坏，如降低计算机工作效率，占用系统资源导致正常的程序无法运行，把计算机内的文件删除，或使文件和系统受到不同程度的损坏等。严重的会导致计算机系统死机或崩溃。

6. 可触发性

计算机病毒的内部往往有一种触发机制，不满足触发条件时，计算机病毒除了传染外

不会进行任何破坏。一旦触发条件得到满足，则根据指令对系统进行干扰和破坏，如格式化磁盘、删除文件、封锁键盘或使系统崩溃等。

（二）计算机病毒的类型

计算机病毒种类很多，主要的分类方法有两种：按计算机病毒的破坏能力分类、按计算机病毒存在的方式分类。

1. 按计算机病毒的破坏能力分类

按破坏能力分类，计算机病毒可分为良性病毒和恶性病毒。

- **良性病毒**：良性病毒是指不彻底破坏系统和数据，但会大量占用CPU空间，增加系统消耗，降低系统工作效率的一类计算机病毒。这种病毒多数是恶作剧的产物，其目的不是为了破坏系统和数据，而是为了让使用染有病毒的计算机用户通过显示器或扬声器看到或听到病毒设计者的编程技术。典型的良性病毒有小球病毒、1575/1591病毒、救护车病毒、扬基病毒、Dabi病毒、Rose病毒等。
- **恶性病毒**：恶性病毒是指那些一旦发作后，就会破坏系统或数据，造成计算机系统瘫痪的一类计算机病毒。这类病毒造成的破坏包括删除文件、破坏或盗取数据、格式化硬盘、使系统瘫痪等。典型的恶性病毒有黑色星期五病毒、火炬病毒、米开朗基罗病毒等。

2. 按计算机病毒存在的方式分类

按存在方式分类，计算机病毒可分为引导型病毒、文件病毒和网络病毒。

- **引导型病毒**：引导型病毒是指在系统开机时进入内存后控制系统，进行病毒传播和破坏活动的病毒。按照在硬盘上的寄生位置不同，引导型病毒可细分为主引导记录病毒和分区引导记录病毒。主引导记录病毒主要感染硬盘的主引导区，如大麻病毒、2708病毒等；分区引导记录病毒感染硬盘的活动分区引导记录，如小球病毒和Girl病毒等。
- **文件型病毒**：文件型病毒是指感染计算机存储设备中的可执行文件，当执行该文件时，再进入内存，控制系统，进行病毒传播和破坏活动的病毒。
- **网络病毒**：网络病毒是指通过计算机网络传播感染网络中的可执行文件的病毒。这类病毒主要通过电子邮件、浏览网页、下载软件、P2P技术、网络游戏和局域网等方式进行传播。

（三）导致病毒感染的人为因素

从主观上看，计算机被病毒感染是由于一些操作人员信息安全意识不强，进行一些不正当、不合规甚至不合法的操作造成的，具体表现如下。

- **不规范的网络操作**：浏览不安全网页、下载被病毒感染的文件或软件、接收被病毒感染的电子邮件、使用即时通信工具等，这类操作很可能导致计算机感染病毒。
- **使用被病毒感染的磁盘**：使用来历不明的硬盘和U盘，容易使计算机感染病毒。

（四）感染计算机病毒的主要症状

当计算机感染病毒时，系统会表现出一些异常症状，主要有：

- 系统启动时间比平时长，运行速度减慢；
- 系统经常无故发生死机现象；
- 系统异常重新启动；
- 计算机的存储容量异常减少，磁盘访问时间比平时长；

- 系统不识别硬盘；
- 文件的日期、时间、属性、大小等发生变化；
- 打印机等一些外部设备工作异常；
- 程序、数据丢失或文件损坏；
- 系统的蜂鸣器出现异常响声；
- 其他异常现象。

（五）防范计算机病毒的措施

防范计算机病毒的措施主要有：

- 规范使用U盘的操作，在使用外来U盘时应该首先用杀毒软件检查是否有病毒，确认无病毒后再使用；
- 使用正版软件，杜绝购买盗版软件；
- 谨慎下载与接收网络上的文件和电子邮件；
- 经常升级杀毒软件；
- 在计算机上安装防火墙（Firewall）；
- 经常检查系统内存；
- 计算机系统要专机专用，避免使用其他软件。

（六）计算机病毒的检测与清除

企业应定期对计算机进行病毒检查，及时发现病毒和消除病毒，以免遭受损失。

1. 计算机病毒的检测

计算机病毒的检测方法通常有以下两种。

- **人工检测**：人工检测是指通过一些软件工具进行病毒检测。这种方法需要检测者熟悉机器指令和操作系统，因而不易普及。
- **自动检测**：自动检测是指通过一些诊断软件来判断一个系统或一个软件是否有计算机病毒。自动检测比较简单，一般用户都可以进行。

2. 计算机病毒的清除

对于一般用户而言，清除病毒一般使用杀毒软件进行。杀毒软件可以同时清除多种病毒，并且对计算机中的数据没有影响。目前，在我国常用的杀毒软件有瑞星杀毒软件、江民杀毒软件、金山毒霸、卡巴斯基、Norton AntiVirus等，用户可根据实际情况进行选择。

三、计算机黑客的防范

计算机黑客是指通过计算机网络非法进入他人系统的计算机入侵者。他们对计算机技术和网络技术非常精通，能够了解系统的漏洞及其原因所在，通过非法闯入计算机网络来窃取机密信息，毁坏某个信息系统。

案例阅读与思考

"黑客"一词为"hacker"的音译，早期在美国的电脑界是带有褒义的，泛指擅长IT技术的人群，例如计算机科学家，他们精通各种编程语言和各类操作系统，对计算机和网络的发展做出过一定的贡献。后来，该词被用于泛指专门利用计算机网络搞破坏、搞恶作剧的一类人，即"骇客"（Software Cracker），这一类人给计算机领域带来十分负面的影响。例如，根据美国《金融时报》的报道，在全球范围内每15秒就会发生一起网络入侵事件，美国因网络安全问题所承受的经济损失每年高达180亿美元，而德国、英国等国家的损失也在10亿美元以上。同样，我国也面临网络攻击的严重威胁，是世界上最主要的黑客攻击受害国之一。

（一）黑客常用手段

黑客闯入计算机网络的常用手段主要包括密码破解、IP嗅探与欺骗、攻击系统漏洞和端口扫描等。

1. 密码破解

黑客为破解密码通常采用的攻击方式有字典攻击、假登录程序、密码探测程序等，主要目的是获取系统或用户的口令文件。

- **字典攻击**：又称词典攻击，是一种被动的破解密码的方式。这种方式是指在破解密码或密钥时，逐一尝试用户自定义词典中的单词或短语，直到匹配后就能获取所需密码信息。由于很多用户的密码采用比较常用的组合，因此这种攻击方式的成功率也较高。
- **假登录程序**：指按正规网页的登录界面和登录方式，模拟一个假的登录界面，以骗取访问者的账号和密码。一旦用户在该界面输入了账号和密码后，假登录程序便会记住相关信息。不过登录界面无论做得如何逼真，只要细心观察界面和网址等信息，也能判断出真伪。
- **密码探测程序**：指利用各种可能的密码不断向目标服务器发送请求，根据响应来判断密码是否正确，这种手段可分为自动密码探测和暴力密码探测等方式。

2. IP嗅探与欺骗

IP嗅探是一种被动式攻击，又叫网络监听。它通过改变网卡的操作模式来接收流经计算机的所有信息包，以便截取其他计算机的数据报文或口令。

欺骗是一种主动式攻击，它将网络上的某台计算机伪装成另一台不同的主机，目的是使网络中的其他计算机误将冒名顶替者当成原始的计算机而向其发送数据。

3. 攻击系统漏洞

系统漏洞是指程序在设计、实现和操作上存在的错误。黑客利用这些漏洞攻击网络中的目标计算机。

4. 端口扫描

由于计算机与外界通信必须通过某个端口才能进行。黑客可以利用一些端口扫描软件对被攻击的目标计算机进行端口扫描，搜索到计算机的开放端口并进行攻击。

试题精讲

【单选题】黑客攻击的主要目标不包括（　）。

A. 网络服务　　B. 信息资源　　C. 打印机　　D. 网络客户端

【答案】C

【解析】计算机黑客是通过网络进行非法入侵和攻击的，打印机不一定处在网络系统中，因此通过排除法可以选择C选项。

（二）防范黑客的措施

近年来，网络黑客数量及入侵案件呈不断上升的趋势，企业应当对网络黑客的危害引起重视、提高防范意识、加强防范手段，同时政府应完善法律法规，使网络黑客行为受到约束，维护网络安全。

案例阅读与思考

中国互联网络信息中心（CNNIC）从1997年开始发布全国互联网发展统计报告，在最新一期的《中国互联网络发展状况统计报告》（2015年1月）中显示，2014年总体网民中有46.3%的网民遭遇过网络安全问题。在发生的各类安全事件中，计算机或手机中病毒或木马、账号或密码被盗的情况最为严重，比例分别达到26.7%和25.9%，在网上遭遇到消费欺诈的比例为12.6%。网络安全的维护需要政府、企业、网民三方群策群力，各方都应致力于提高自我保护意识和技能，提高对网络虚假有害信息的辨识和抵抗能力，共建安全的网络环境。

具体来说，防范黑客的措施如下。

1. 制定相关法律法规加以约束

随着网络技术的形成和发展，有关网络信息安全的法律法规相继诞生，并有效规范和约束与网络信息传递相关的各种行为。

面对日趋严重的网络犯罪，必须由相关部门建立法律法规，使执法机关在惩处网络犯罪行为时能够有法可依、有章可循，使不法分子慑于法律的威严不敢轻举妄动。目前，我国相关法律、法规、规章等文件中对计算机违法犯罪的规定如表2-3所示。

表 2-3 计算机违法犯罪的相关规定

文件名称		具体规定
《中华人民共和国刑法》（根据2011年2月25日中华人民共和国刑法修正案（八）修正）	第二百八十五条“非法侵入计算机信息系统罪；非法获取计算机信息系统数据、非法控制计算机信息系统罪；提供侵入、非法控制计算机信息系统程序、工具罪”	违反国家规定，侵入国家事务、国防建设、尖端科学技术领域的计算机信息系统的，处3年以下有期徒刑或者拘役； 违反国家规定，侵入前款规定以外的计算机信息系统或者采用其他技术手段，获取该计算机信息系统中存储、处理或者传输的数据，或者对该计算机信息系统实施非法控制，情节严重的，处3年以下有期徒刑或者拘役，并处或者单处罚金；情节特别严重的，处3年以上7年以下有期徒刑，并处罚金； 提供专门用于侵入、非法控制计算机信息系统的程序、工具，或者明知他人实施侵入、非法控制计算机信息系统的违法犯罪行为而为其提供程序、工具，情节严重的，依照前款的规定处罚
	第二百八十六条“破坏计算机信息系统罪”	违反国家规定，对计算机信息系统功能进行删除、修改、增加、干扰，造成计算机信息系统不能正常运行，后果严重的，处5年以下有期徒刑或者拘役；后果特别严重的，处5年以上有期徒刑； 违反国家规定，对计算机信息系统中存储、处理或者传输的数据和应用程序进行删除、修改、增加的操作，后果严重的，依照前款的规定处罚； 故意制作、传播计算机病毒等破坏性程序，影响计算机系统正常运行，后果严重的，依照第一款的规定处罚
《中华人民共和国计算机信息系统安全保护条例》（1994年2月18日中华人民共和国国务院令147号发布，根据2011年1月8日《国务院关于废止和修改部分行政法规的决定》修正）		第七条，任何组织或者个人，不得利用计算机信息系统从事危害国家利益、集体利益和公民合法利益的活动，不得危害计算机信息系统的安全； 第二十三条，故意输入计算机病毒以及其他有害数据危害计算机信息系统安全的，或者未经许可出售计算机信息系统安全专用产品的，由公安机关处以警告或者对个人处以5 000元以下的罚款、对单位处以15 000元以下的罚款；有违法所得的，除予以没收外，可以处以违法所得1至3倍的罚款

续表

文件名称	具体规定
《计算机信息网络国际联网安全保护管理办法》（1997年12月11日国务院批准，1997年12月16日公安部令第33号发布；根据2011年1月8日《国务院关于废止和修改部分行政法规的决定》修订）	第六条，任何单位和个人不得从事下列危害计算机信息网络安全的活动：（一）未经允许，进入计算机信息网络或者使用计算机信息网络资源的；（二）未经允许，对计算机信息网络功能进行删除、修改或者增加的；（三）未经允许，对计算机信息网络中存储、处理或者传输的数据和应用程序进行删除、修改或者增加的；（四）故意制作、传播计算机病毒等破坏性程序的；（五）其他危害计算机信息网络安全的
《计算机病毒防治管理办法》（中华人民共和国公安部令第51号，2000年4月26日起施行）	第五条，任何单位和个人不得制作计算机病毒； 第六条，任何单位和个人不得有下列传播计算机病毒的行为：（一）故意输入计算机病毒，危害计算机信息系统安全；（二）向他人提供含有计算机病毒的文件、软件、媒体；（三）销售、出租、附赠含有计算机病毒的媒体；（四）其他传播计算机病毒的行为； 第七条，任何单位和个人不得向社会发布虚假的计算机病毒疫情； 第十六条，在非经营活动中有违反本办法第五条、第六条第二、三、四项规定行为之一的，由公安机关处以1 000元以下罚款。在经营活动中有违反本办法第五条、第六条第二、三、四项规定行为之一，没有违法所得的，由公安机关对单位处以1万元以下罚款，对个人处以5 000元以下罚款；有违法所得的，处以违法所得3倍以下罚款，但是最高不得超过3万元

2. 数据加密

数据加密是指通过加密算法和加密密钥将明文转变为密文，防止黑客盗用后获取其中的信息。数据加密的目的是保护系统内的数据、文件、口令和控制信息，同时也可以提高网上传输数据的可靠性。

3. 身份认证

身份认证是指系统需要通过密码或其他特定信息来确认用户身份的真实性和合法性，只对确认了身份的用户给予相应的访问权限，从而降低黑客攻击的可能。

4. 建立完善的访问控制策略

为防止黑客攻击，系统应该设置进入网络的访问权限、目录安全等级控制、网络端口和节点的安全控制、防火墙的安全控制等。通过各种安全控制机制的相互配合，才能最大限度地保护计算机系统免受黑客的攻击。

【任务实施】

结合前面的讲解，回答下列问题。

（1）在使用计算机时是否有过受骗、账号被盗、感染病毒的经历，你是怎么处理的？请简要描述，与大家分享一下。

（2）有人看过电影《黑客帝国》吗？你怎么看待“黑客”这个群体？在使用计算机时，应该如何避免受到黑客的攻击呢？

项目总结

本项目主要介绍会计软件所需的硬件、软件和网络环境，通过图片、表格等形式清晰地叙述相关硬件、软件的功能和网络的组成；通过讲解计算机病毒、黑客的危害，提高读者使用会计软件的安全意识，帮助读者掌握防范计算机病毒、黑客的具体措施和方法。

拓展知识

一、会计信息化对会计人员的素质要求

会计信息化条件下，企业对会计人员的要求不断提高。在专业知识方面，会计人员需要掌握关于会计基础、财务管理、相关行业的会计理论以及行业财务制度、管理会计和会计电算化等方面的知识，以适应会计领域复杂化、专业化的发展趋势。而且，近几年“营改增”、个人所得税、资源税等税收领域的重大变革将持续影响企业的相关决策，特别是“营改增”政策将促使企业改革业务流程、管理方法，这就要求相关会计人员应及时了解相关政策，为企业的管理转型提供建议。

二、会计电算化的相关考试

会计电算化的相关考试主要有三类：财政部门组织实施的会计从业资格“会计电算化”考试，各地人事部门组织的全国专业技术人员计算机应用能力考试（用友财务软件U8），以及人力资源和社会保障部全国计算机信息高新技术考试中的会计软件应用模块（用友软件系列）会计电算化员级等。另外，财政部《会计从业资格管理办法》（财政部令第73号）发布之前，财政部门组织的电算化考试分为初级会计电算化和中级会计电算化（都由有资质的培训机构组织培训、考试），考生在通过《会计基础》和《财经法规与会计职业道德》考试后，再凭初级会计电算化合格证即可拿到会计从业资格证。而目前的规定是：2013年7月1日以后上述三个科目都必须纳入统一考试，而且必须一次通过，其中，会计电算化考试使用的软件是财政部专门开发的，操作难度较以前有所降低。

真题精练

一、单选题

1. 功能为进行键盘输入的大小写转换的控制键是（　　）。

A. Caps Lock　　B. Shift

C. Numlock　　D. Alt

2. 微型计算机中的中央处理器主要由（　　）构成。

A. 内存储器和控制器　　B. 内存储器和运算器

C. 运算器和控制器　　D. 内存储器、运算器和控制器

3. 计算机系统的核心部件是（　　）。

A. 存储器　　B. 输入设备

C. 输出设备　　D. 中央处理器

4. 微型计算机主存储器由（　　）组成。

A. ROM　　B. RAM和CPU

C. RAM和硬盘磁盘　　D. ROM和RAM

5. 一般情况下，断电后ROM存储的信息（　　）。

A. 丢失　　B. 被存储到硬盘

C. 不会丢失　　D. 被重写

6. 计算机常用的光盘存储器一般属于（　　）。

A. 只读型光盘　　B. 可抹型光盘

C. 磁光盘　　D. 一次写入型光盘

7. 不属于可移动存储设备的是（　　）。

A. 硬盘　　B. U盘

C. 光盘　　D. 软盘

8. 在表示存储器的容量时，如果用1MB作为单位，其准确的含义是（　　）。

A. 1 024B　　B. 1 024TB

C. 1 024GB　　D. 1 024KB

9. 关于微机局域网络的描述，下列选项中正确的是（　　）。

A. 适用于各种企业

B. 分为客户机/服务器结构和浏览器/服务器结构两种结构

C. 客户机/服务器结构的维护和升级方式简单，运行成本低

D. 浏览器/服务器结构下，数据库的使用一般仅限于局域网的范围

10. 建立计算机网络的主要目的在于（　　）。

A. 资源共享　　B. 建立通信系统

C. 建立自动办公系统　　D. 建立可靠的管理信息系统

11. 下列软件中不属于操作系统的是（　　）。

A. Windows 2003　　B. UNIX

C. Access　　D. Linux

12. 在计算机网络中，LAN代表的是（　　）。

A. 城域网　　B. 局域网

C. 互联网　　D. 广域网

13. 以下不属于计算机病毒存在方式分类的是（　　）。

A. 引导型　　B. 文件型

C. 网络型　　D. 黑客型

14. 以下不是防范计算机病毒的措施的是（　　）。

A. 定期升级杀毒软件　　B. 使用正版软件

C. 计算机不联网　　D. 使用外来U盘前先进行杀毒

15. 不属于黑客常用攻击手段的是（　　）。

A. 密码破解　　B. IP嗅探

C. 端口扫描　　D. 病毒下载

二、多选题

1. 下列各项中，属于输入设备的是（　　）。

A. 键盘　　B. 鼠标

C. 打印机　　D. 扫描仪

2. 存储容量常用的单位有（　　）。

A. B　　B. KB　　C. MB　　D. GB

3. 按工作原理划分，可将显示器分为（　　）。

A. CRT显示器　　B. 等离子显示器

C. LCD显示器　　D. 高分辨率显示器

4. 非击打式打印机包括（　　）。

A. 针式打印机　　B. 喷墨打印机

C. 点阵打印机　　D. 激光打印机

5. 以下属于应用软件的有（　　）。

A. 文字处理软件　　B. 数据库管理系统

C. 财务管理系统　　D. 图形软件

6. 计算机网络是现代计算机技术与通信技术相结合的产物，它是以（　　）为目的，在统一的网络协议控制下，将地理位置分散的许多独立的计算机系统连接在一起所形成的网络。

A. 硬件资源和软件资源共享　　B. 信息化

C. 信息资源共享　　D. 信息传递

7. 计算机病毒的特点有（　　）。

A. 隐蔽性　　B. 破坏性

C. 传染性　　D. 潜伏性

8. 计算机病毒包括（　　）等类型。

A. 引导型病毒　　B. 文件病毒

C. 网络病毒　　D. 复合型病毒

9. 黑客常用的手段包括（　　）。

A. 密码破解　　B. IP嗅探与欺骗

C. 攻击系统漏洞　　D. 端口扫描

10. 防范黑客入侵的主要措施有（　　）。

A. 数据加密　　B. 身份认证

C. 建立完善的访问控制策略　　D. 指定相关法律法规加以约束

三、判断题

1. 内存储器存储数据的速度比外存储器要快得多。（　　）

2. 内存的计量单位是“字节”（byte），并且规定1 024byte=1KB。（　　）

3. 硬盘带有引导型病毒，当用硬盘启动系统时，病毒也启动起来进入内存。（　　）

4. 多机松散结构属于单用户工作方式，一台微机同一时刻只能一人使用。（　　）

5. 计算机病毒的检测方法包括人工检测和自动检测，其中人工检测是指利用一些诊断软件来判断系统或软件是否感染了病毒。（　　）

6. 计算机黑客属于计算机病毒的一种。（　　）

PART 3

项目三 会计软件的应用

项目引入

杜老师：小叶，你对会计软件的运行环境掌握得怎么样了？

叶丽娜：基本上都掌握了，接下来是不是可以学习使用会计软件了。

杜老师：是的，财政部新开发了一款专门用于电算化考试的题库系统，它所包含的功能模块与一般的会计软件基本相同，接下来我们就以该系统为例，对会计软件的各功能模块的相关知识以及日常操作进行学习。

叶丽娜：太好了，我都已经等不及了。

杜老师：不要着急，学习任何知识都是一个积累的过程，需要我们一步一个脚印，脚踏实地地向前迈进。

学习目标

- 掌握会计软件的系统初始化、日常处理、期末处理、数据管理；
- 掌握账套的创建、用户权限以及系统公用基础信息的设置；
- 掌握账务处理模块初始化工作、日常处理、期末处理；
- 掌握固定资产管理模块初始化工作、日常处理、期末处理；
- 掌握工资管理模块初始化工作、日常处理、期末处理；
- 掌握应收管理模块初始化工作、日常处理、期末处理；
- 掌握应付管理模块初始化工作、日常处理、期末处理；
- 掌握报表的数据来源、应用的基本流程和利用报表模板生成报表。

考情分析

- 题型与分值：涉及所有题型，所占分值约为70%，其中实务操作题60分。
- 复习重点与建议：在学习本项目时需要重点掌握的内容包括会计软件的应用流程、系统级初始化、账务处理、固定资产管理、工资管理、应收管理、应付管理、报表管理模块8个方面。

任务一 了解会计软件的应用流程

会计软件的应用流程一般包括系统初始化（包括系统级初始化与模块级初始化）、日常处理和期末处理等环节，每个环节又包含若干操作，下面将进行详细的讲解。

【任务目标】

本任务的目标是了解会计软件的整个应用流程，并熟悉系统级初始化、模块级初始化的内容，以及日常处理的特点和期末处理的特点等知识。

【知识讲解】

一、系统初始化概述

（一）系统初始化的概念、特点和作用

1. 概念

系统初始化是指将手工会计的工作转化为电算化工作所进行的一系列准备工作，它是整个电算化工作的前提和基础。在实际工作中，企业需要根据自身的业务特点和会计体系，进行会计软件的系统初始化工作。

2. 特点

系统初始化必须规范、及时和完整，并应在系统初次运行时一次性完成，部分设置可以在系统使用后进行修改。系统初始化将对系统的后续运行产生重要影响，因此系统初始化工作必须完整且尽量满足企业的需求。

3. 作用

系统初始化是会计软件运行的基础。初始化后，可以将通用的会计软件转变为满足特定企业需要的会计系统，使手工环境下的核算和数据处理工作在计算机环境下得以延续和正常运行。

（二）系统初始化的内容

系统初始化的内容主要包括系统级初始化和模块级初始化两个方面。

1. 系统级初始化

系统级初始化主要是设置会计软件公用的数据、参数，以及系统公用的基础信息，主要包括创建账套并设置相关信息、增加操作员并设置权限，以及设置系统公用基础信息等内容。

- **创建账套并设置相关信息**：是指根据本企业的具体情况建立会计数据库，包括根据会计软件提供的模板建立用户数据库；设置账套的相关参数，如会计科目结构、企业性质等。
- **增加操作员并设置权限**：是指将会计人员的信息和权限添加到会计软件中的过程。在符合内部控制制度和不相容职务相分离的前提下，在会计软件中完成会计软件操作权限的分配。
- **设置系统公用基础信息**：主要是设置各种档案信息，如供应商档案、客户档案、部门档案和职工档案等。

2. 模块级初始化

模块级初始化是设置特定模块运行过程中所需要的参数、数据和本模块的基础信息，

以保证模块按照企业的要求正常运行。模块级初始化主要包括设置系统控制参数、设置基础信息，以及录入初始数据等内容。

- **设置系统控制参数**：设置系统控制参数主要是控制会计软件处理会计业务的方式。由于不同企业或部门的控制管理方法不同，导致会计业务的计算、存储、管理和分析方法也不尽相同，只有对系统控制参数进行设置后，会计软件才能满足本企业或本部门的处理要求。
- **设置基础信息**：会计软件中不同模块的基础信息各不相同，如固定资产管理模块的基础信息包括折旧科目、折旧方法等；工资管理模块的基础信息包括工资计算公式、职工基本工资等。为满足会计软件适用于本企业的具体情况，应该对各个模块的基础信息进行设置。
- **录入初始数据**：初始数据相当于即将开始会计期间的期初余额。为保证经济业务和会计数据的连续性，需要将总账、明细账、辅助账中各科目的相关余额录入会计软件，即初始数据的录入。

试题精讲

【多选题】系统级初始化的内容主要包括（　　）。

A. 创建账套并设置相关信息　　B. 设置系统控制参数

C. 增加操作员并设置权限　　D. 设置系统公用基础信息

【答案】A、C、D

【解析】B选项属于模块级初始化的内容。模块级初始化的内容除此之外，还包括设置基础信息和录入初始数据。

二、日常处理

（一）日常处理的含义

日常处理是指在每个会计期间内，企业日常运营过程中重复、频繁发生的业务处理过程。比如采购、生产、销售等业务的核算，均属于日常处理。

（二）日常处理的特点

日常处理的特点体现在以下两个方面。

1. 日常业务频繁发生，需要输入的数据量大

企业规模越大，可能涉及的日常业务就越多，比如商品的生产、销售，原材料的采购等。这些业务根据商品的种类的不同而不同，种类越多，业务量就越大，业务发生后，需要输入的数据量也越大。因此很多大型或特大型企业，往往会在数据录入的工作岗位上安排多名会计人员，这也体现了日常业务频繁发生，需要输入大量数据的特点。

2. 日常业务在每个会计期间内重复发生，所涉及金额不尽相同

同样以商品的生产、销售为例，企业每天都会进行商品的生产和销售，因此产生的生产业务与销售业务也重复发生，而由于商品型号、数量等属性的不同，重复发生的业务所涉及的金额肯定也不同。

试题精讲

【多选题】日常处理的特点是（　　）。

A. 业务可能重复发生　　B. 数据输入量较大

C. 涉及金额不同　　D. 业务发生频繁

【答案】A、B、C、D

【解析】日常处理的特点主要包括日常业务频繁发生，需要输入的数据量大，同时日常业务在每个会计期间内重复发生，所涉及金额不尽相同。上述所有选项便涵盖了这些内容。

三、期末处理

（一）期末处理的含义

期末处理是指在每个会计期间的期末所要完成的特定业务，主要包括期末结转、试算平衡、对账、结账以及编制会计报表等工作。

（二）期末处理的特点

期末处理的特点体现在以下两个方面。

- **有较为固定的处理流程**：期末处理的业务都具有较为固定的处理方法和处理流程。如期末对账主要是核对总账和明细账，总账和辅助账，明细账和辅助账，以保证账账相符、账证相符。
- **业务可以由计算机自动完成**：期末处理的工作一般可通过计算机自动完成。如自动转账工作，可事先将既定模式录入并保存到会计软件中。转账时，会计软件会根据这些模式自动完成并生成转账凭证。

四、数据管理

会计软件的数据管理主要是指数据备份和数据还原。会计软件中涉及企业重要的会计数据，在使用过程中有许多因素可导致数据损毁、丢失，因此做好会计软件的数据管理工作显得十分重要。

（一）数据备份

数据备份是指将会计软件的数据输出保存在其他存储介质上，以备后续使用。数据备份主要包括账套备份和年度账备份等。

（二）数据还原

数据还原又称数据恢复，是指将备份的数据使用会计软件恢复到计算机硬盘上。它与数据备份是一个相反的过程。数据还原主要包括账套还原和年度账还原等。

系统管理员有权对企业账套进行备份和还原；账套主管有权对企业年度账进行备份和还原。

名师点睛

【任务实施】

结合前面的讲解，回答下列问题。

（1）什么是系统初始化？

（2）系统初始化包括哪些内容？

（3）期末处理的特点有哪些？

任务二 系统信息初始设置

电算化考试系统信息的初始设置和一般会计软件的设置基本相同，主要包括新建账套、用户的设置和系统公用信息的设置。下面将对电算化考试系统信息的初始设置进行详细的介绍。

【任务目标】

本任务的目标是掌握账套的创建方法和账套参数的设置方法，掌握用户的管理方法和权限的设置方法，熟悉系统公用基础信息的各种设置方法，特别是设置凭证类别、设置外币、设置会计科目等操作。

【知识讲解】

一、会计电算化考试系统介绍

会计电算化考试系统的主界面可分为四个区域，包括最上方的菜单栏、左侧导航栏、右侧的功能区和最下方的状态栏。该系统的主界面如图3-1所示。

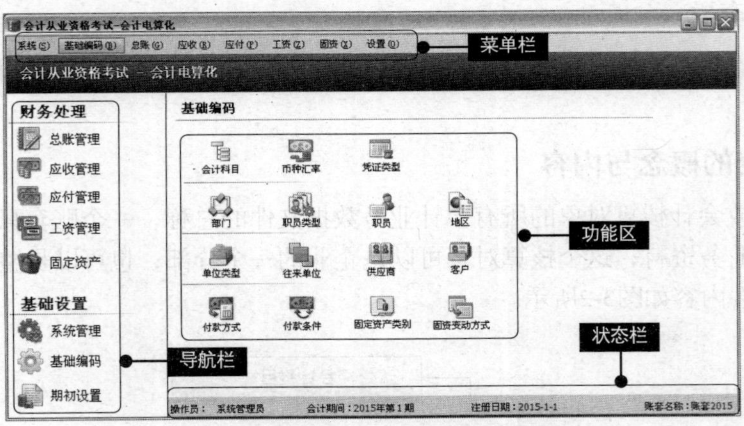

图3-1 会计电算化考试系统主界面

（一）菜单栏和导航栏

菜单栏和导航栏所包含的具体内容如表3-1所示。

表 3-1 菜单栏和导航栏

菜单栏	命令	导航栏	命令
总账	填制凭证、凭证管理、凭证复核、出纳签字、记账、期末结账、取消结账、凭证类型、币种汇率、会计科目、科目期初	总账管理	填制凭证、凭证管理、凭证复核、出纳签字、记账、期末结账、取消结账
应收	应收借项、应收贷项、单据列表、应收凭证、会计科目、客户、部门、职员	应收管理	应收借项、应收贷项、单据列表、应收凭证
应付	应付贷项、应付借项、单据列表、应付凭证、会计科目、供应商、部门、职员	应付管理	应付贷项、应付借项、单据列表、应付凭证
工资	新建工资表、工资录入、工资表目录、工资凭证、会计科目、部门、职员类型、职员	工资管理	新建工资表、工资录入、工资表项目、工资凭证

续表

菜单栏	命令	导航栏	命令
固资	固资增加、固资减少、变动列表、固资卡片、工作量录入、固资凭证、计提折旧、固定资产类别、固资变动方式、会计科目、凭证类型、部门、固定资产期初	固定资产	固资增加、固资减少、变动列表、固资卡片、工作量录入、固资凭证、计提折旧
设置	用户管理、单位档案、开户行、会计期间	系统管理	单位档案、开户行、会计期间、用户管理
基础编码	会计科目、币种汇率、凭证类型、部门、职员类型、职员、地区、单位类型、供应商、客户、付款方式、付款条件、固定资产类别、固定资产变动方式	基础编码	会计科目、币种汇率、凭证类型、部门、职员类型、职员、地区、单位类型、往来单位、供应商、客户、付款方式、付款条件、固定资产类别、固定资产变动方式
系统	新建账套、打开账套、关闭账套、重新登录、退出系统	期初设置	科目期初、固定资产期初

（二）功能区

右侧为功能区，单击左侧导航栏中任意一按钮，即会在右侧功能区显示相应的图标。通过单击其中的图标，打开相应的窗口后可根据要求进行相关数据的处理。

（三）状态栏

底部的状态栏用于显示当前的登录状态，包括操作员、会计期间、注册日期、账套名称等信息。

二、账套的概念与内容

账套是存放会计核算对象的所有会计业务数据文件的总称，一个账套只能保存一个会计核算对象的业务资料，这个核算对象可以是企业的一个分部，也可以是整个企业集团。账套包含的文件内容如图3-2所示。

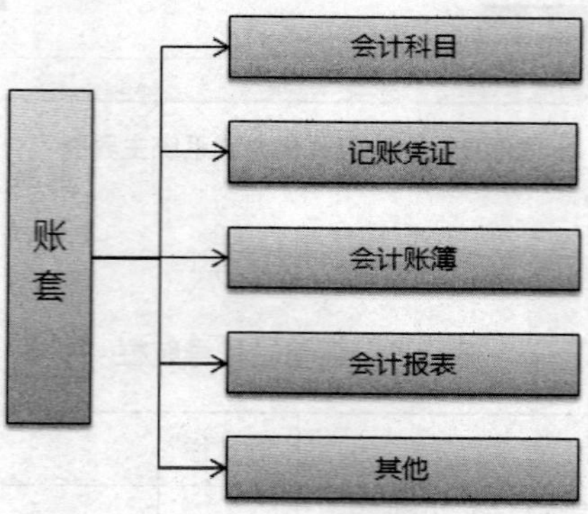

图3-2　账套包含的文件

三、管理用户并设置权限

会计软件中的用户也称操作员，它有权登录会计软件系统并进行权限范围内的操作。管理用户主要是指在系统中增加合法用户，并设置其用户名和初始密码；删除不再使用系统的用户等。

在增加用户后，一般应该根据用户在企业核算工作中所担任的职务、分工来设置、修改该用户对各功能模块的操作权限。通过设置权限，用户不能进行没有权限的操作，也不能查看没有权限的数据。

试题精讲

【多选题】下列选项中，属于管理用户操作的是（　　）。

A. 增加用户　　　　B. 修改用户名

C. 注销用户登录权限　　　　D. 设置用户初始密码

【答案】A、B、C、D

【解析】管理用户主要包括增加用户、设置用户名、设置初始密码、注销登录系统的权限等操作。

四、设置系统公用基础信息

设置系统公用基础信息主要包括6个方面的内容，如图3-3所示。

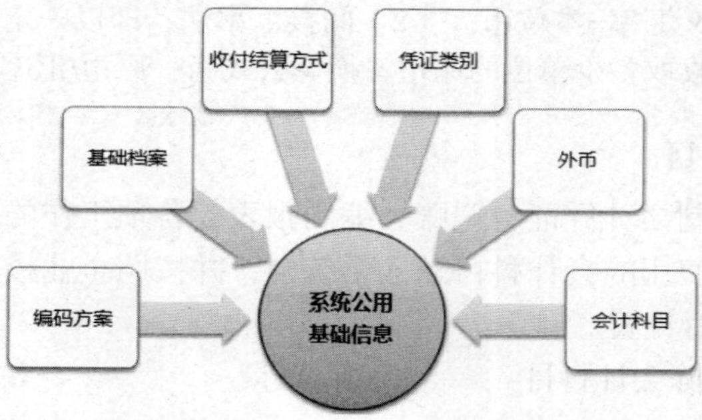

图3-3　系统公用基础信息的设置对象

（一）设置编码方案

编码符号能够唯一地确定被标识的对象。设置编码方案是指设置具体的编码规则，包括编码级次、各级编码长度及其含义。其目的在于方便企业对基础数据的编码进行分级管理。

设置编码的对象包括部门、职员、客户、供应商、科目、存货分类、成本对象、结算方式和地区分类等。

（二）设置基础档案

设置基础档案是后续进行具体核算、数据分类、汇总的基础，其内容一般包括设置部门档案、职员信息、往来单位信息等。

（三）设置收付结算方式

设置收付结算方式的目的是建立和管理企业在经营活动中所涉及的货币结算方式，以便于银行对账、票据管理和结算票据。

（四）设置凭证类别

设置凭证类别是指对记账凭证进行分类编制，在会计软件中，如果录入的记账凭证不符合设置的限制条件或限制科目，则会计软件会提示出错，直到修改正确为止。下面具体介绍一般会计软件提供的限制条件。

- **借方必有**：表示此类凭证借方至少有一个限制科目有发生额。
- **贷方必有**：表示此类凭证贷方至少有一个限制科目有发生额。
- **凭证必有**：表示此类凭证无论借方还是贷方至少有一个限制科目有发生额。
- **凭证必无**：表示此类凭证无论借方还是贷方都不可有限制科目有发生额。
- **无限制**：表示此类凭证适用于所有合法科目。

（五）设置外币

设置外币是指当企业有外币核算业务时，设置所使用的外币币种、核算方法和具体汇率。下面具体介绍4种重要的输入信息。

- **币种编码**：币种编码即货币的惯例代码。
- **币种名称**：币种名称即货币名称。
- **每日汇率**：设置当日原币与本位币的具体汇率值。
- **折算方式**：折算方式即本位币与原币的换算方法。

知识补充

电算化考试题库系统中提供了直接汇率法和间接汇率法两种换算方式供选择：（1）直接汇率法，即以一个单位的原币表示若干本位币，换算公式为：原币×汇率=本位币。（2）间接汇率法，即以一定单位的本位币为标准计算应该收取多少单位的原币，换算公式为：原币/汇率=本位币。

（六）设置会计科目

设置会计科目是填制会计凭证、记账、编制报表等各项工作的基础，其内容就是将企业进行会计核算所需要使用的会计科目录入系统中，并按照企业核算要求和业务要求，对每个科目的核算属性进行设置。

1. 增加、修改或删除会计科目

用户可以直接引入系统提供的预置会计科目，在此基础上也可根据需要，对会计科目进行增加、修改或删除管理。增加与删除会计科目需要注意以下规定。

（1）增加会计科目

- 遵循先设置上级会计科目，再设置下级会计科目的顺序。
- 会计科目编码、会计科目名称不能为空。
- 增加的会计科目编码必须遵循会计科目编码方案。

（2）删除会计科目

- 必须先从末级会计科目开始删除。
- 删除的会计科目不能为已经使用的会计科目。

2. 设置科目属性

科目属性的设置体现在以下几个方面。

（1）会计科目编码

会计科目编码应按照会计科目编码规则进行设置。在对会计科目编码时，一般应遵守唯一性、统一性和扩展性原则。

- **唯一性**：每个会计科目的编码只能唯一地标识某个会计科目，不得重复。
- **统一性**：所有会计科目的编码标准必须遵守统一的编码方案。
- **扩展性**：会计科目的编码既要适应企业需求，又要考虑企业未来业务发展的变化，在设计编码时应保留一定的空间，满足企业业务变化时对会计科目编码的调整需要。

（2）会计科目名称

会计科目是指本级科目的名称，从会计软件的要求来看，企业所使用的会计科目的名称可以是汉字、英文字母、数字等符号，但不能为空。具体设置时应遵守以下规定。

● 一级科目的名称必须按照现行会计制度的要求设置。

● 二级及其以下明细科目的名称，在不与会计制度的规定相冲突的前提下，可按照企业的具体需要设置。

（3）会计科目类型

会计科目的类型是按照国家统一的会计准则制度要求，按会计科目性质进行划分的，包括资产类、负债类、共同类、所有者权益类、成本类和损益类共6种类型。设置会计科目类型应遵守以下规定。

● 可以选择一级会计科目所属的科目类型。

● 如果增加的是二级或其以下会计科目，则系统将自动与其一级会计科目类型保持一致，用户不能更改。

（4）数量核算

数量核算用于设置该会计科目是否有数量核算，如果有数量核算，则需设定数量计量单位。计量单位可以选择会计软件提供的预设单位，也可在基础档案中根据企业实际情况设置计量单位。

（5）余额方向

余额方向用于定义该会计科目余额默认的方向。一般情况下，资产类、成本类、费用类会计科目的余额方向为借方，负债类、权益类、收入类会计科目的余额方向为贷方。

（6）多币种核算

多币种核算用于设置该会计科目核算是否有外币核算。在完成外币币种设置的前提下，如果会计科目涉及外币核算，可根据需要设置为核算所有币种或核算指定币种。

（7）辅助核算

当会计科目需要辅助核算时，可使用会计软件系统的辅助核算功能。辅助核算一般包括部门核算、单位核算、个人核算等。设置辅助核算时，需注意以下两个方面。

● 辅助核算一般设置在末级科目上。

● 某一会计科目可以同时设置多种相容的辅助核算。

试题精讲

【单选题】增加会计科目次序必须由（　）。

A. 上级至下级逐级增加　　B. 下级至上级逐级增加

C. 任意方式增加　　D. 根据单位具体情况增加

【答案】A

【解析】会计科目的增加遵循从上至下的规则，即从上级科目向下级科目逐级增加。

【任务实施】

下面根据前面所讲的基础知识，结合相关的实例完成会计电算化考试系统初始设置的相关操作。

一、创建账套并设置相关信息

（一）新建账套

建立账套指在会计软件中为企业建立一套符合核算要求的账簿体系。在同一个会计软件中可以建立一个或多个账套。利用“新建账套”命令启动创建账套功能，并根据向导设置账套相关信息，确认创建后即可登录所创建的账套了。

【例3-1】创建账套，要求如下：账套名为"账套2015"；会计制度为"企业会计制度"；所属行业为"新会计标准"；账套启用日期为"2015/1/1"，完成后以默认账户登录所创建的账套。

其具体操作如下（演示参见：光盘\视频演示\项目三\例3-1.swf）。

STEP 1 在会计软件窗口中选择【系统】/【新建账套】菜单命令，如图3-4所示。

STEP 2 打开"新建账套"对话框，在"新建账套名"文本框中输入"账套2015"，单击按钮，如图3-5所示。

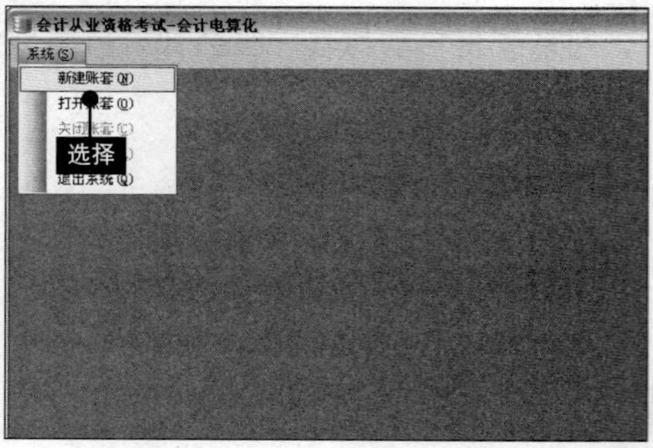

图3-4　启用"新建账套"功能

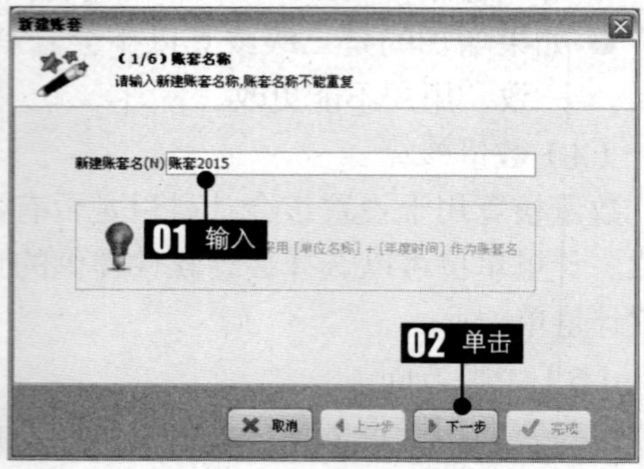

图3-5　设置账套名

STEP 3 打开设置会计制度的对话框，默认列表框中的"采用企业会计制度的单位"选项，单击按钮，如图3-6所示。

STEP 4 打开设置所属行业的对话框，默认列表框中的"新会计标准"选项，单击按钮，如图3-7所示。

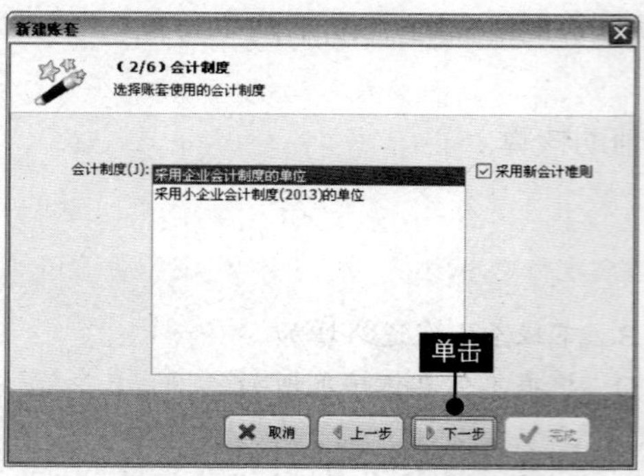

图3-6　设置会计制度

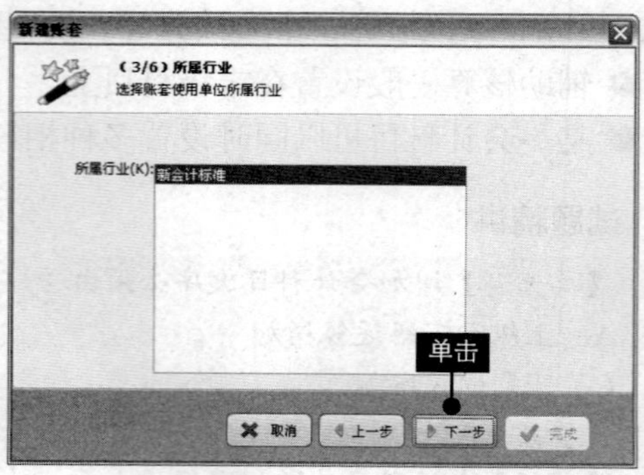

图3-7　设置会计行业

> **名师点睛**
>
> 行业性质的选择将决定系统采用何种会计制度下的会计科目继续会计核算，企业需要根据自身情况进行选择。

STEP 5 打开设置预设会计科目的对话框，默认选中"生成预设科目"复选框，直接单击按钮，如图3-8所示。

STEP 6 打开设置本位币的对话框，默认本位币编码"RMB"和本位币名称"人民币"，也可在文本框中输入其他本位币编码和名称，本例可直接单击按钮，如图3-9所示。

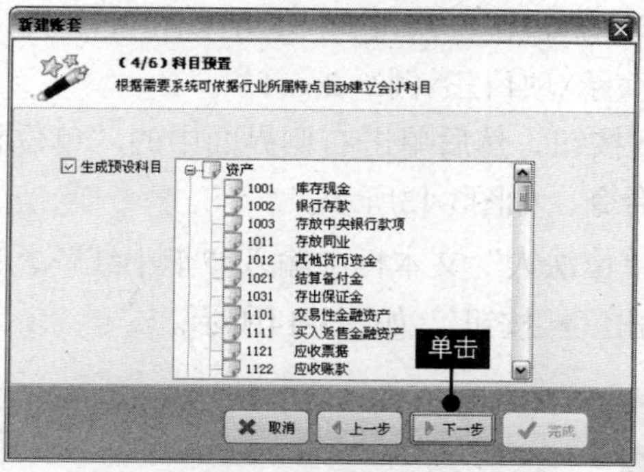

图3-8 设置预置的会计科目

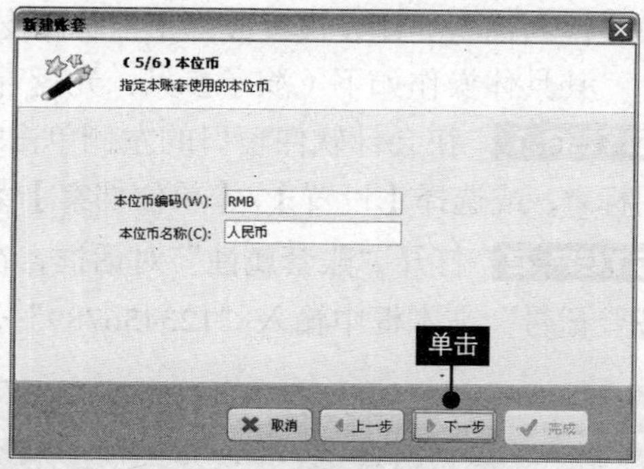

图3-9 设置本位币

STEP 7 打开设置会计期间的对话框，在左下方的“账套启用日期”下拉列表框中将日期设置为“2015/1/1”，单击[完成]按钮，如图3-10所示。

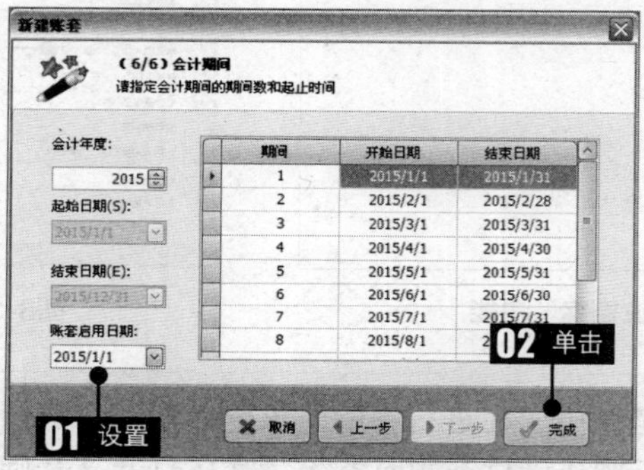

图3-10 设置账套启用日期

> **名师点睛** 设置会计期间时，单击“账套启用日期”下拉列表框的[▾]按钮，即可通过微调按钮（[◀]或[▶]）调整月份和年份，然后在下方的列表中单击选择日期即可。如果要求设置为今天，则直接单击[Today]按钮。

STEP 8 打开“系统登录”对话框，默认其中的操作员和访问口令内容，单击[确定]按钮，如图3-11所示。

STEP 9 此时将显示会计软件的工作界面，完成账套的创建和登录操作，如图3-12所示。

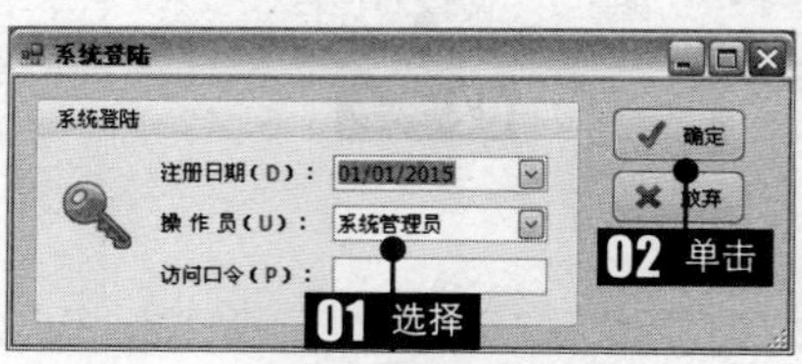

图3-11 登录账套

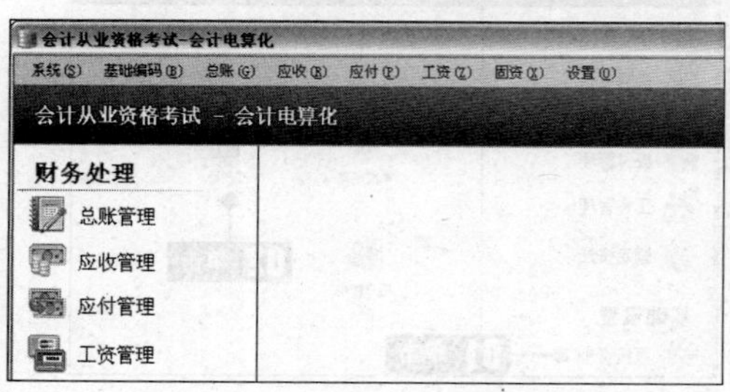

图3-12 完成登录

（二）设置账套属性

设置账套属性包括设置单位法人、税务登记号、开户银行名称和开户银行账号等。

【例3-2】设置账套属性。单位法人为“李小红”；税务登记号为“123456789”；开户银行名称为“建设银行成都市玉林路支行”；开户银行账号为“12012012000123”。

其具体操作如下（演示参见：光盘\视频演示\项目三\例3-2.swf）。

STEP 1 在会计软件窗口的左侧单击系统管理按钮，然后单击右侧界面中的“单位档案”图标，或选择【设置】/【单位档案】菜单命令，如图3-13所示。

STEP 2 打开“账套属性”对话框，在“单位法人”文本框中输入“李小红”，在“税务登记号”文本框中输入“123456789”，单击确定按钮，如图3-14所示。

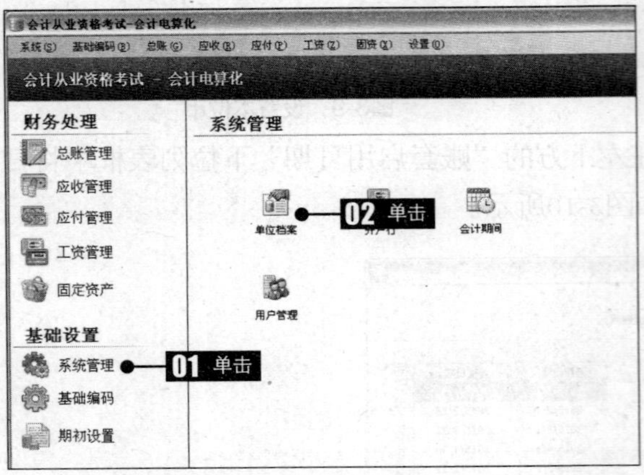

图3-13　启用“单位档案”功能

图3-14　设置单位档案

> **名师点睛**
>
> 实际考试中，在进行答题时该题库系统会默认打开相应题目所要求的窗口，如本例在进行答题时系统会默认打开“基础编码”功能界面，可直接单击“单位档案”图标进行答题。

STEP 3 返回“系统管理”功能主界面，单击右侧界面中的“开户行”图标，如图3-15所示。

STEP 4 打开“账套属性”对话框，在“开户银行名称”文本框中输入“建设银行成都市玉林路支行”，在“开户银行账号”文本框中输入“12012012000123”，单击下方的新增按钮，如图3-16所示。

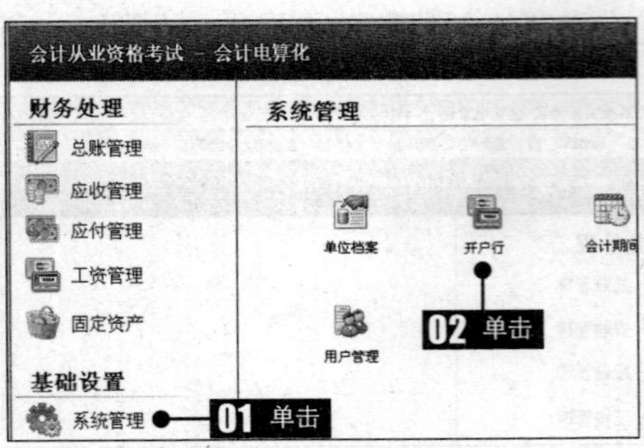

图3-15　启用“开户行”功能

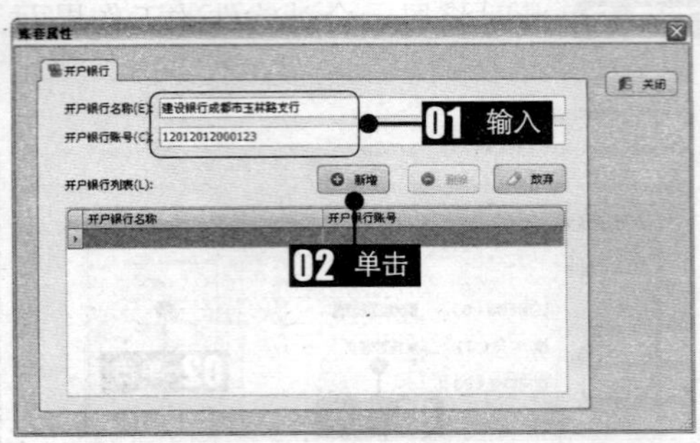

图3-16　设置开户银行

STEP 5 返回“账套属性”对话框，新增的开户银行已显示在下方的开户银行列表中，单击右侧的关闭按钮或单击图标完成操作，如图3-17所示。

图3-17 新增的开户银行

（三）修改账套参数

账套建立后，企业可以根据业务需要对某些已经设定的参数内容进行修改。需要注意的是，如果账套参数内容已被使用，进行修改可能会造成数据的紊乱。因此，对账套参数的修改应当谨慎。一些会计软件为避免此状况的发生，对已被使用的账套参数内容禁止修改，以免出错。

修改账套参数的方法是在会计软件窗口的左侧单击“系统管理”按钮，再单击右侧界面中的“单位档案”图标，在打开的窗口中按要求进行修改，完成后单击“确定”按钮。

二、管理用户并设置权限

（一）增加用户

增加用户的方法为：登录到指定账套中，在“系统管理”功能界面中启用“用户管理”功能，然后在打开的对话框中按要求增加用户，并设置操作员名称和口令即可。

【例3-3】新增操作员。操作员名为“赵刚”；访问口令为“zhaogang”。

其具体操作如下（演示参见：光盘\视频演示\项目三\例3-3.swf）。

STEP 1 在会计软件窗口的左侧单击“系统管理”按钮，然后单击右侧界面中的“用户管理”图标，或选择【设置】/【用户管理】菜单命令，如图3-18所示。

STEP 2 打开“操作员列表”窗口，单击工具栏中的“新增”按钮，如图3-19所示。

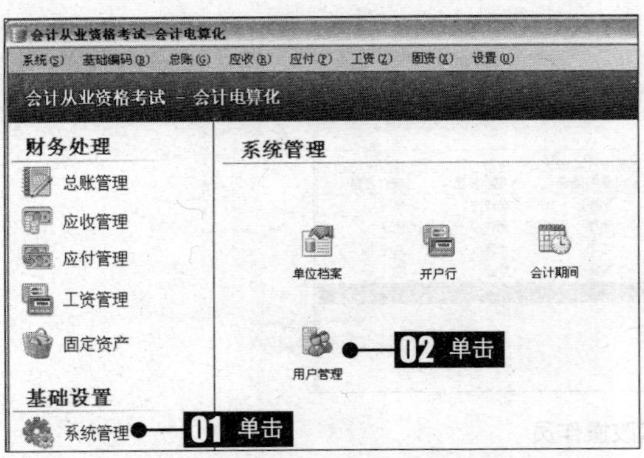

图3-18 启用“用户管理”功能

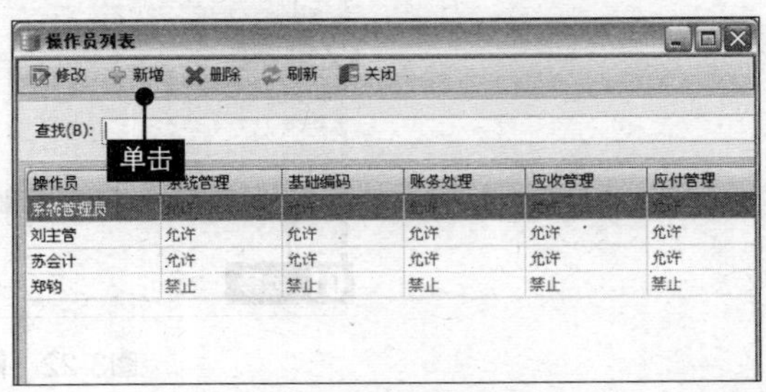

图3-19 新增操作员

> **知识补充**
>
> 这里除了可以进行增加用户操作外也可以删除用户，即在打开的“操作员列表”窗口中选择指定的操作员选项，然后单击工具栏中的“删除”按钮，并在打开的“删除提示”对话框中单击“确定”按钮即可。

STEP 3 打开“新增操作员”窗口，在“操作员名”文本框中输入“赵刚”，在“访问口令”和“再次确认”文本框中均输入相同的内容“zhaogang”，单击确定按钮，如图3-20所示。

STEP 4 返回“操作员列表”窗口，完成操作员的新增操作，单击工具栏中的关闭按钮或单击☒图标，如图3-21所示。

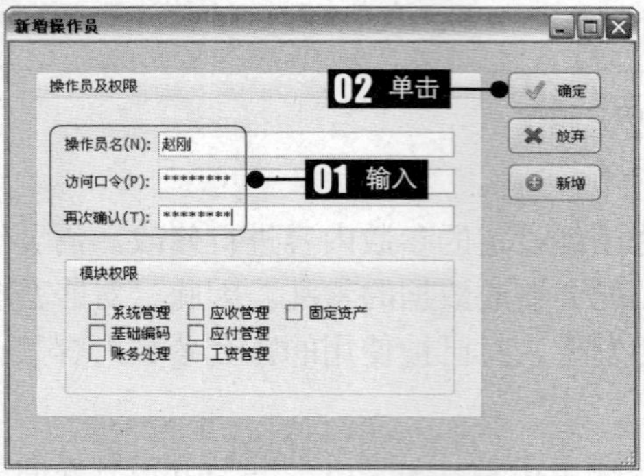

图3-20　设置操作员名称和访问口令

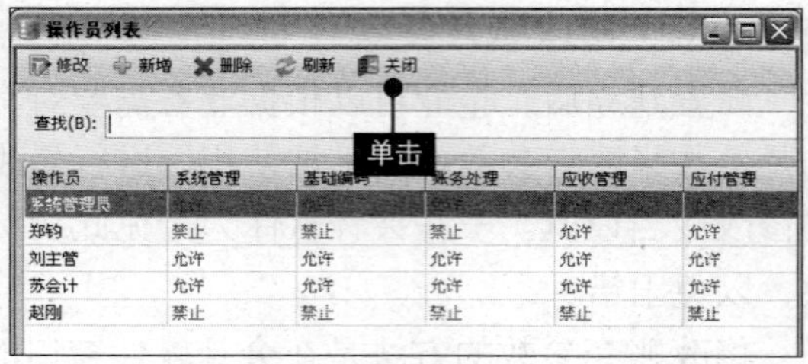

图3-21　显示新增的操作员

（二）设置权限

设置权限的方法为：在“操作员列表”窗口中选择用户，利用“修改”功能打开“修改操作员”窗口，按要求进行授权即可。

【例3-4】设置操作员权限。设置操作员赵刚具有“应收管理”和“应付管理”模块的权限，完成后关闭所有窗口。

其具体操作如下（演示参见：光盘\视频演示\项目三\例3-4.swf）。

STEP 1 在会计软件窗口的左侧单击系统管理按钮，然后单击右侧界面中的“用户管理”图标，或选择【设置】/【用户管理】菜单命令。

STEP 2 打开“操作员列表”窗口，在下方的列表框中选择操作员赵刚对应的选项，单击工具栏中的修改按钮，如图3-22所示。

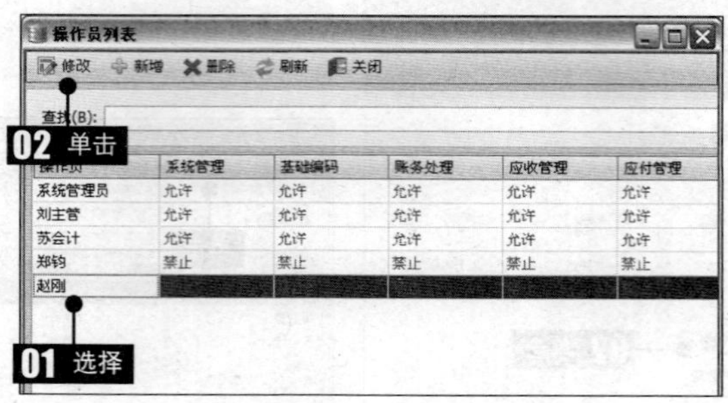

图3-22　修改操作员

STEP 3 打开“修改操作员”窗口，在下方的“模块权限”栏中依次选中“应收管理”和“应付管理”复选框，单击确定按钮，如图3-23所示。

STEP 4 返回“操作员列表”窗口，单击工具栏中的关闭按钮或单击☒图标，如图3-24所示。

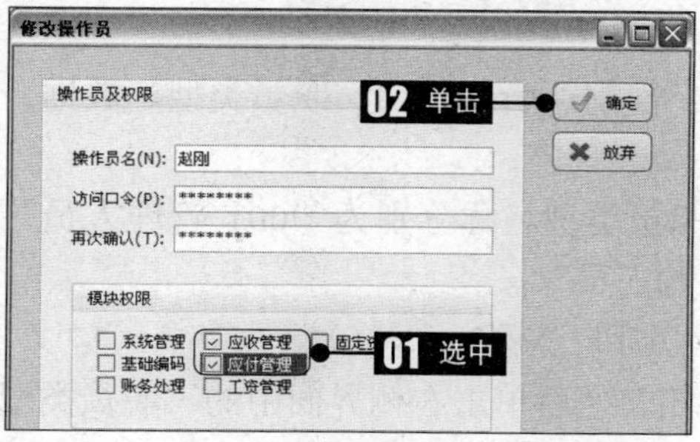

图3-23　增加权限

图3-24　设置权限后的操作员

三、设置系统公用基础信息

（一）设置编码方式和基础档案

1. 设置企业部门档案

设置企业部门档案主要包括部门编码和部门名称的设置，操作较为简单。

【例3−5】新增部门档案。部门编码为“02”；名称为“销售部”。

其具体操作如下（演示参见：光盘\视频演示\项目三\例3−5.swf）。

STEP 1 在会计软件窗口的左侧单击基础编码按钮，然后单击右侧界面中的“部门”图标，或选择【基础编码】/【部门】菜单命令，如图3-25所示。

STEP 2 打开“部门”窗口，单击工具栏中的新增按钮，如图3-26所示。

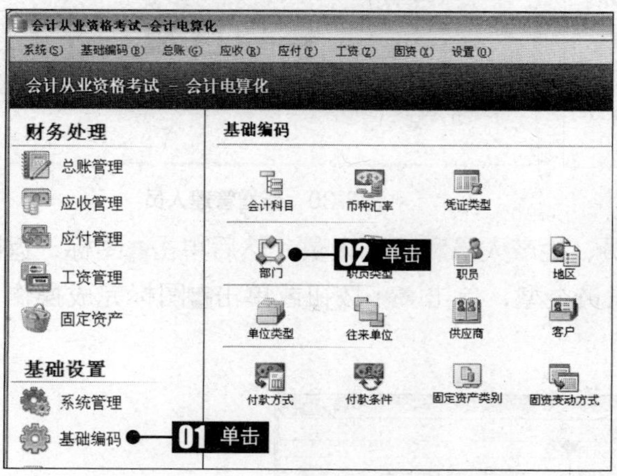

图3-25　启用“部门”功能

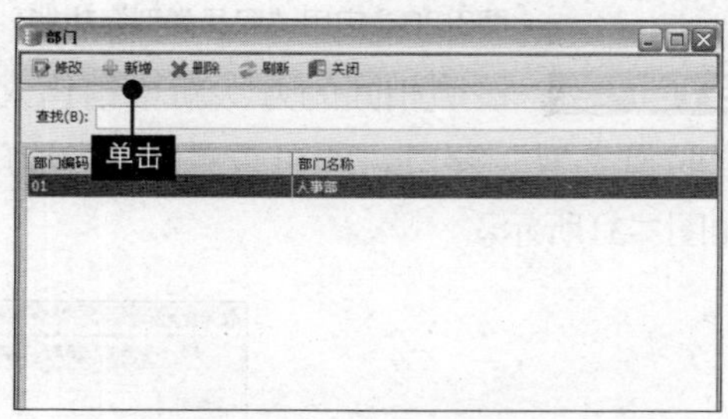

图3-26　新增部门

STEP 3 打开“新增部门”窗口，在“部门编码”和“部门名称”文本框中分别输入“02”和“销售部”，单击确定按钮，如图3-27所示。

STEP 4 返回“部门”窗口即可查看新增的部门，单击关闭按钮或单击图标完成操作，如图3-28所示。

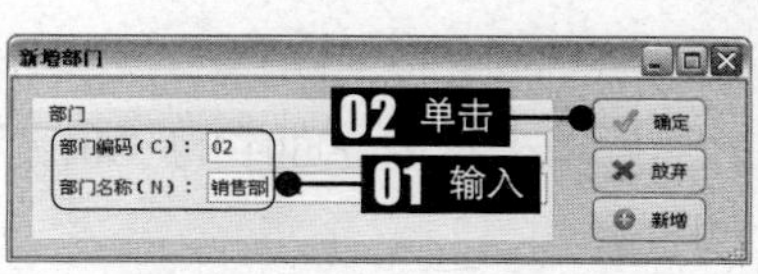

图3-27　设置部门编码和名称

图3-28　新增的部门

2. 设置职员信息

设置职员信息主要包括输入职员编号、姓名、性别、所属部门、职员类型等数据，以方便进行个人往来核算和管理等操作。

【例3–6】新增职员类型。职员类型编码和职员类型名称分别为“001 管理人员”；“002 销售人员”；“003 生产人员”；“004 采购人员”。

其具体操作如下（演示参见：光盘\视频演示\项目三\例3–6.swf）。

STEP 1 在会计软件窗口的左侧单击基础编码按钮，然后单击右侧界面中的“职员类型”图标，或选择【基础编码】/【职员类型】菜单命令，如图3-29所示。

STEP 2 打开“职员类型”窗口，单击新增按钮，打开“新增职员类型”对话框，在“职员类型编码”和“职员类型名称”文本框中分别输入“001”和“管理人员”，单击新增按钮，如图3-30所示。

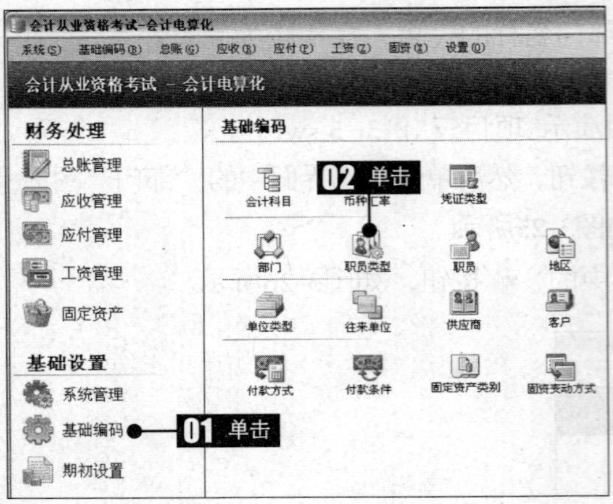

图3-29 启用“职员类型”功能

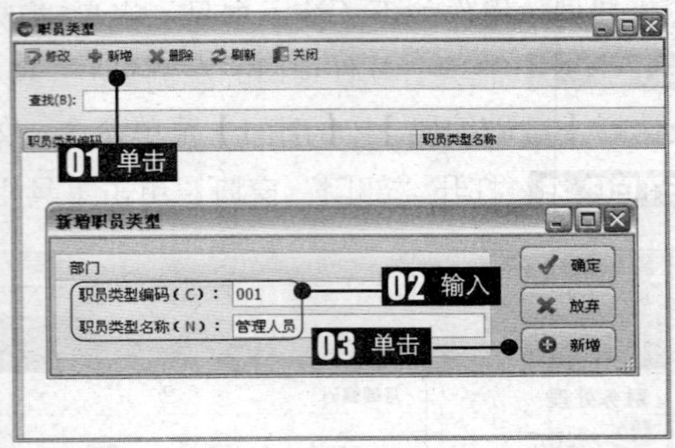

图3-30 新增管理人员

STEP 3 按照相同的方法新增销售人员、生产人员和采购人员，然后单击图标，返回“职员类型”窗口，即可查看已新增的职员类型，单击关闭按钮或单击图标完成操作，如图3-31所示。

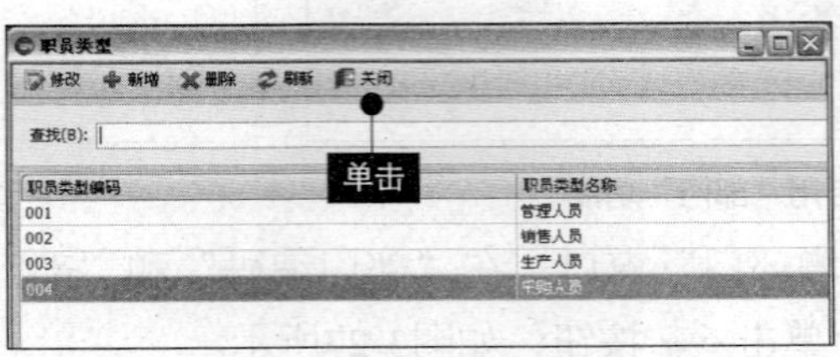

图3-31 新增的职员类型

【例3–7】新增职员。职员编号为“001”；职员姓名为“张浩”；性别为“男”；所属部门为“销售部”；职员类型为“管理人员”；扣税标准按“中方人员：3 500元”征收个人所得税。

其具体操作如下（演示参见：光盘\视频演示\项目三\例3–7.swf）。

STEP 1 在会计软件窗口的左侧单击基础编码按钮，然后单击右侧界面中的“职员”图标，或选择【基础编码】/【职员】菜单命令，如图3-32所示。

STEP 2 打开“职员”窗口，单击工具栏中的新增按钮，如图3-33所示。

图3-32 启用“职员”功能

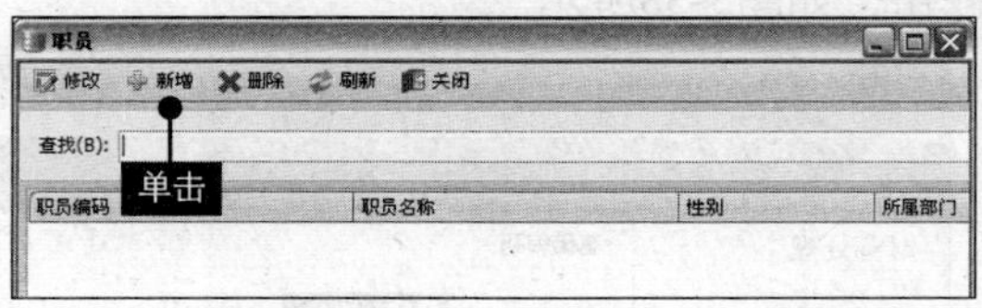

图3-33 新增职员

STEP 3 打开“新增职员”窗口的“基本信息”选项卡，在“职员编号”和“职员姓名”文本框中分别输入“001”和“张浩”，在“性别”栏中选中“男”单选项，在“所属部门”和“职员类型”下拉列表框中分别选择“销售部”和“管理人员”选项，如图3-34所示。

STEP 4 继续单击“辅助信息”选项卡，先选中“征收个人所得税”复选框，然后在“扣税标准”下拉列表框中选择“中方人员：3 500元”选项，最后单击确定按钮，如图3-35所示。

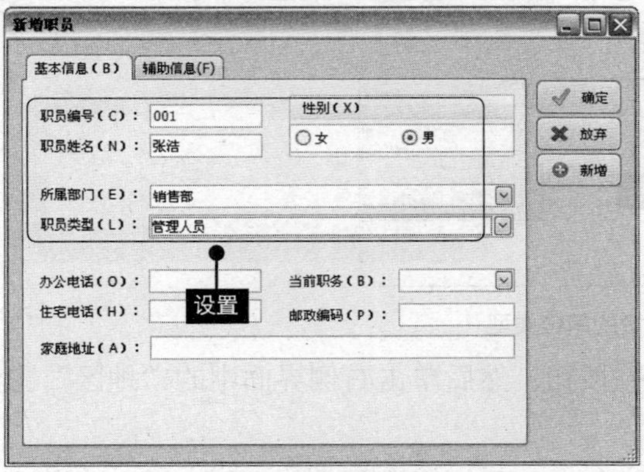

图3-34 设置职员基本信息

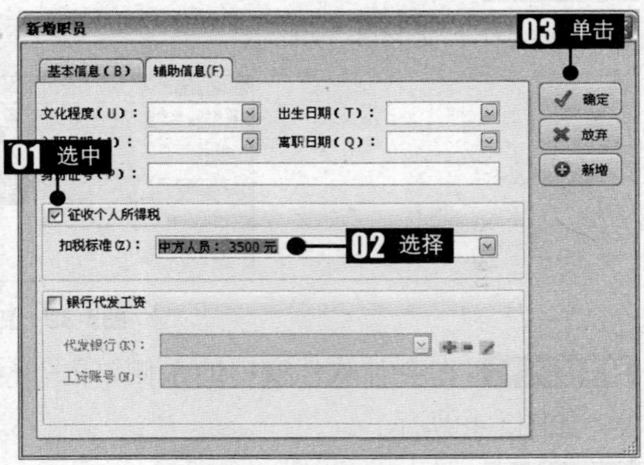

图3-35 设置职员辅助信息

STEP 5 返回“职员”窗口，即可看到新增的职员信息，单击关闭按钮或单击关闭图标完成操作，如图3-36所示。

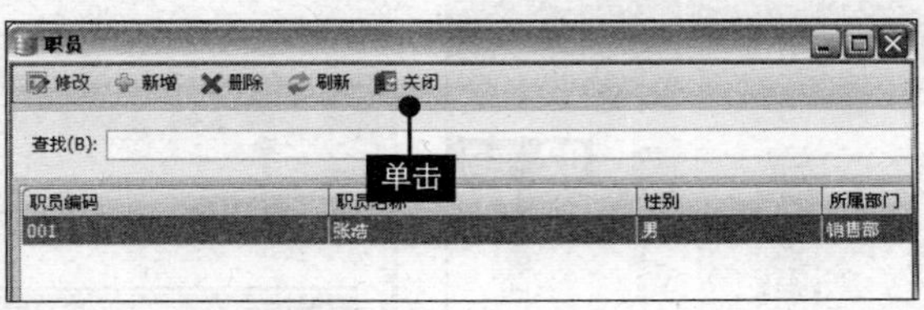

图3-36 新增的职员

3. 设置往来单位信息

设置往来单位信息主要包括新增单位类型、地区、客户往来单位和供应商往来单位。

【例3-8】新增单位类型和地区。设置单位类型编码为“01”；单位类型名称为“国营企业”；设置地区编码为“02”，地区名称为“西南区”。

其具体操作如下（演示参见：光盘\视频演示\项目三\例3-8.swf）。

STEP 1 在会计软件窗口的左侧单击 基础编码 按钮，然后单击右侧界面中的“单位类型”图标，或选择【基础编码】/【单位类型】菜单命令，如图3-37所示。

STEP 2 打开“单位类型”窗口，单击 新增 按钮，打开“新增单位类型”对话框，在“单位类型编码”和“单位类型名称”文本框中输入“001”和“国营企业”，单击 确定 按钮，如图3-38所示。

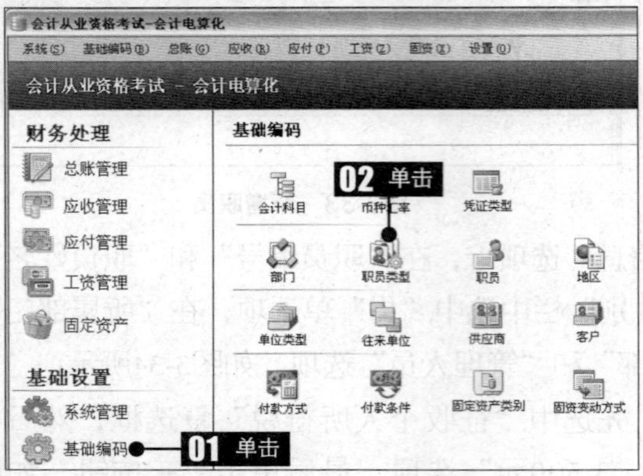

图3-37 启用“单位类型”功能

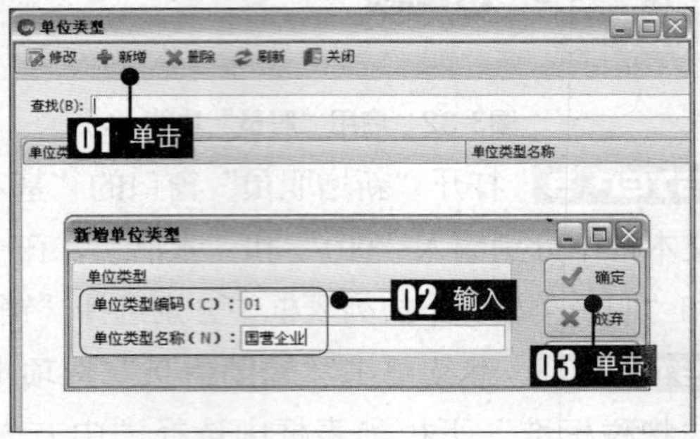

图3-38 设置单位类型

STEP 3 返回“单位类型”窗口，即可查看新增的单位类型，单击 关闭 按钮或单击图标完成操作，如图3-39所示。

图3-39 新增的单位类型

STEP 4 在会计软件窗口的左侧单击 基础编码 按钮，然后单击右侧界面中的“地区”图标，如图3-40所示。

STEP 5 打开“地区”窗口，单击 新增 按钮，打开“新增地区”对话框，在“地区编码”和“地区名称”文本框中输入“02”和“西南区”，单击 确定 按钮，如图3-41所示。

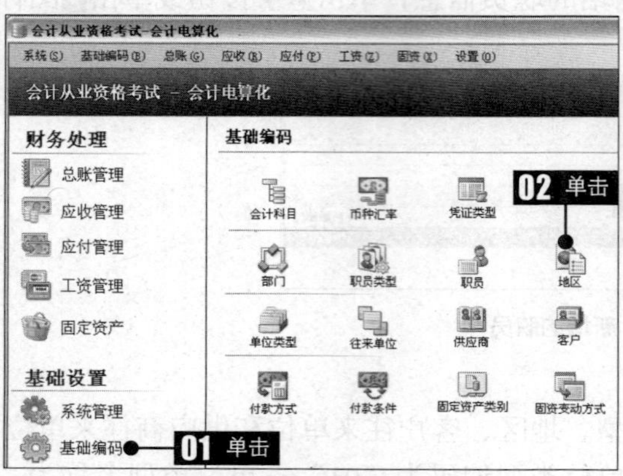

图3-40 启用“地区”功能

图3-41 新增地区

STEP 6 返回“地区”窗口，即可查看新增的地区，单击关闭按钮或单击⊠图标完成操作，如图3-42所示。

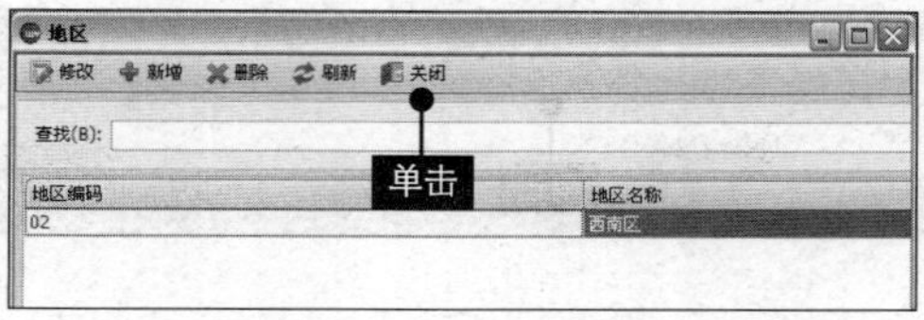

图3-42　新增的地区

【例3-9】新增客户往来单位。设置客户往来单位的单位编码为“001”；单位性质为“客户”；单位名称为“甲机械厂”；单位类型为“国营企业”；所属地区为“西南区”。

其具体操作如下（演示参见：光盘\视频演示\项目三\例3-9.swf）。

STEP 1 在会计软件窗口的左侧单击基础编码按钮，然后单击右侧界面中的“往来单位”图标，或选择【基础编码】/【往来单位】菜单命令，如图3-43所示。

STEP 2 打开“往来单位”窗口，单击工具栏中的新增按钮，如图3-44所示。

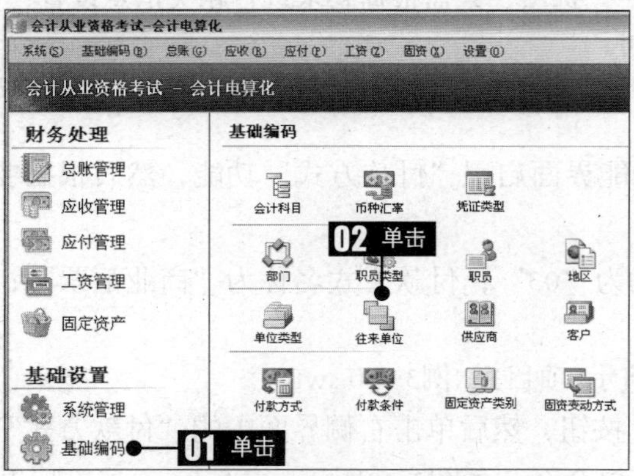

图3-43　启用“往来单位”功能

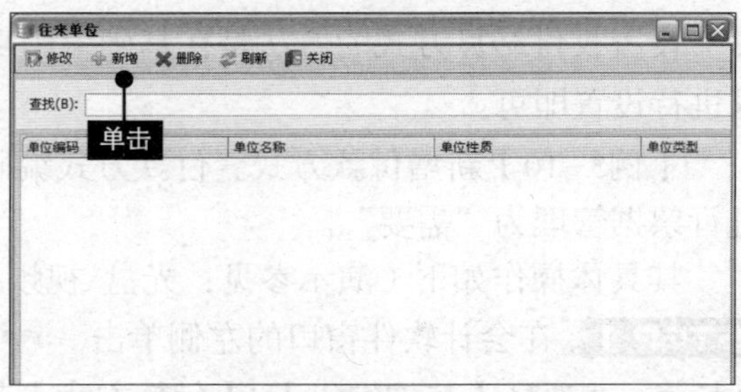

图3-44　新增往来单位

STEP 3 打开“新增往来单位”窗口的“基本信息”选项卡，在“单位编码”文本框中输入“001”，在“单位性质”下拉列表框中选择“客户”选项，在“单位名称”文本框中输入“甲机械厂”，在“单位类型”下拉列表框中选择“国营企业”选项，然后单击确定按钮，如图3-45所示。

STEP 4 单击辅助信息选项卡，在“所属地区”下列列表框中选择“西南区”，单击确定按钮，如图3-46所示。

图3-45　设置往来单位基本信息

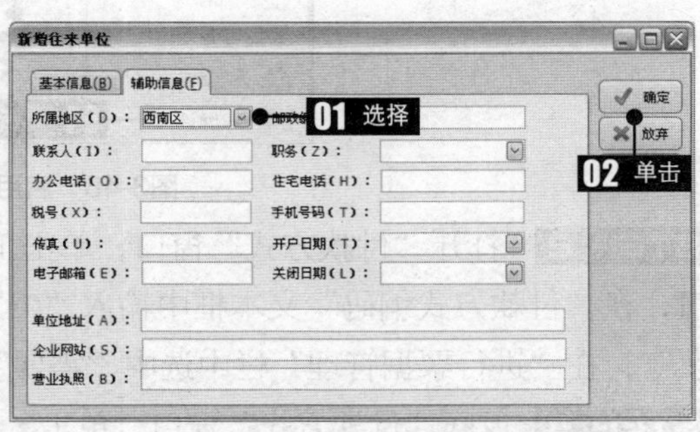

图3-46　设置往来单位辅助信息

STEP 5 返回“往来单位”窗口，即可查看新增的往来单位，单击[关闭]按钮或单击[×]图标完成操作，如图3-47所示。

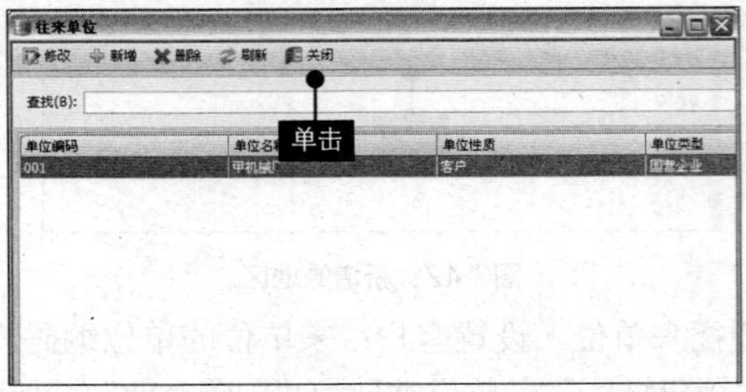

图3-47　新增的往来单位

> **知识补充**
> 如果需要新增客户和供应商时，可以通过“基础编码”界面的相应图标直接新增。方法是在“基础编码”界面中单击“客户”图标，打开“客户”窗口，然后单击[新增]按钮，打开“新增客户”对话框，可以看到对话框中的单位性质已经默认选中“客户”选项，只需根据要求进行相关信息设置即可。供应商的新增方法与之相同。

（二）设置收付结算方式

设置收付结算方式的方法是在基础编码功能界面启用“付款方式”功能，然后根据要求进行设置即可。

【例3-10】新增付款方式。付款方式编码为“03”；付款方式名称为“商业汇票”；进行票据管理为“需要”。

其具体操作如下（演示参见：光盘\视频演示\项目三\例3-10.swf）。

STEP 1 在会计软件窗口的左侧单击[基础编码]按钮，然后单击右侧界面中的“付款方式”图标，或选择【基础编码】/【付款方式】菜单命令，如图3-48所示。

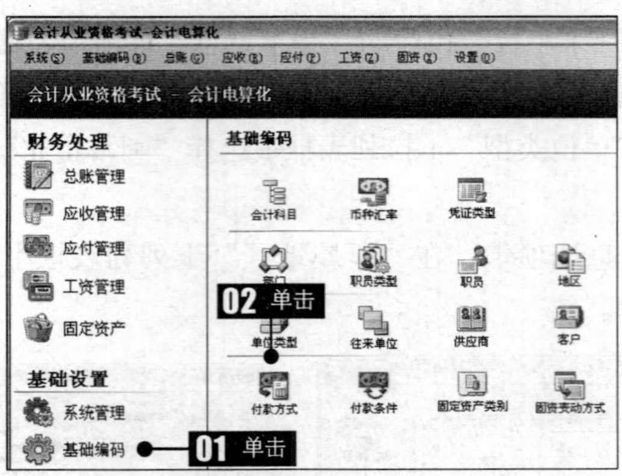

图3-48　启用“付款方式”功能

STEP 2 打开“付款方式”窗口，单击工具栏中的[新增]按钮，打开“新增 付款方式”窗口，在“付款方式编码”文本框中输入“03”，在“付款方式名称”文本框中输入“商业汇票”，在“进行票据管理”栏中选中“需要”选项，单击[确定]按钮，如图3-49所示。

STEP 3 返回“付款方式”窗口，单击[关闭]按钮或单击[×]图标完成操作，如图3-50所示。

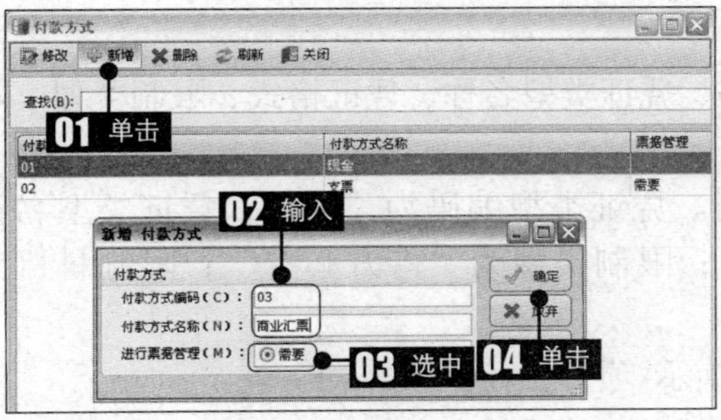

图3-49 新增付款方式

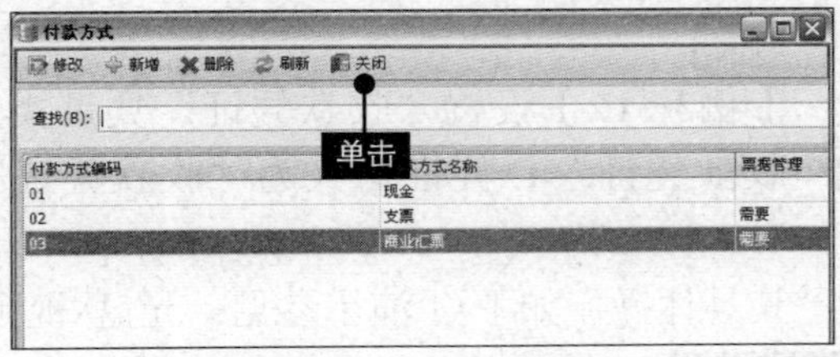

图3-50 新增的付款方式

【例3-11】新增付款条件。付款条件编码为“80D”；付款条件名称为“80天”；到期日（天）为“80”；优惠日为“20”；折扣率为“ 2”。

其具体操作如下（演示参见：光盘\视频演示\项目三\例3-11.swf）。

STEP 1 在会计软件窗口的左侧单击“基础编码”按钮，然后单击右侧界面中的“付款条件”图标，或选择【基础编码】/【付款条件】菜单命令，如图3-51所示。

STEP 2 打开“付款条件”窗口，单击工具栏中的“新增”按钮，如图3-52所示。

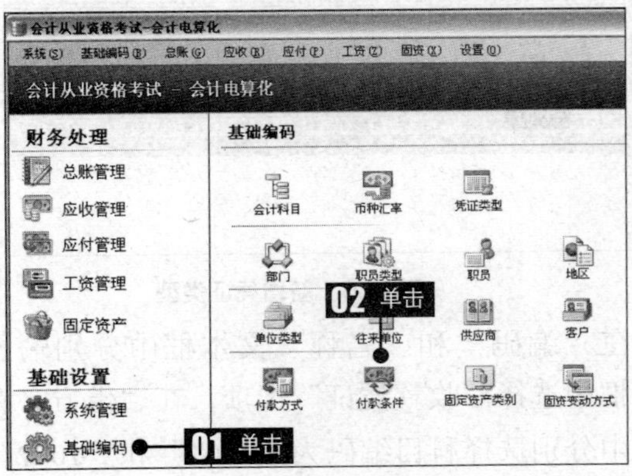

图3-51 启用“付款条件”功能

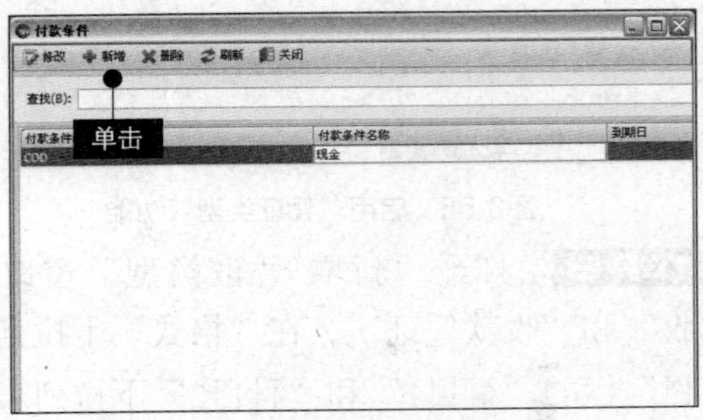

图3-52 打开付款条件

STEP 3 打开“新增 付款条件”窗口，按要求设置“付款条件编码”“付款条件名称”“到期日（天）”“优惠日”和“折扣率”，然后单击“确定”按钮，如图3-53所示。

STEP 4 返回“付款条件”窗口，单击“关闭”按钮或单击☒图标完成操作，如图3-54所示。

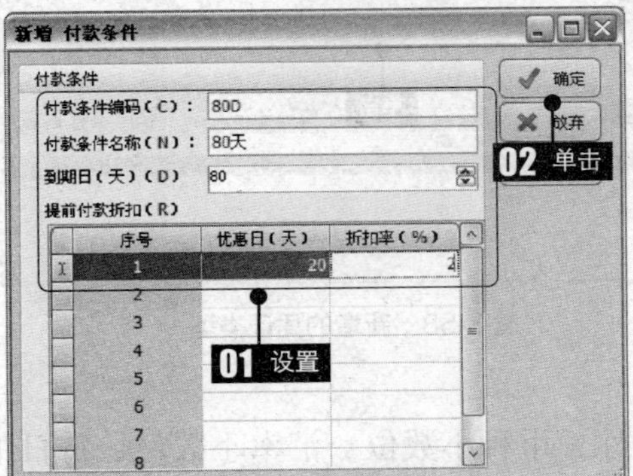

图3-53 设置付款条件

图3-54 新增的付款条件

（三）设置凭证类别

设置凭证类别主要包括设置凭证类型编码、凭证类型名称、凭证格式、限制类型、限制科目等。

【例3-12】设置“收款凭证”凭证类别。凭证类型编码为“收”；凭证类型名称为“收款凭证”；凭证格式为“收款凭证”；限制类型为“借方必有”；限制科目为“1001，1002”。

其具体操作如下（演示参见：光盘\视频演示\项目三\例3-12.swf）。

STEP 1 在会计软件窗口的左侧单击基础编码按钮，然后单击右侧界面中的“凭证类型”图标，或选择【基础编码】/【凭证类型】菜单命令，如图3-55所示。

STEP 2 打开“凭证类型”窗口，单击工具栏中的新增按钮，如图3-56所示。

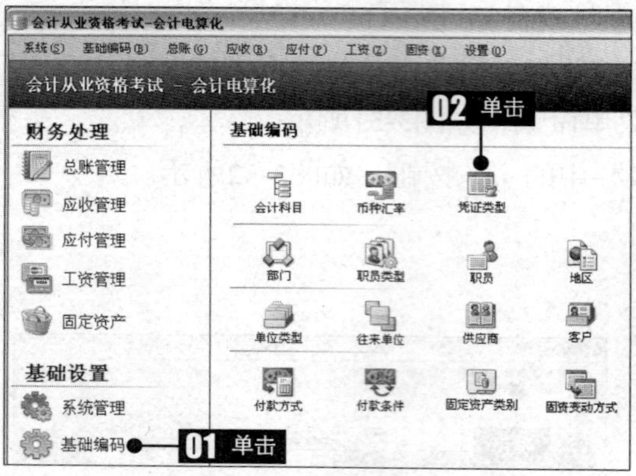

图3-55 启用“凭证类型”功能

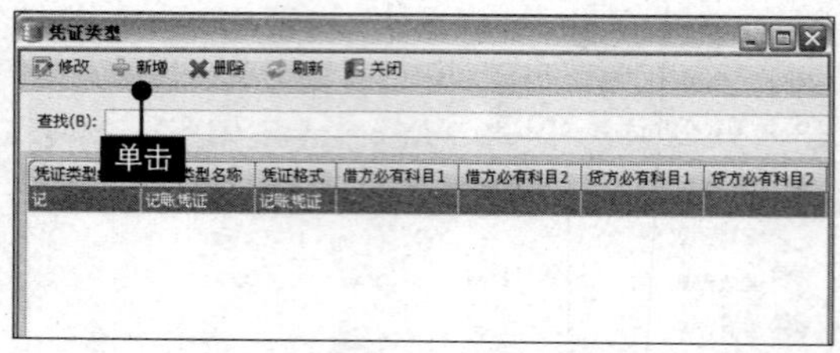

图3-56 新增凭证类型

STEP 3 打开“新增 凭证类型”窗口，在“编码”和“名称”文本框中分别输入“收”和“收款凭证”，在“格式”下拉列表框中选择“收款凭证”选项，在“借方必有科目”栏的“科目1”和“科目2”下拉列表框中分别选择科目编码为“1001”和“1002”对应的选项，单击确定按钮，如图3-57所示。

STEP 4 返回“凭证类型”窗口，即可查看新增的凭证类型，单击关闭按钮或单击图标完成操作，如图3-58所示。

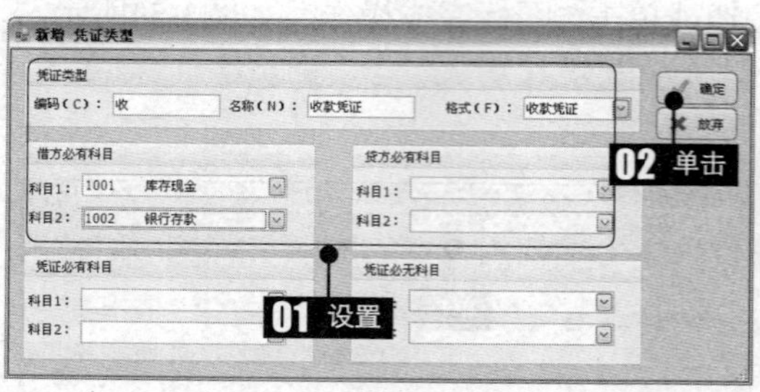

图3-57 设置凭证类型和限制科目

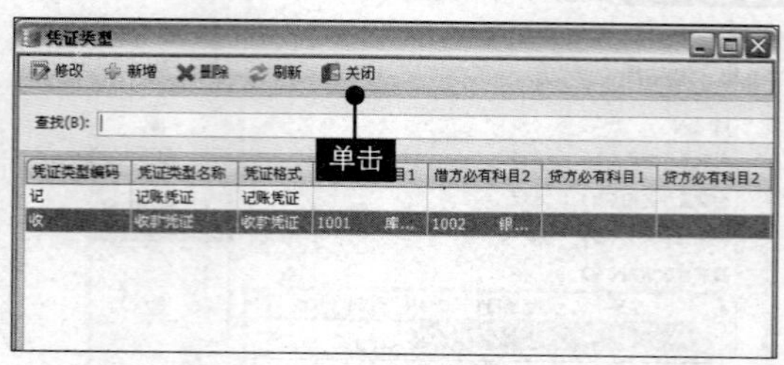

图3-58 新增的凭证类型

（四）设置外币

设置外币时，一般需要对币种编码、币种名称、币种小数位、汇率小数位、每日汇率、折算方式等进行设置。

【例3-13】设置外币币种及汇率。币种编码为“GBP”；币种名称为“英镑”；汇率小数位为“1”；2015年1月1日汇率为“10.4”。

其具体操作如下（演示参见：光盘\视频演示\项目三\例3-13.swf）。

STEP 1 在会计软件窗口的左侧单击 基础编码 按钮，然后单击右侧界面中的“币种汇率”图标，或选择【基础编码】/【币种汇率】菜单命令，如图3-59所示。

STEP 2 打开“币种汇率”窗口，单击工具栏中的 新增 按钮，如图3-60所示。

图3-59 启用“币种汇率”功能

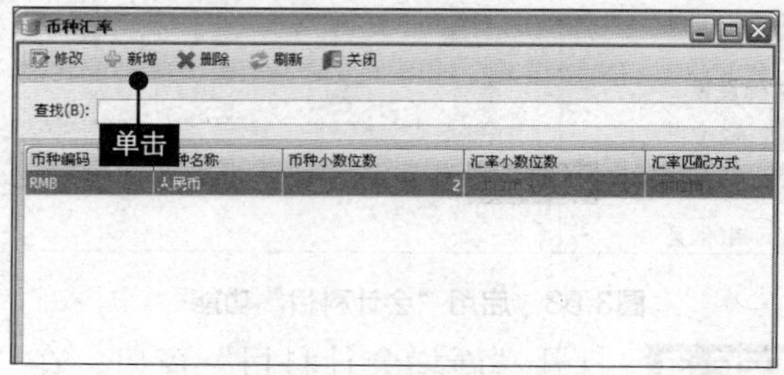

图3-60 新增币种汇率

STEP 3 打开“新增币种”窗口，在“币种编码”和“币种名称”文本框中分别输入“GBP”和“英镑”，在“汇率小数位”数值框中将原有数据更改为“1”，在“每日汇率”栏的“2015-1-1”日期对应的“汇率”单元格中输入“10.4”，单击 确定 按钮，如图3-61所示。

STEP 4 返回“币种汇率”窗口，即可查看新增的币种汇率，单击 关闭 按钮或单击图标完成操作，如图3-62所示。

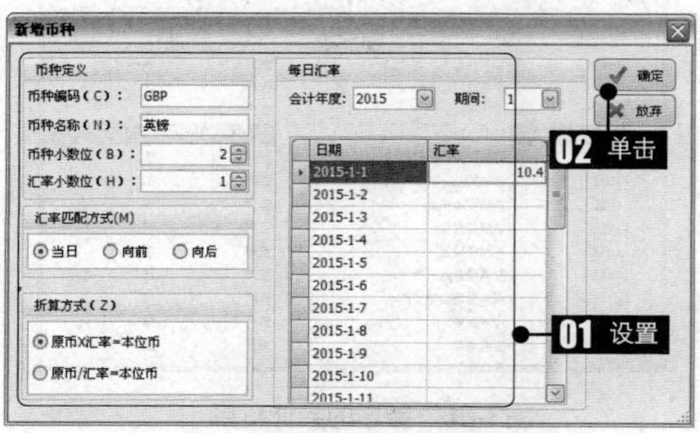

图3-61 设置币种相关数据

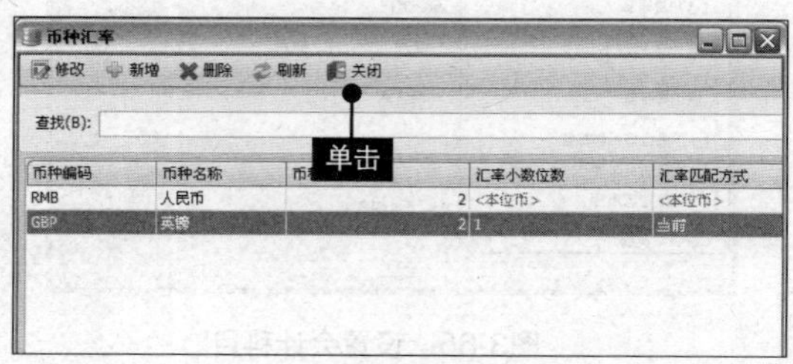

图3-62 新增的币种汇率

（五）设置会计科目

新增会计科目一般需要对科目编码、科目名称、核算币种进行设置，而修改会计科目则一般对多币种核算和辅助核算进行修改。

【例3-14】新增会计科目。科目编码为“1002-01”；科目名称为“工商银行”；指定英镑为核算币种。

其具体操作如下（演示参见：光盘\视频演示\项目三\例3-14.swf）。

STEP 1 在会计软件窗口的左侧单击 基础编码 按钮，然后单击右侧界面中的“会计科目”图标，或选择【基础编码】/【会计科目】菜单命令，如图3-63所示。

STEP 2 打开“会计科目”窗口，单击工具栏中的新增按钮，如图3-64所示。

图3-63 启用“会计科目”功能

图3-64 新增会计科目

STEP 3 打开“新增会计科目”窗口，在“科目编码”文本框中输入“1002-01”，在“科目名称”文本框中输入“工商银行”，在“多币种核算”栏中选中“核算指定币种”选项，并在下方的下拉列表框中选择“GBP 英镑”选项，单击确定按钮，如图3-65所示。

STEP 4 返回“会计科目”窗口即可查看新增的会计科目，单击关闭按钮或单击图标完成操作，如图3-66所示。

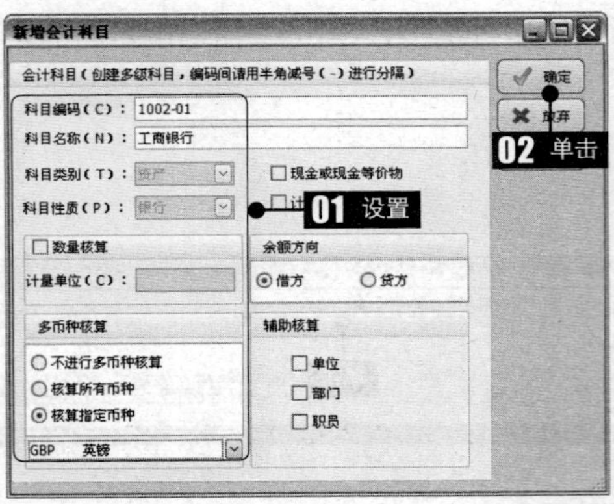

图3-65 设置会计科目

图3-66 新增的会计科目

> **知识补充**
>
> 如果需要删除某一会计科目，怎样通过“基础编码”界面的会计科目实现？具体方法为在“基础编码”界面中单击“会计科目”图标，打开“会计科目”窗口，然后单击需要删除的会计科目，再单击工具栏的删除按钮即可。

【例3-15】修改会计科目。将科目编码为1123的科目辅助核算修改为“单位”；多币种核算修改为“核算所有币种”。

其具体操作如下（演示参见：光盘\视频演示\项目三\例3-15.swf）。

STEP 1 在会计软件窗口的左侧单击基础编码按钮，然后单击右侧界面中的“会计科目”

图标，或选择【基础编码】/【会计科目】菜单命令。

STEP 2 打开“会计科目”窗口，单击选中科目编码为“1123”的科目，单击工具栏中的修改按钮，如图3-67所示。

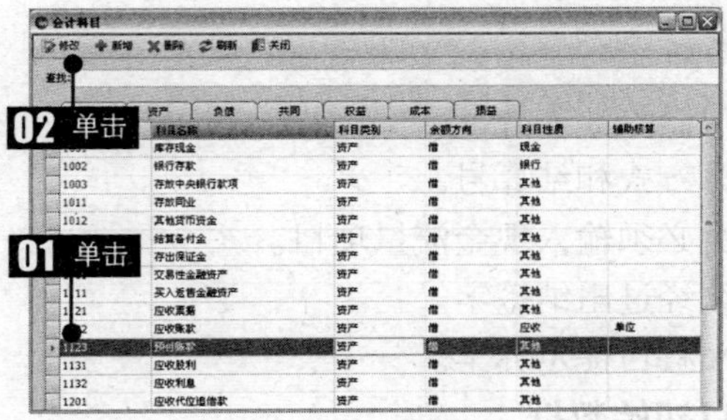

图3-67 修改会计科目

STEP 3 打开“修改会计科目”窗口，选中“辅助核算”栏下的“单位”复选框和“多币种核算”栏下的“核算所有币种”选项，单击确定按钮，如图3-68所示。

STEP 4 返回“会计科目”对话框，即可查看修改的会计科目，单击关闭按钮或单击图标完成操作，如图3-69所示。

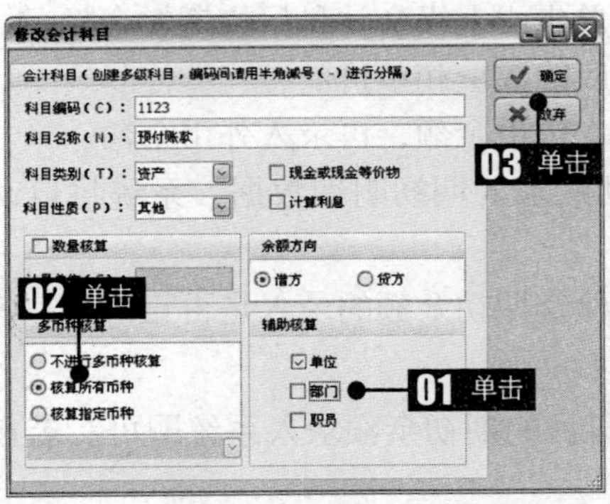

图3-68 设置会计科目

图3-69 修改的会计科目

任务三 账务处理模块的应用

账务处理模块的应用一般包括账务处理模块的初始化、日常处理和期末处理，该模块也是会计软件的核心模块。会计电算化考试系统同样包含这一模块，下面对其相关操作进行详细讲解。

【任务目标】

本任务的目标是了解账务处理模块的初始化，以及日常处理和期末处理的相关规则和理论知识。重点掌握该功能模块的各种业务处理的控制规定以及具体操作方法。

【知识讲解】

一、账务处理模块初始化工作

账务处理模块的初始化工作主要包括控制参数的设置以及会计科目初始数据的录入两个方面。

（一）设置控制参数

为满足企业核算的要求，在会计软件运行之前，企业应该根据国家统一的会计准则制度和内部控制制度来选择相应的运行控制参数。在账务处理模块中，常见的控制参数设置主要包括以下对象。

- 凭证编号方式。
- 是否允许操作人员修改他人凭证。
- 是否必须输入结算方式和结算号。
- 现金流量科目是否必须输入现金流量项目。
- 出纳凭证是否必须经过出纳签字。
- 是否对资金及往来科目提示赤字。

（二）录入会计科目初始数据

会计科目初始数据录入是指第一次使用账务处理模块时，需要在开始日常核算工作前将会计科目的初始余额以及发生额等相关数据输入系统。包括录入会计科目期初余额和录入会计科目本年累计发生额。

1. 录入会计科目期初余额

录入会计科目的期初余额时，应遵守以下规定。

- 对末级科目录入期初余额，系统将自动汇总生成上级会计科目的期初余额。
- 如果会计科目设置了数量核算，应输入相应的数量和单价。
- 如果会计科目设置了外币核算，应先录入本位币余额，再录入外币余额。
- 如果会计科目设置了辅助核算，应从辅助账录入期初明细数据，系统将自动汇总并生成会计科目的期初余额。
- 期初余额录入完毕后，应进行试算平衡，检查期初余额的录入是否正确。

2. 录入会计科目本年累计发生额

在会计年度初建立账套时，只需将各个会计科目的期初余额录入系统即可。若在会计年度中建立账套，则需按以下流程录入相应数据。

- 录入启用月份的月初余额。
- 录入本年度各会计科目截至上月的累计发生额。
- 系统根据本月月初数和本年度截至上月的借、贷方累计发生数，自动计算出本会计年度各会计科目的年初余额。

试题精讲

【单选题】由（ ）子系统完成全部记账、算账、对账、转账和结账工作。

A. 成本核算　B. 账务处理　C. 工资核算　D. 报表

【答案】B

【解析】账务处理子系统可以完成全部记账、算账、对账、转账和结账工作，生成日记账、总账和各子系统生成的明细账以外的全部明细账。

二、账务处理模块日常处理

账务处理模块的日常处理内容主要包括：记账凭证的录入、修改等管理操作，以及各种会计账簿的管理和查询打印等。

（一）凭证管理

记账凭证是账务处理模块与其他功能模块进行数据交换的桥梁，因此对记账凭证的管理必须正确和高效。记账凭证的管理主要体现在凭证的录入、修改、审核、记账和查询等方面。

1. 凭证录入

（1）凭证录入的内容

在会计软件中录入凭证时，应确保录入的凭证内容完整、准确。记账凭证中可以填写的行数一般是无限制的，但一张记账凭证中只能录入同一笔经济业务，不能同时录入几种不同经济类型的业务。凭证录入的具体内容如下。

- **凭证字号**：可选择在系统初始化时设置的某种凭证类别。
- **凭证编号**：凭证编号属于必填内容，是凭证的唯一标识，可手动输入，也可自动生成。同一类别凭证按月从1号凭证开始连续编号，不允许重号和缺号。
- **制单日期**：属于必填内容，默认的制单日期为填制记账凭证当天登录的计算机系统日期。首张凭证的制单日期不得早于账套启用日期，不得晚于计算机系统日期。如果设置了制单序时，则同一类别的记账凭证，后一张凭证的制单日期不得早于前一张凭证的制单日期，不得晚于计算机系统日期。
- **附件张数**：指当前录入的记账凭证所附的原始凭证的数量。
- **摘要**：说明当前凭证发生的业务情况，属于必填内容。不同行的摘要内容可以相同，也可以不同，但不能为空。
- **会计科目**：属于必填内容，填制凭证时必须录入最末级会计科目，会计科目的录入可采用输入科目编码、助记码、科目名称或参照录入等多种方式来实现。
- **发生金额**：凭证中每个会计科目后面都必须录入发生金额，金额不能为零且金额需满足“有借必有贷，借贷必相等”的记账规则。发生金额的录入可采取直接录入和计算录入两种方式来实现。
- **辅助核算信息**：系统初始化时已设置辅助核算的会计科目，在填制凭证时系统会弹出相应窗口，要求录入该科目相应的辅助信息。
- **外币核算信息**：系统初始化时设置有外币核算的会计科目，在填制凭证时系统会弹出相应窗口，要求录入外币金额和汇率。
- **数量核算信息**：系统初始化时设置为数量核算的会计科目，在填制凭证时系统会弹出相应窗口，要求录入该会计科目发生的数量和交易的单价。
- **制单人**：即填制记账凭证的操作员，系统将自动判断进入账务处理模块并进行凭证录入操作的操作员为制单人。

（2）凭证录入的输入校验

在凭证录入时，系统会对凭证内容的合法性进行校验，校验的内容如下。

- 会计科目是否存在。
- 会计科目是否为末级科目。
- 会计科目是否符合凭证类别限制条件。
- 发生额是否满足“有借必有贷，借贷必相等”的记账凭证要求。
- 凭证必填内容是否填写完整。
- 对于手工填制凭证号的情况，还需校验凭证号的合理性。

2. 凭证修改

（1）凭证可以修改的内容

凭证可以修改的内容一般包括摘要、科目、金额及方向等。除此以外，修改凭证时需注意以下两点。

- 凭证类别、编号不能修改，制单日期的修改也会受到限制。
- 在对凭证进行修改后，系统仍然会按照凭证录入时的校验标准来对凭证内容进行检查，只有满足了校验条件后，才能进行保存。

（2）凭证修改的操作控制

凭证修改的操作控制，根据不同的修改情况有不同的要求，具体内容如下。

- **修改未审核或审核标错的凭证**：对未审核的凭证或审核标错的凭证，可以由填制人直接进行修改并保存。审核标错的凭证在修改正确后，出错的标记将会消失。
- **修改已审核而未记账的凭证**：经过审核人员审核，并已签章而未记账的凭证，如果存在错误需要修改，应该由审核人员首先在审核模块中取消对该凭证的审核标志，使凭证恢复到未审核状态，然后由制单人员对凭证进行修改。
- **修改已记账的凭证**：发现已记账的错误凭证，可使用红字冲销法或补充登记法进行更正。会计软件应当提供不可逆的记账功能，确保对同类已记账凭证的连续编号。不得提供对已记账凭证的删除和插入功能，不得提供对已记账凭证日期、金额、会计科目和操作人的修改功能。
- **修改他人填制的凭证**：如果需要修改他人制作的凭证，在账务处理模块参数设置中需要勾选允许修改他人凭证的选项，修改后凭证的制单人将显示为修改凭证的操作人员。如果参数设置中选择不允许修改他人凭证，该功能将不能被执行。
- **修改其他功能模块传递来的凭证**：发现其他功能模块传递到账务处理模块的凭证存在错误时，不能在账务处理模块进行修改，只能在生成该凭证的功能模块中进行修改，然后重新传递到账务处理模块。

3. 凭证审核

（1）凭证审核功能

审核凭证是指审核人员按照国家统一会计准则制度规定，对于完成制单的记账凭证的正确性、合法合规性等进行检查核对。一般会审核以下内容。

- 记账凭证的内容、金额是否与原始凭证相符。
- 记账凭证的编制是否符合规定。
- 所附单据是否真实、完整。

（2）凭证审核的操作控制

凭证审核的操作控制有几点规定，具体如下。

- 审核人员和制单人员不能是同一人。
- 审核凭证只能由具有审核权限的人员进行。
- 已经通过审核的凭证不能被修改或者删除，如果要修改或删除，需要审核人员取消审核签字后才能进行。
- 审核未通过的凭证必须进行修改，在通过审核后方可被记账。

名师点睛 审核时若发现记账凭证存在错误，审核人员应在该凭证上做错误标识，交由制单人员修改；若未发现错误，则通过审核，系统将在记账凭证的审核栏中自动显示审核人的姓名。

4. 凭证记账

凭证记账是指由具有记账权限的操作员，利用会计软件的记账功能，对凭证自动进行合法性校验、科目汇总和登记账簿等操作。凭证记账的注意事项如下。

- 期初余额不平衡不能记账。
- 上月未结账，本月不能记账。
- 未被审核的凭证不能记账。
- 一个月可以一天记一次账，也可以一天记多次账，或者多天记一次账。
- 记账过程不应人为终止。

5. 凭证查询

为方便随时了解经济业务发生的情况，在会计业务处理过程中，用户可以根据需要查询符合条件的凭证。

（二）出纳管理

出纳主要负责现金和银行存款的管理。只有在设置会计科目时指定了现金科目和银行存款科目后，才能开启出纳管理功能。

1. 现金日记账、银行存款日记账及资金日报表的管理

- 出纳对现金日记账和银行存款日记账的管理包括查询和输出现金及银行存款日记账。
- 出纳对资金日报表的管理包括查询、输出（或打印）资金日报表；提供当日借、贷金额合计和余额，以及发生的业务量等信息。

知识补充 资金日报表以日为单位，列示现金、银行存款科目当日累计借方发生额和贷方发生额，计算出当日的余额，并累计当日发生的业务笔数，对每日的资金收支业务、金额进行详细汇报。

2. 支票管理

支票管理功能主要包括支票的购置、领用和报销。

- **支票购置**：支票购置是指对从银行新购置的空白支票进行登记操作，登记内容包括购置支票的银行账号、购置支票的支票规则、购置的支票类型、购置日期等。
- **支票领用**：支票领用时应登记详细的领用记录，包括领用部门、领用人信息、领用日期、支票用途、支票金额、支票号、备注等。
- **支票报销**：支票报销是指对已领用的支票，在支付业务处理完毕后，应进行报销处理。会计人员应填制相关记账凭证，并填入待报销支票的相关信息，包括支票号、结算方式、签发日期、收款人名称、付款金额等。

3. 银行对账

银行对账是指在每月月末，企业的出纳人员将企业的银行存款日记账与开户银行发来的当月银行存款对账单进行逐笔核对，勾对已达账项，找出未达账项，并编制每月银行存

款余额调节表的过程。

在会计软件中执行银行对账功能的步骤包括：银行对账初始数据录入、本月银行对账单录入、对账、编制银行存款余额调节表和核销已达账项等环节。具体内容如下。

- **银行对账初始数据录入**：首次启用银行对账功能时，应事先录入账务处理模块启用日期前的银行和企业账户余额及未达账项，即银行对账的初始数据。从启用月份开始，上月对账的未达账项将自动加入到以后月份的对账过程中。
- **银行对账单录入**：对账前，会计人员必须将银行对账单的内容录入到系统中，包括入账日期、结算方式、结算单据字号、借方发生额、贷方发生额，余额由系统自动计算。
- **对账**：对账工作由会计软件自动完成，即系统根据用户设置的对账条件进行逐笔检查，对符合对账标准的记录进行勾对，未勾对的即为未达账项。其中对账标准主要包括业务发生的日期、结算方式、结算票号、发生金额等。

名师点睛

除自动对账外，会计软件还提供有手工对账的功能，以便对一些符合对账标准但系统无法识别的已达账项进行勾对。

- **银行存款余额调节表的编制**：对账完成后，系统根据本期期末的银行存款日记账的余额、银行对账单的余额对未达账项进行调整，自动生成银行存款余额调节表。调整后，银行存款日记账和银行对账单的余额应相等。用户可以在系统中查询余额调节表，但不能对其进行修改。
- **核销已达账项**：对账结果平衡后，会计人员需要对银行日记账的已达账项和银行对账单的已达账项进行核销。

知识补充

出纳签字是指出纳人员对制单员填制的带有库存现金等科目的凭证进行检查核对，主要核对其金额是否正确，如果对凭证有异议则交与制单人员修改后再由出纳签字记账。

试题精讲

【单选题】现金日记账和银行存款日记账要每（　）登记并打印输出，做到日清月结。

A. 日　　B. 旬　　C. 月　　D. 周

【答案】A

【解析】现金日记账和银行存款日记账要每日登记并打印输出，做到日清月结。

（三）账簿查询

账簿查询主要包括各种科目账查询和辅助账查询。

1. 科目账查询

科目账查询包括总账查询、明细账查询、余额表查询、多栏账查询和日记账查询。

（1）总账查询

总账查询可以实现以下功能。

- 查询各总账科目的年初余额、各月期初余额、发生额合计和期末余额。

- 可根据需要设置查询条件，如会计科目代码、会计科目范围、会计科目级次、是否包含未记账凭证等。
- 在总账查询窗口下，系统一般允许联查当前会计科目当前月份的明细账。

（2）明细账查询

明细账查询可实现以下功能。

- 用于查询各账户的明细发生情况。
- 可以设置多个查询条件查询明细账，包括会计科目范围、查询月份、会计科目代码、是否包括未记账凭证等。
- 在明细账查询窗口下，系统一般允许联查所选明细事项的记账凭证及联查总账。

（3）余额表查询

余额表查询可实现以下功能。

- 用于查询统计各级会计科目的期初余额、本期发生额、累计发生额和期末余额等，可设置多种查询条件。
- 利用余额表可以查询和输出总账科目、明细科目在某一时期内的期初余额、本期发生额、累计发生额和期末余额。
- 可以查询和输出某会计科目范围在某一时期内的期初余额、本期发生额、累计发生额和期末余额。
- 可以查询和输出包含未记账凭证在内的最新发生额及期初余额和期末余额。

（4）多栏账查询

多栏账查询可实现以下功能。

- 多栏账即多栏式明细账，用户可以预先设计企业需要的多栏式明细账，然后按照明细科目保存为不同名称的多栏账。
- 可以设置多种查询条件，包括多栏账名称、月份，以及是否包含未记账凭证等。

（5）日记账查询

日记账查询可实现以下功能。

- 用于查询除现金日记账、银行日记账之外的其他日记账。
- 可以查询输出某日所有会计科目（不包括现金、银行存款会计科目）的发生额及余额情况。
- 可以设置多种查询条件，包括查询日期、会计科目级次、会计科目代码、币别，以及是否包含未记账凭证等。

2. 辅助账查询

辅助账查询一般包括客户往来、供应商往来、个人往来、部门核算、项目核算的辅助总账、辅助明细账查询，其查询方法与科目账的相同。

> **在设置会计科目时，如果某一会计科目设置了多个辅助核算，则在输出时会提供多个辅助账簿信息。**
>
> **名师点睛**

三、账务处理模块期末处理

账务处理模块的期末处理是指会计人员在每个会计期间的期末所要完成的特定业务，主要包括会计期末的转账、对账、结账等。

（一）自动转账

自动转账是指对于期末摘要、借贷方会计科目固定不变，发生金额的来源或计算方法基本相同，相应凭证处理基本固定的会计业务，将其既定模式事先录入并保存到系统中，在需要的时候，让系统按照既定模式，根据对应会计期间的数据自动生成相应的记账凭证。

自动转账可以减少期末处理的工作量，避免会计人员重复录入相同类别的凭证，提高记账凭证录入的速度和准确度。

1. 自动转账的步骤

（1）自动转账定义

自动转账定义是指在系统中事先进行自动转账定义，设置的内容一般包括：编号、凭证类别、摘要、发生会计科目、辅助项目、发生方向、发生额计算公式等。

（2）自动转账生成

自动转账生成是指在自动转账定义完成后，用户每月月末只需要执行转账生成功能，即可快速生成转账凭证，并被保存到未记账凭证中。

自动转账生成需注意以下几点。

- 用户应按期末结转的顺序来执行自动转账生成功能。
- 在自动转账生成前，应将本会计期间的全部经济业务填制记账凭证，并将所有未记账凭证审核记账。
- 保存系统自动生成的转账凭证时，系统同样会对凭证进行校验，只有通过了系统校验的凭证才能进行保存。
- 生成的转账凭证将被保存到记账凭证文件中，制单人为执行自动转账生成的操作员。
- 自动生成的转账凭证同样要进行后续的审核、记账。

2. 常用的自动转账功能

自动转账的常用功能主要包括自定义转账和期间损益结转两种。

（1）自定义转账

自定义转账主要用来完成费用的分配、税金的计算、提取各项费用、部门核算、项目核算、个人核算、客户核算和供应商核算的结转，以及具有配比关系科目的对应结转，如销售成本结转、汇兑损益结转等。

自定义转账包括自定义转账定义和自定义转账生成。其中自定义转账定义允许用户通过自动转账功能自定义凭证的所有内容，然后用户可以在此基础上执行转账生成功能。

（2）期间损益结转

期间损益结转包括期间损益定义和期间损益生成，期间损益结转用于在一个会计期间结束时，将损益类科目的余额结转到本年利润科目中，从而及时反映企业利润的盈亏情况。

期间损益结转需注意以下几点。

- 用户应该将所有未记账凭证审核记账后，再进行期间损益结转。
- 在操作时需要设置凭证类别，一般凭证类别为转账凭证。
- 执行此功能后，一般系统能够自动搜索和识别需要进行损益结转的所有科目（即损益类科目），并将它们的期末余额（即发生净额）转到本年利润科目中。

（二）对账

对账是指为保证账簿记录正确可靠，对账簿数据进行检查核对，主要包括总账和明细账、总账和辅助账、明细账和辅助账的核对。

对账需注意以下3点。

- 为保证账证相符、账账相符，应该经常进行对账，至少一个月一次。
- 对账一般可在月末结账前进行。
- 只有对账正确，才能进行结账操作。

（三）月末结账

1. 月末结账功能

月末结账每个月只能进行一次，主要包括计算和结转各账簿的本期发生额和期末余额，终止本期的账务处理工作，并将会计科目余额结转至下月作为月初余额。

2. 月末结账操作的控制

结账工作必须在本月的核算工作都已完成，系统中数据状态正确的情况下才能进行。执行结账工作时，系统会检查相关工作的完成情况，主要包括以下内容。

- 检查本月记账凭证是否已经全部记账，如有未记账凭证，则不能结账。
- 检查上月是否已经结账，如上月未结账，则本月不能结账。
- 检查总账与明细账、总账与辅助账是否对账正确，如果对账不正确则不能结账。
- 对会计科目余额进行试算平衡，如试算不平衡将不能结账。
- 检查损益类账户是否已经结转到本年利润，如损益类科目还有余额，则不能结账。
- 当其他各功能模块也已经启用时，账务处理模块必须在其他各模块都结账后，才能结账。

试题精讲

【多选题】下列（　　）情况出现时，会计软件当期不能结账。

A. 上期未结账

B. 机内总分类账与机内明细账不一致

C. 会计凭证未全部登账

D. 存在未经审核的记账凭证

【答案】A、B、C、D

【解析】当上期未结账，或总分类账与明细账不一致，或部分会计凭证未记账或未审核时，系统都不允许结账。

【任务实施】

下面根据前面所讲的基础知识，结合相关的实例完成账务处理模块的相关操作。

一、录入会计科目期初余额

录入会计科目期初余额的方法是在“期初设置-科目期初”的窗口中单击需要录入的科目，按要求输入数据即可。

【例3-16】录入会计科目的年初余额。应收票据为“10 000元”；应收账款为“甲机械厂20 000元”。

其具体操作如下（演示参见：光盘\视频演示\项目三\例3-16.swf）。

STEP 1 单击软件窗口左侧的期初设置按钮，然后单击右侧界面中的“科目期初”图标，或选择【总账】/【科目期初】菜单命令，如图3-70所示。

STEP 2 打开“期初设置 - 科目期初”窗口，双击“应收票据”会计科目对应的“本位币”栏下的单元格，在其中输入“10 000”，然后继续双击“应收账款”会计科目对应的“本位币”栏下的单元格，如图3-71所示。

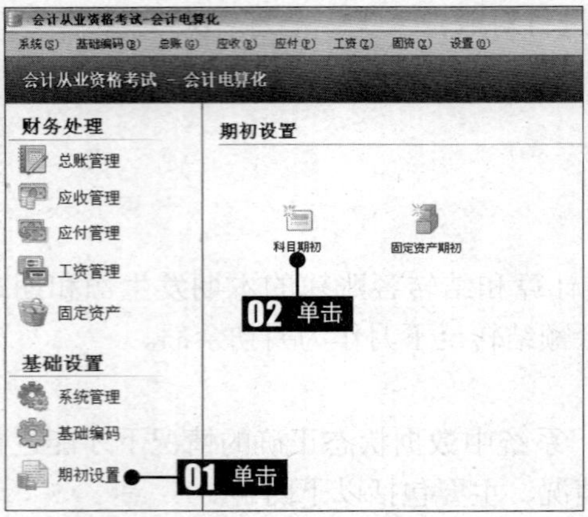

图3-70 启用“科目期初”功能

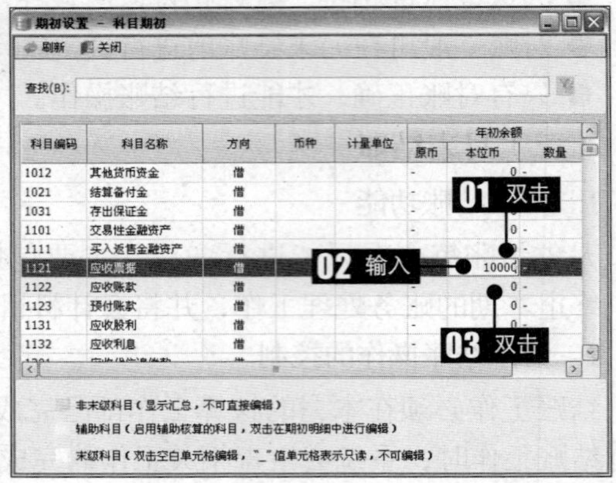

图3-71 设置应收票据年初余额

STEP 3 打开“科目期初明细”窗口，在“单位”栏的下拉列表框中选择“甲机械厂”选项，在“年初余额”栏下的单元格中输入“20 000”，单击确定按钮，如图3-72所示。

STEP 4 返回“期初设置 - 科目期初”窗口，完成会计科目年初余额录入的操作，单击关闭按钮或单击☒图标完成操作，如图3-73所示。

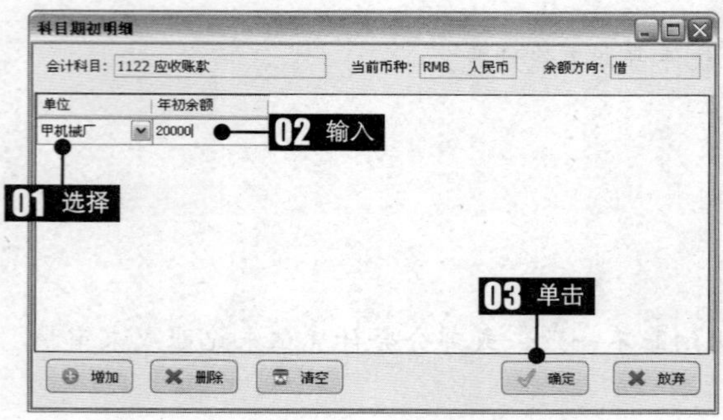

图3-72 设置应收账款年初余额

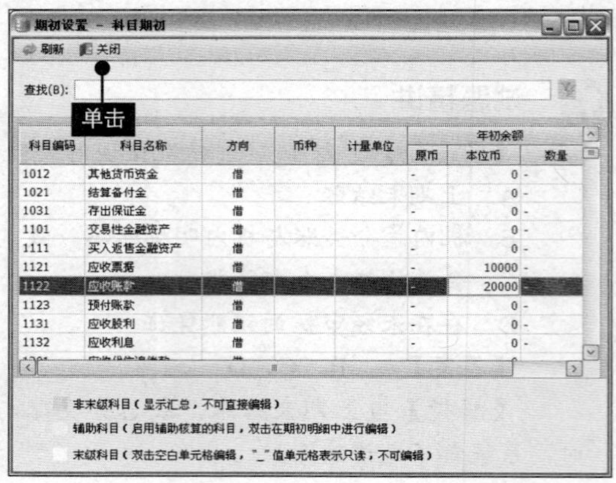

图3-73 设置后的科目年初余额

二、账务处理模块日常处理

账务处理模块的日常处理内容主要包括：记账凭证的录入、修改等管理操作，以及各种会计账簿的管理和查询打印等。

（一）录入凭证

录入凭证的方法是在“总账管理”功能界面中启用“填制凭证”功能，然后在打开的对话框中按要求录入凭证即可。

【例3-17】请填制记账凭证。2015年1月30日，从银行提取现金5 000元。摘要：提取现金。附件：2张。

其具体操作如下（演示参见：光盘\视频演示\项目三\例3-17.swf）。

STEP 1 单击软件窗口左侧的总账管理按钮，然后单击右侧界面中的“填制凭证”图标，或选择【总账】/【填制凭证】菜单命令，如图3-74所示。

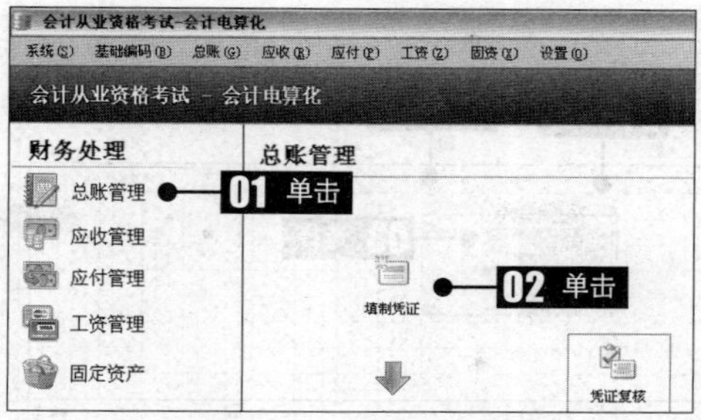

图3-74 启用“填制凭证”功能

STEP 2 打开“记账凭证”对话框，默认凭证字号“记”和凭证编号“0001”，单击“日期”下拉列表框右侧的下拉按钮，在弹出的下拉列表中单击“增加”按钮，将年月数设置为“2015年1月”，然后选择下方日期列表框中的“30”选项，完成日期的设置，如图3-75所示。

STEP 3 继续在“附单据”文本框中输入“2”，双击“摘要”栏下方的第1个单元格，输入“提取现金”，如图3-76所示。

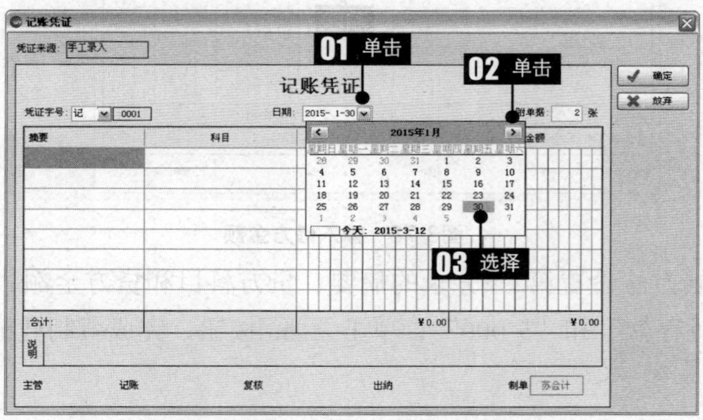

图3-75 设置凭证的填制日期

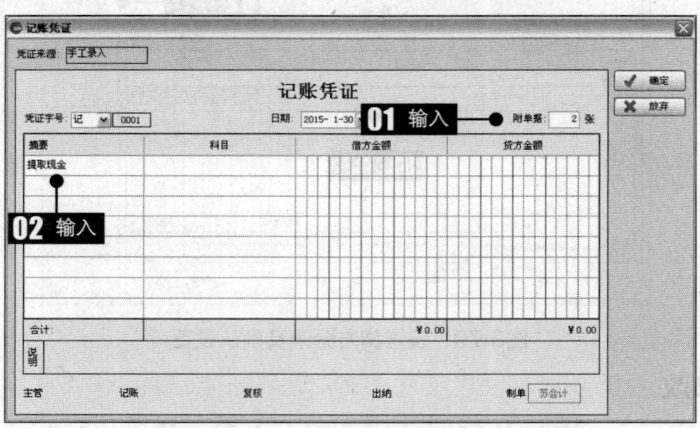

图3-76 设置单据数并输入摘要

STEP 4 双击“科目”栏下方的第1个单元格，单击右侧出现的下拉按钮，在弹出的下拉列表中选择“1001 库存现金”选项，如图3-77所示。

STEP 5 继续双击“借方金额”栏下的区域，激活数字内容后输入“5 000”，如图3-78所示。

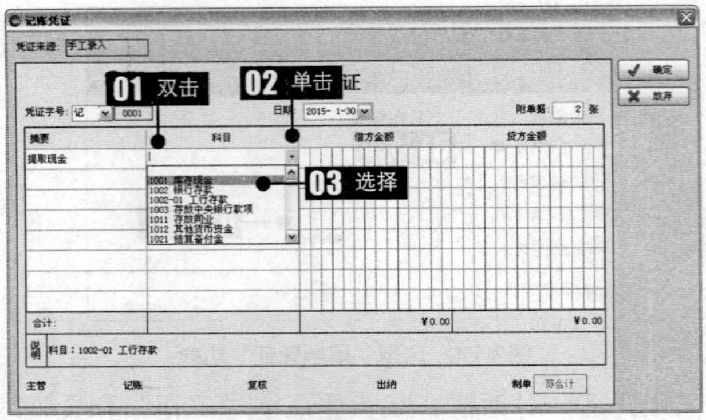

图3-77　设置会计科目

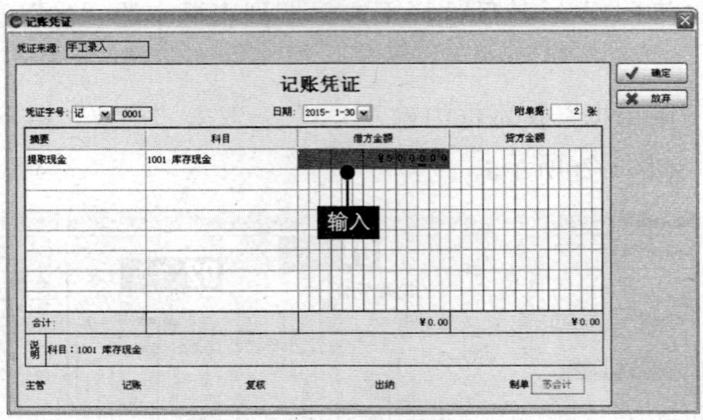

图3-78　输入借方金额

STEP 6 按相同方法设置第2条分录的摘要、贷方科目和贷方金额，内容依次为“提取现金”“1002 银行存款”和“5 000”，单击确定按钮，完成填制凭证的操作，如图3-79所示。

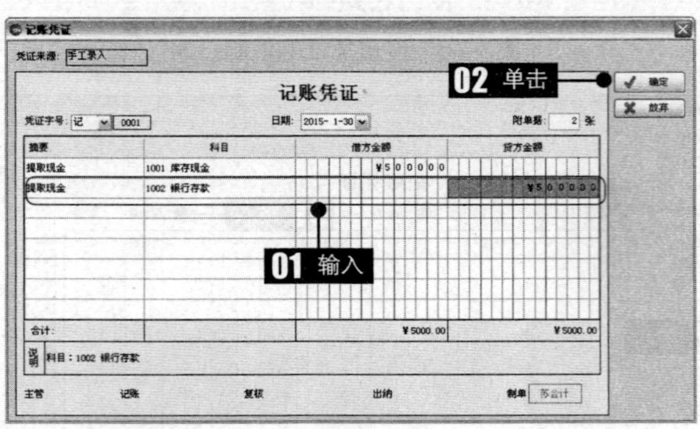

图3-79　设置贷方分录及确认设置

（二）凭证修改

凭证修改的方法是在“总账管理”功能界面中启用“凭证管理”功能，然后在打开的对话框中按要求修改凭证即可。

【例3-18】2015年1月15日，发现已填制的“收 0001”凭证金额有错，“预收款2 000元”应改为“预收款2 300元”。

其具体操作如下（演示参见：光盘\视频演示\项目三\例3-18.swf）。

STEP 1 单击软件窗口左侧的总账管理按钮，然后单击右侧界面中的“凭证管理”图标，或选择【总账】/【凭证管理】菜单命令，如图3-80所示。

STEP 2 打开“凭证列表”窗口，选择凭证列表中凭证字号为“收 0001号”的会计凭证，单击修改按钮，如图3-81所示。

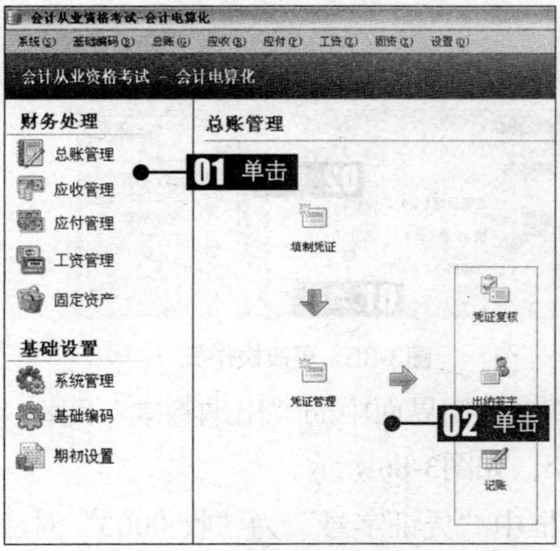

图3-80　启用“凭证管理”功能

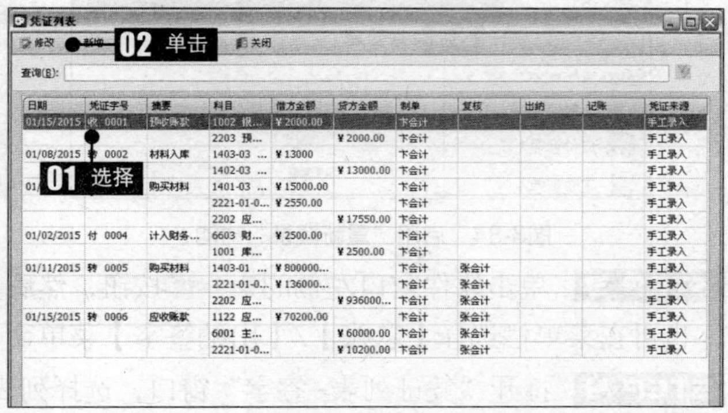

图3-81　选择凭证

STEP 3 打开“记账凭证”对话框，将借方金额和贷方金额均修改为“2 300”，单击确定按钮，如图3-82所示。

STEP 4 返回“凭证列表”对话框，即可查看修改的会计凭证，单击关闭按钮或单击☒图标完成操作，如图3-83所示。

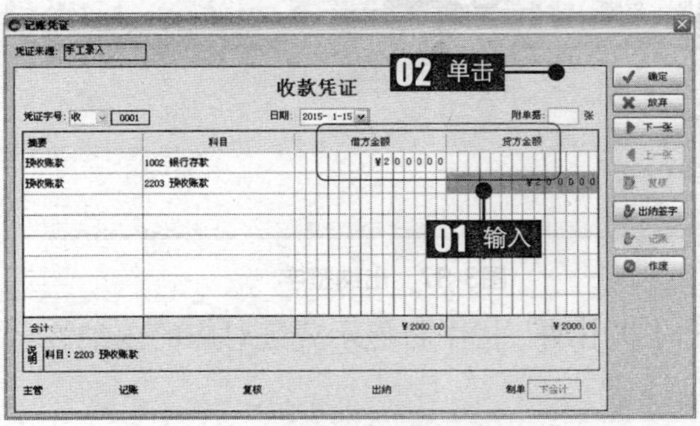

图3-82　修改凭证

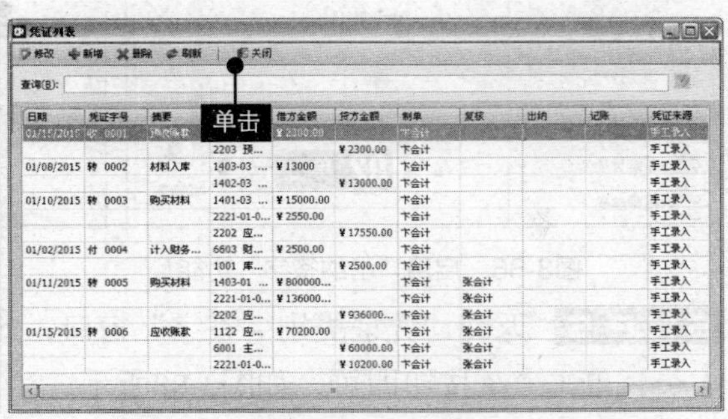

图3-83　修改后的凭证

> **知识补充**
>
> 如果需要删除凭证，同样可以通过“凭证管理”实现。具体方法为启用“凭证管理”功能，选择要删除的凭证，单击删除按钮，即可删除相应的凭证。

（三）出纳签字与凭证复核

出纳签字和凭证复核都可以通过“总账管理”功能界面实现，前者需要启用“出纳签字”功能，后者则启用“凭证复核”功能，然后在打开的对话框中按要求进行设置即可。

【例3－19】由刘出纳对1月份填制0003号收款凭证进行出纳签字，然后以系统管理员的身份复核收款凭证第0003号。

其具体操作如下（演示参见：光盘\视频演示\项目三\例3－19.swf）。

STEP 1 在软件窗口中选择【系统】/【重新登录】菜单命令，如图3-84所示。

STEP 2 打开“系统登录”窗口，在“操作员”下拉列表框中选择“刘出纳”选项，单击确定按钮，如图3-85所示。

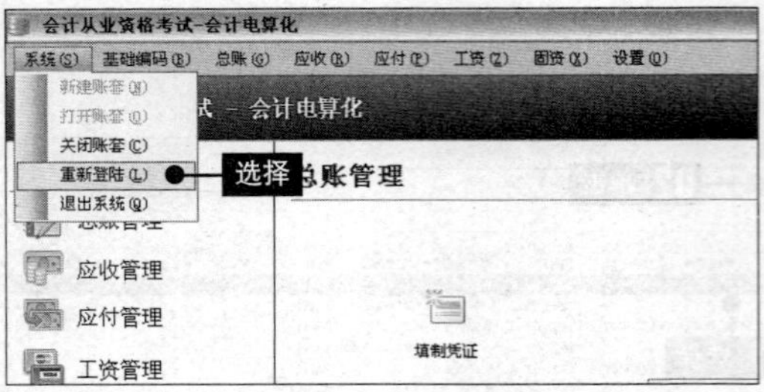

图3-84　启用“重新登录”功能

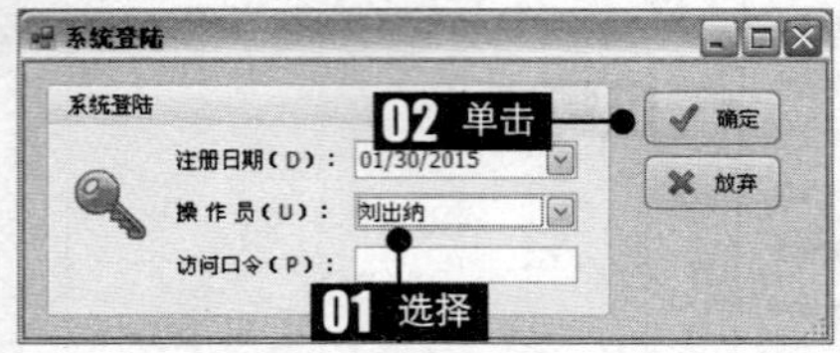

图3-85　更改操作员

STEP 3 单击软件窗口左侧的总账管理按钮，然后单击右侧界面中的“出纳签字”图标，也可在菜单栏选择【总账】/【出纳签字】菜单命令，如图3-86所示。

STEP 4 打开“凭证列表–签字”窗口，选择列表框中“凭证字号”为“收 0003”对应的凭证选项，单击出纳签字按钮，弹出“询问”对话框，单击是(Y)按钮，如图3-87所示。

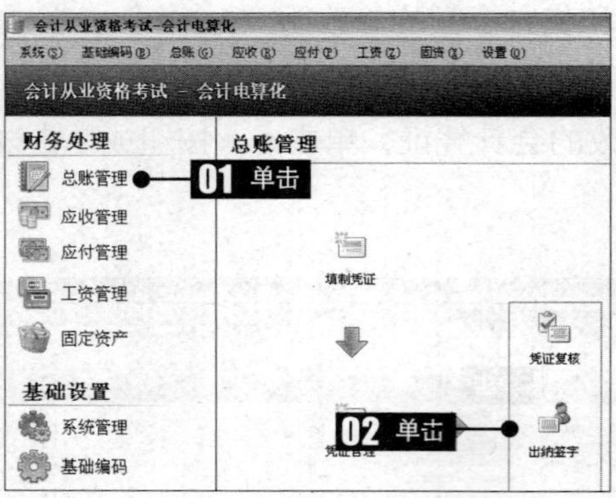

图3-86　启用“出纳签字”功能

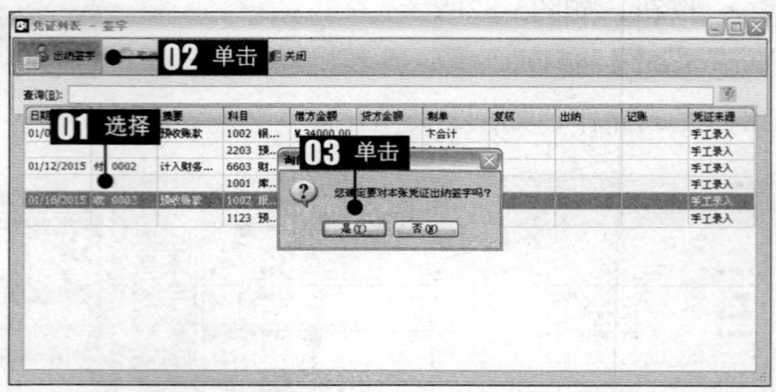

图3-87　出纳签字

STEP 5 返回“凭证类别 - 签字”窗口，此时“出纳”栏中将显示凭证对应的出纳签字人员，单击关闭按钮即可，如图3-88所示。

图3-88　出纳签字后的凭证

STEP 6 返回系统主界面，选择【系统】/【重新登录】菜单命令。

STEP 7 打开“系统登录”对话框，在“操作员”下拉列表框中选择“系统管理员”选项，单击确定按钮，如图3-89所示。

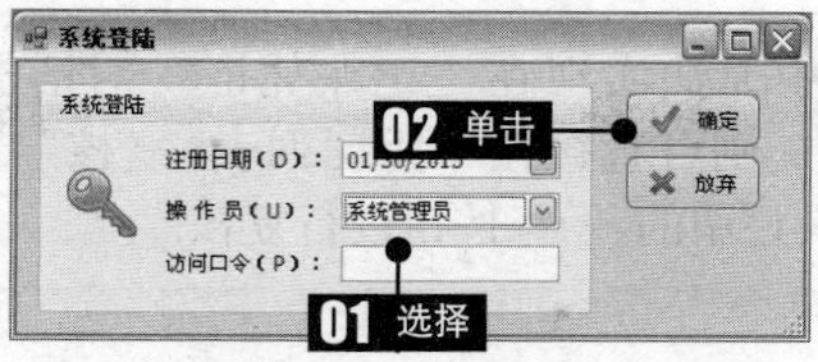

图3-89　更改操作员

STEP 8 单击软件窗口左侧的总账管理按钮，然后单击右侧界面中的“凭证复核”图标，也可在菜单栏选择【总账】/【凭证复核】菜单命令，如图3-90所示。

STEP 9 打开“凭证列表-复核”窗口，双击列表框中“凭证字号”为“收 0003”对应的凭证选项，如图3-91所示。

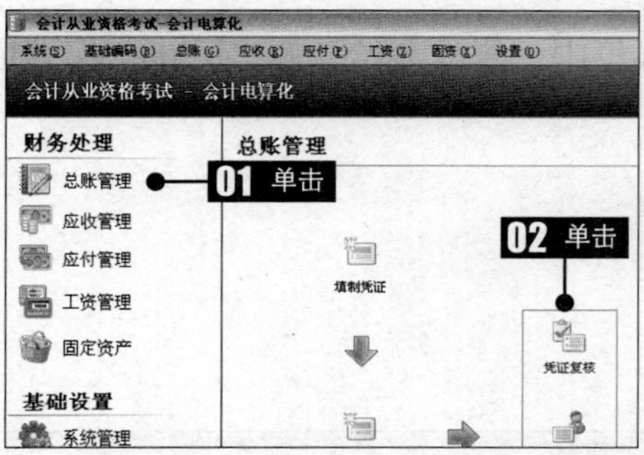

图3-90　启用“凭证复核”功能

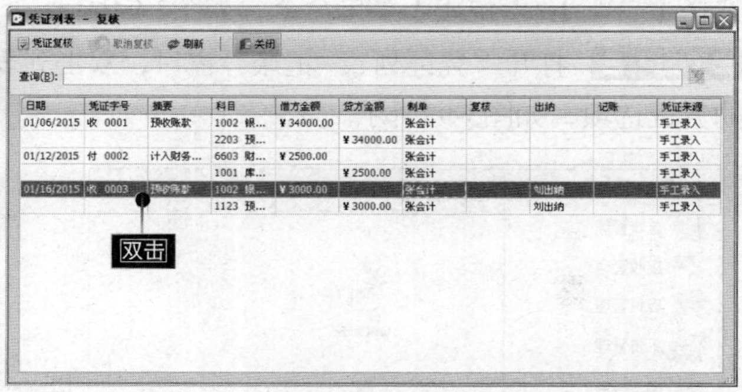

图3-91　选择记账凭证

STEP 10 在打开的对话框中单击右侧的复核按钮，弹出“询问”对话框，单击是(Y)按钮，如图3-92所示。

STEP 11 返回“凭证类别-复核”窗口，此时“复核”栏中将显示凭证对应的复核人员，单击关闭按钮或单击⊠图标完成操作，如图3-93所示。

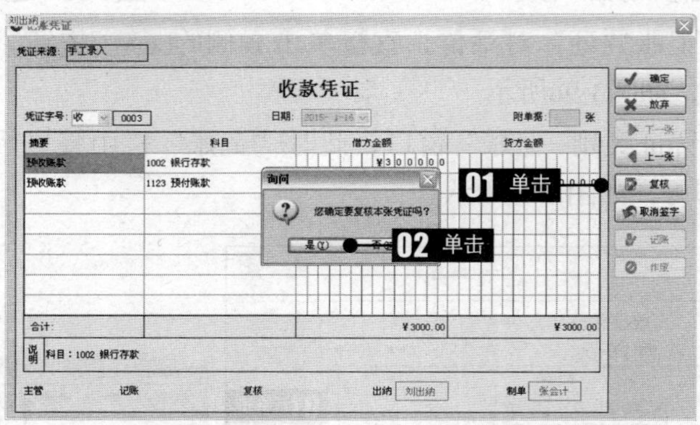

图3-92　复核记账凭证

图3-93　复核后的记账凭证

名师点睛 若考试中无法实现在“记账凭证”对话框中对凭证进行复核操作（step 10），则可直接在“凭证列表-复核”窗口中选择需复核的凭证后，单击工具栏中的凭证复核按钮进行复核。

（四）凭证记账

凭证修改的方法是在“总账管理”功能界面中启用“记账”功能，然后在打开的对话框中按要求对凭证进行记账。

【例3-20】请将已审核的记0003号凭证进行记账操作。

其具体操作如下（演示参见：光盘\视频演示\项目三\例3-20.swf）。

STEP 1 单击软件窗口左侧的总账管理按钮，然后单击右侧界面中的“记账”图标，或选择【总账】/【记账】菜单命令，如图3-94所示。

STEP 2 打开“凭证列表-记账”窗口，双击列表框中“凭证字号”为“记 0001”对应的凭证选项，如图3-95所示。

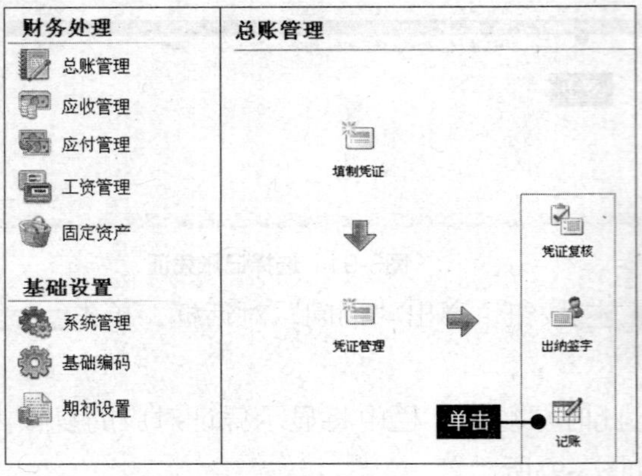

图3-94 启用“记账”功能

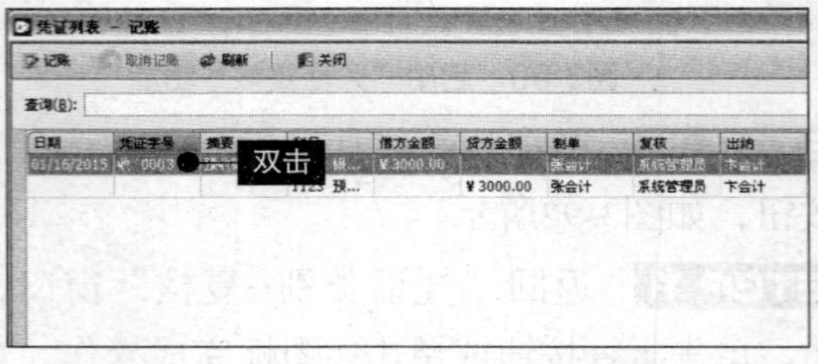

图3-95 选择记账凭证

STEP 3 打开“记账凭证”对话框，直接单击右侧的记账按钮，弹出“询问”对话框，单击是(Y)按钮，如图3-96所示。

STEP 4 返回“凭证类别-记账”窗口，此时“记账”栏中将显示凭证对应的记账人员，单击关闭按钮即可，如图3-97所示。

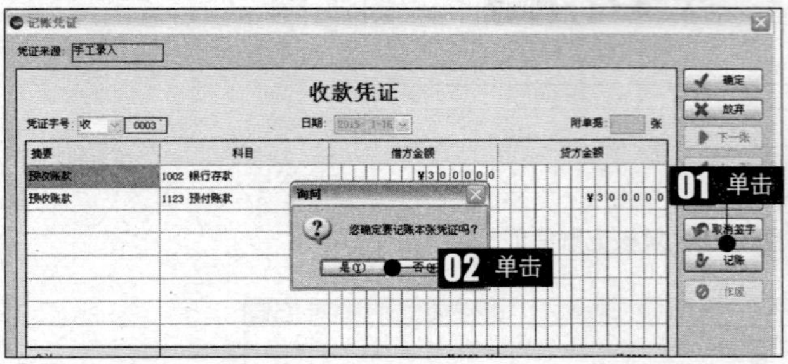

图3-96 凭证记账

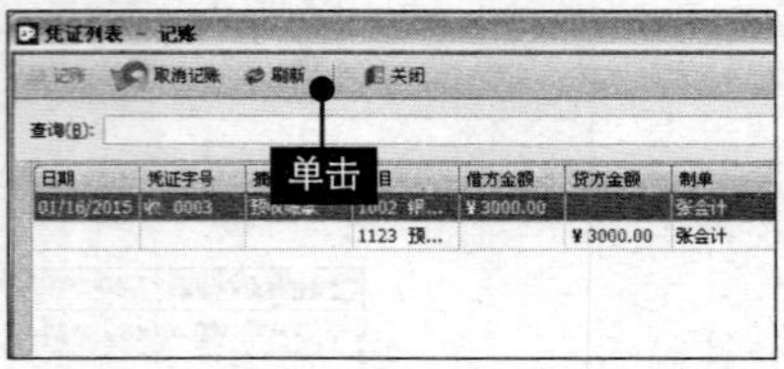

图3-97 记账后的凭证

（五）凭证查询

在会计业务处理过程中，用户可以查询符合条件的凭证，以便随时了解经济业务发生的情况，其方法为：在“总账管理”界面中单击“凭证管理”图标，打开“凭证列表”

窗口，在“查询”文本框中输入查询关键字，包括日期、凭证字号、摘要、科目、借贷方金额等，然后单击右侧的“查询”按钮即可查询符合输入条件的凭证，如图3-98所示。

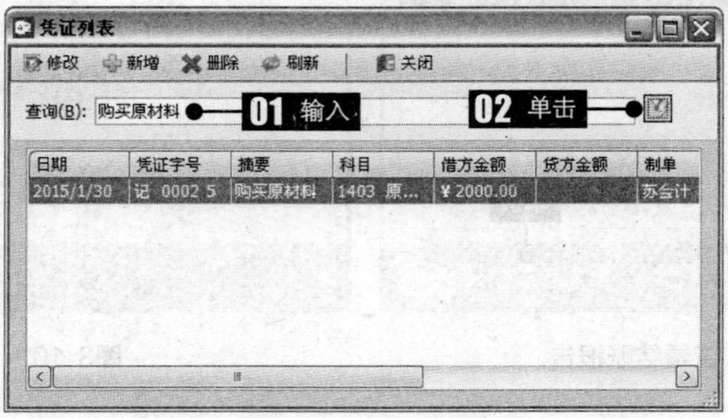

图3-98　查询凭证

名师点睛

在“凭证列表”窗口中查询到需要的凭证后，双击该凭证打开相应的对话框，单击右下方的“作废”按钮可作废凭证。

三、期末结账

期末结账的方法是在“总账管理”功能界面中启用“期末结账”功能，然后在打开的对话框中根据提示进行操作即可。

【例3-21】请对2014年1月对应的会计期间进行期末结账处理。

其具体操作如下（演示参见：光盘\视频演示\项目三\例3-21.swf）。

STEP 1 单击会计软件窗口左侧的“总账管理”按钮，然后单击右侧界面中的“期末结账”图标，或选择【总账】/【期末结账】菜单命令，如图3-99所示。

STEP 2 打开“期末结账”对话框，在左侧的列表框中选择2014年1月对应的选项，单击“下一步”按钮，如图3-100所示。

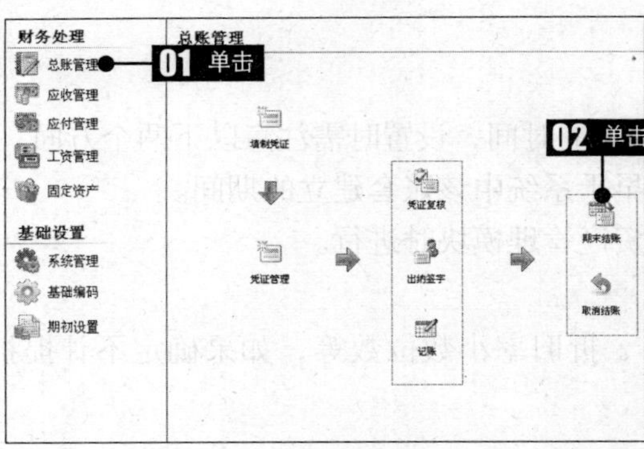

图3-99　启用“期末结账”功能

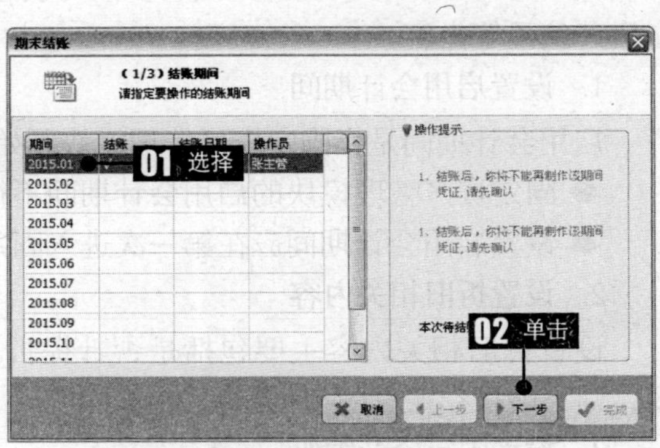

图3-100　指定结账期间

STEP 3 显示结账报告的界面，直接单击“下一步”按钮，如图3-101所示。

STEP 4 显示结账说明的界面，单击“完成”按钮，如图3-102所示。

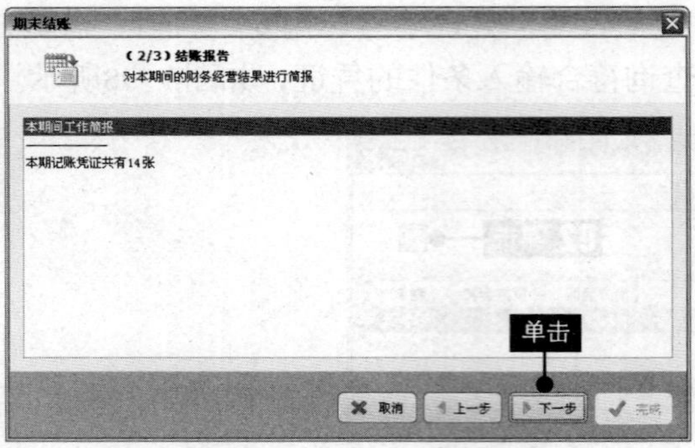

图3-101　查看结账报告

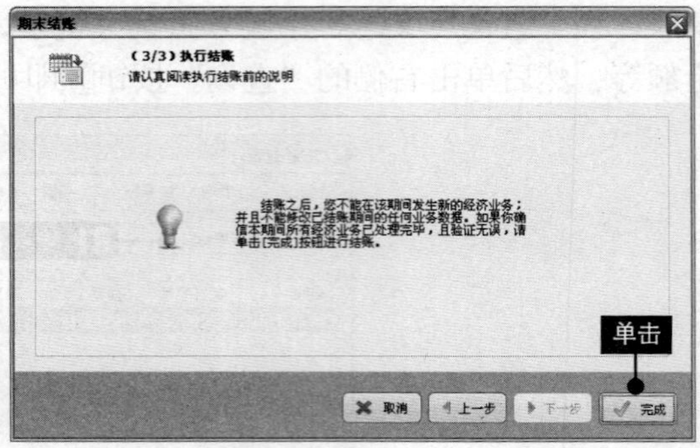

图3-102　完成结账

任务四 固定资产管理模块的应用

固定资产管理模块的应用主要包括固定资产管理模块的初始化、日常处理和期末处理等工作。下面将对固定资产管理模块的相关基础知识以及相应的操作进行详细的讲解。

【任务目标】

本任务的目标是了解固定资产管理模块的初始化、日常处理和期末处理的相关规则和理论知识。重点掌握固定资产卡片的录入，固定资产的增加、减少和变动等操作。

【知识讲解】

一、固定资产管理模块初始化工作

固定资产管理模块初始化工作是指建立一个适合本企业固定资产子系统的过程，其初始化工作主要包括设置控制参数、设置基础信息和录入原始卡片等内容。

（一）设置控制参数

固定资产的控制参数一般在第一次进入固定资产管理模块时设置，部分内容也可进入固定资产管理模块后设置。其控制参数的设置主要包括启用会计期间、折旧相关内容和固定资产编码等内容。

1. 设置启用会计期间

启用会计期间是指固定资产管理模块开始使用的时间，设置时需注意以下两个方面。

- 固定资产管理模块的启用会计期间不得早于系统中该账套建立的期间。
- 设置启用会计期间应在第一次进入固定资产管理模块时进行。

2. 设置折旧相关内容

设置折旧相关内容主要包括是否计提折旧、折旧率小数位数等，如果确定不计提折旧，则不能操作账套内与折旧有关的功能。

3. 设置固定资产编码

初始化固定资产管理模块时需要设置固定资产编码，这也是区分每一项固定资产的唯一标识。

（二）设置基础信息

基础信息的设置主要包括固定资产折旧对应科目、增减方式、使用状况、折旧方法和类别等方面的内容。

1. 设置折旧对应科目

折旧对应科目指折旧费用的入账科目。设置折旧对应科目是指将某一部门内的固定资产的折旧费用归集到一个比较固定的会计科目中，便于系统根据部门生成折旧凭证。例如，常见的将车间的折旧费用归集为制造费用，销售部门的折旧费用归集为销售费用，管理部门的折旧费用归集为管理费用等。

2. 设置增减方式

企业固定资产增加或减少的具体方式不同，其固定资产的确认和计量方法也不同，因此需要对固定资产的增减方式进行设置。

- **增加方式**：主要有直接购买、投资者投入、捐赠、盘盈、在建工程转入、融资租入等。
- **减少方式**：主要有出售、盘亏、投资转出、捐赠转出、报废、毁损、融资租出等。

3. 设置使用状况

由于不同使用状况的固定资产折旧计提处理也有区别，同时为明确固定资产的使用状况，加强固定资产的核算和管理，企业需要根据使用状况设置相应的折旧规则。固定资产使用状况包括在用、经营性出租、大修理停用、季节性停用、不需要和未使用。

4. 设置折旧方法

设置折旧方法是系统自动计算折旧的基础。折旧方法通常包括不提折旧、平均年限法、工作量法、年数总和法和双倍余额递减法等。

5. 设置固定资产类别

为便于对不同类别的固定资产进行更好地管理，企业应根据自身经营情况，确定一个较为合理的固定资产分类方法，以解决固定资产种类繁多、规格不一的现状。

（三）录入原始卡片

固定资产卡片是固定资产核算和管理的数据基础。在初始使用固定资产模块时，应该录入当期期初（即为上期期末）的固定资产数据，作为后续固定资产核算和管理的起始基础。固定资产卡片记录每项固定资产的详细信息，一般包括如图3-103所示的内容。

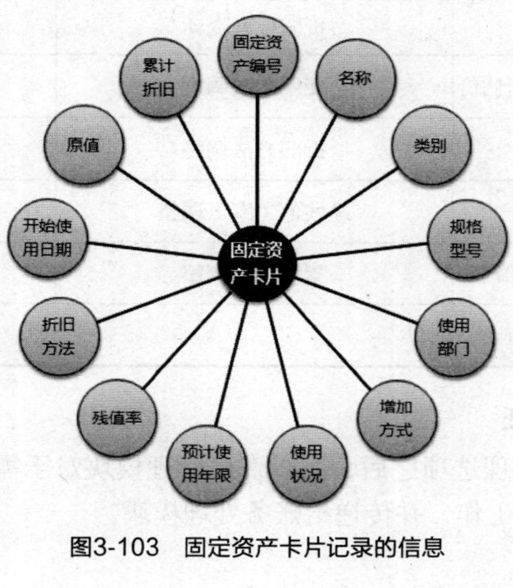

图3-103 固定资产卡片记录的信息

名师点睛

录入固定资产卡片后，会计软件一般会将固定资产模块的初始数据与账务处理模块的初始数据进行对账处理，只有二者的数据一致后，才允许进行下一步操作。

试题精讲

【单选题】（　）是固定资产核算和管理的数据基础。

A. 固定资产折旧　　　　B. 固定资产分类

C. 固定资产卡片　　　　D. 固定资产使用状况

【答案】C

【解析】固定资产卡片是固定资产核算和管理的数据基础。

二、固定资产管理模块日常处理

企业日常经营中发生的固定资产相关业务包括：固定资产增加、减少、固定资产变动等。在每个会计期间均可在固定资产管理模块中对相关日常业务进行管理和核算，并生成记账凭证。

（一）固定资产增加

固定资产增加是指企业购进或通过其他方式增加固定资产时，应为增加的固定资产建立一张固定资产卡片，录入增加的固定资产的相关信息、数据，并生成记账凭证传递到账务处理模块。

（二）固定资产减少

固定资产减少是指固定资产由于损毁、出售或捐赠等原因不再属于企业。

（三）固定资产变动

固定资产变动业务包括价值信息变更和非价值信息变更两部分内容，而价值信息的变更又有固定资产原值变动和折旧要素变动两种，具体的变动原因如表3-2所示。

表 3-2　固定资产变动的原因

价值信息的变更		非价值信息的变更
固定资产原值变动	折旧要素变动	
根据国家规定，对固定资产重新估价	使用年限调整	固定资产的使用部门变动
增加补充设备或改良设备	折旧方法调整	固定资产使用状况变动
将固定资产的一部分拆除	净残值（率）调整	固定资产存放地点变动
根据实际价值调整原来的暂估价值	累计折旧调整	
发现原记录固定资产的价值有误		

（四）生成记账凭证

设置固定资产凭证处理选项之后，固定资产管理模块对于需要填制记账凭证的业务能够自动完成记账凭证填制工作，并传递给账务处理模块。

三、固定资产管理模块期末处理

（一）计提折旧

1. 计提折旧的流程

固定资产管理模块提供自动计提折旧的功能，其计提折旧的整个流程如下。

- **初次录入固定资产原始卡片**：将固定资产的原值、使用年限、残值（率）以及折旧计提方法等相关信息录入系统。
- **期末处理**：利用自动计提折旧功能对各项固定资产按定义的折旧方法计提折旧。
- **处理计提结果**：将当期的折旧额自动累计到每项资产的累计折旧项目中，并减少固定资产账面价值。
- **生成折旧分配表**：系统将计提的折旧金额依据每项固定资产的用途归属到对应的成本、费用项目中，生成折旧分配表。
- **制作记账凭证**：制作相应的记账凭证，并传递给账务处理模块。

2. 计提折旧的控制

固定资产管理模块计提折旧时，应遵守以下几个规定。

- 在同一个会计期间内可进行多次计提折旧，但每次计提折旧后，只将计提的折旧累加到月初的累计折旧上，不重复累计。
- 计提折旧已经生成记账凭证并传递到账务处理模块后，需删除该凭证后才能重新计提折旧。
- 已经计提折旧但对账套进行了影响折旧计算功能分配的操作时，必须重新计提折旧，否则无法结账。
- 当自定义的折旧方法导致月折旧率或月折旧额出现负数时，系统将自动终止计提。
- 固定资产的使用部门必须是明细部门，但折旧分配部门不一定分配到明细部门，因此在计提折旧、分配折旧费用时，应根据实际情况进行选择。

（二）对账

固定资产管理模块对账功能主要是指与账务处理模块进行对账。对账工作主要是为了保证固定资产管理模块的资产价值、折旧、减值准备等与账务处理模块中对应科目的金额相一致。对账过程一般在固定资产管理模块结账时由系统自动进行。

（三）月末结账

用户在固定资产管理模块中完成本月全部业务和生成记账凭证并对账正确后，可以进行月末结账。月末结账需注意以下几点。

- 月末结账每月只能进行一次。
- 结账后本月不能修改和录入数据。
- 本月不结账不能处理下期数据。

（四）相关数据查询

固定资产管理模块提供账表查询功能，可以对固定资产相关信息按照不同标准进行分类、汇总、分析和输出，以满足各方面管理决策的需要。具体能查询的对象包括以下几种。

- 固定资产总账、固定资产明细账、固定资产登记簿、部门固定资产明细账等各种账簿。

- 固定资产及累计折旧表、固定资产折旧计算明细表、部门折旧计提汇总表等各种折旧表。
- 固定资产统计表、固定资产原值一览表、盘盈盘亏报告表等各种统计表。
- 固定资产使用状况分析表、部门构成分析表等各种分析表。

试题精讲

【单选题】固定资产管理模块对账功能主要是指与（　）模块进行对账。

A. 工资管理　B. 账务处理　C. 应收管理　D. 应付管理

【答案】B

【解析】固定资产管理模块对账功能主要是指与账务处理模块进行对账，保证固定资产的相关数据与账务处理模块中对应科目的金额相一致。

【任务实施】

下面根据前面所讲的基础知识，结合相关的实例完成固定资产模块的相关操作。

一、固定资产模块初始化工作

（一）新增固定资产变动方式

固定资产变动方式包括固定资产的增加和减少，其方法为在基础编码功能界面中启用“固资变动方式”功能，然后在打开的对话框中根据要求对固定资产的增减方式进行设置即可。

【例3-22】设置固定资产变动方式。变动类型：减少固定资产；变动方式编码：11；变动方式名称：出售；凭证类型：记账凭证；凭证摘要：出售固定资产。

其具体操作如下（演示参见：光盘\视频演示\项目三\例3-22.swf）。

STEP 1 在会计软件窗口的左侧单击 基础编码 按钮，然后单击右侧界面中的“固资变动方式”图标，或选择【基础编码】/【固定资产变动方式】菜单命令，如图3-104所示。

STEP 2 打开“固资变动方式”窗口，单击工具栏中的 新增 按钮，如图3-105所示。

图3-104　启用“固定资产变动方式”功能

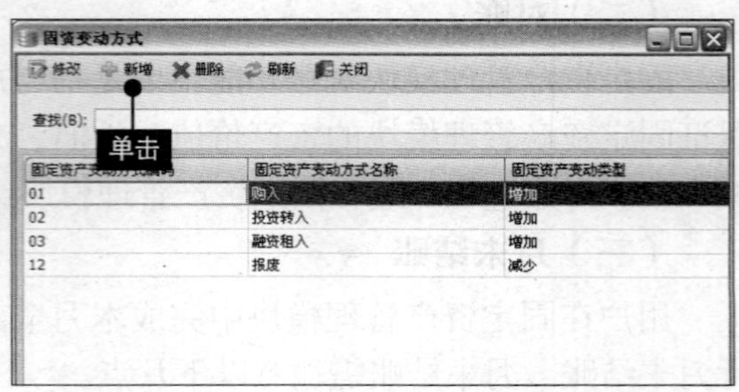

图3-105　新增固定资产变动方式

STEP 3 打开“新增 固定资产变动方式”窗口，在“固定资产变动类型”栏中选中“减少固定资产”单选项，分别在“固定资产变动方式编码”和“固定资产变动方式名称”文本框中输入“11”和“出售”，在“凭证类型”下拉列表框中选择“记 记账凭证”选项，在“凭证摘要”文本框中输入“出售固定资产”，单击 确定 按钮，如图3-106所示。

STEP 4 返回“固资变动方式”窗口，单击 关闭 按钮或单击 图标完成操作，如图3-107所示。

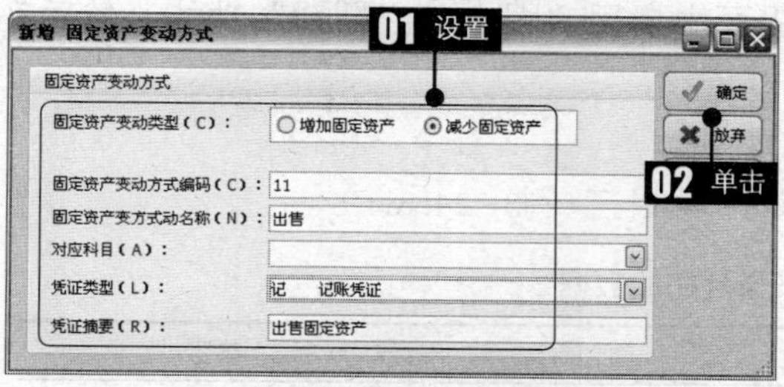

图3-106 设置固定资产变动方式

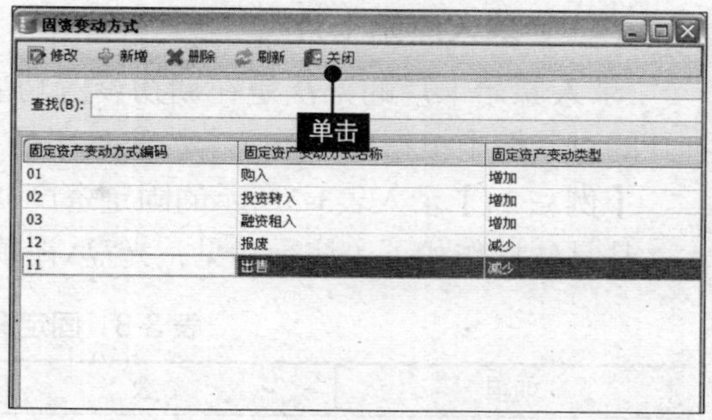

图3-107 新增的固定资产变动方式

（二）新增固定资产类别

新增固定资产类别的方法是在基础编码功能界面中启用“固资变动类别”功能，然后在打开的对话框中根据要求进行设置即可。

【例3–23】增加固定资产类别。类别编码为“02”；类别名称为“交通工具”；预计使用年限为“10年”。

其具体操作如下（演示参见：光盘\视频演示\项目三\例3–23.swf）。

STEP 1 在会计软件窗口的左侧单击 基础编码 按钮，然后单击右侧界面中的“固定资产类别”图标，或选择【基础编码】/【固定资产类别】菜单命令，如图3-108所示。

STEP 2 打开“固定资产类别”窗口，单击工具栏中的 新增 按钮，如图3-109所示。

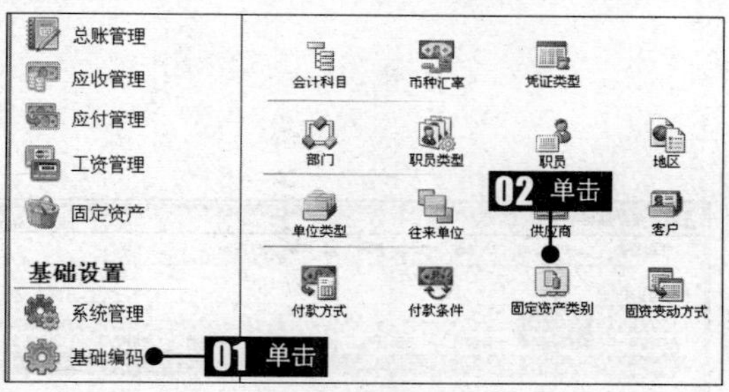

图3-108 启用“固定资产类别”功能

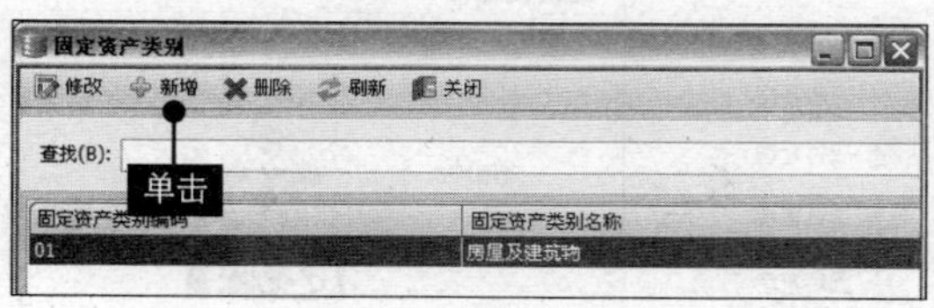

图3-109 新增固定资产类别

STEP 3 打开“新增 固定资产类别”窗口，分别在“固定资产类别编码”“固定资产类别名称”和“预计使用年限”文本框中输入“02”“交通工具”和“10”，单击 确定 按钮，如图3-110所示。

STEP 4 返回“固资变动类别”窗口，单击 关闭 按钮或单击 图标完成操作，如图3-111所示。

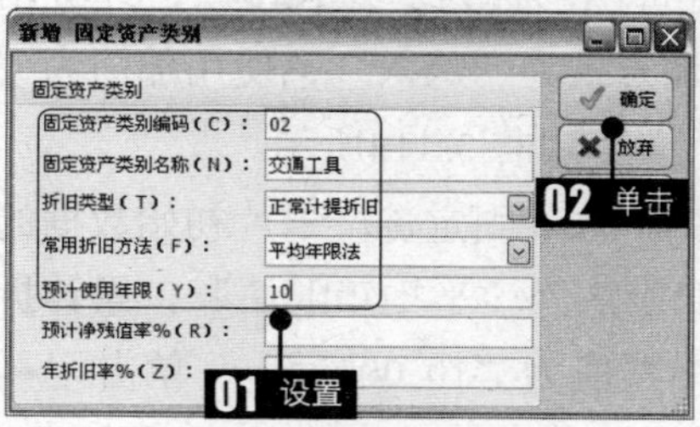

图3-110 设置固定资产类别

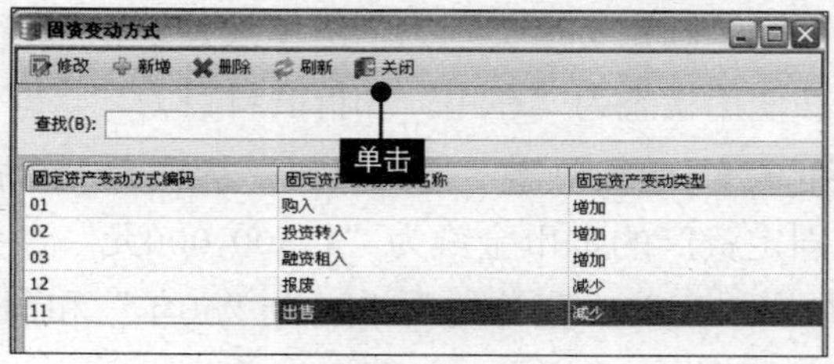

图3-111 新增的固定资产类别

（三）录入原始卡片

录入原始卡片的方法是在期初设置功能界面中启用“固定资产期初”功能，然后在打开的对话框中根据要求录入卡片信息即可。

【例3-24】录入表3-3所示的固定资产初始数据。

其具体操作如下（演示参见：光盘\视频演示\项目三\例3-24.swf）。

表 3-3　固定资产卡片初始数据

项目	参数	项目	参数
卡片编号	001	使用状态	在用
资产编号	FW01	折旧科目	管理费用
固资名称	办公楼	本币金额	1 500 000元
经济用途	办公	累计折旧	300 000元
固资类别	房屋及建筑物	折旧方法	平均年限法
增加方式	购入	使用年限	50年
使用部门	人事部	净残值	10 000元

STEP 1 在会计软件窗口的左侧单击期初设置按钮，然后单击右侧界面中的“固定资产期初”图标，或选择【固资】/【固定资产期初】菜单命令，如图3-112所示。

STEP 2 打开“固定资产期初”窗口，单击工具栏中的资产增加按钮，如图3-113所示。

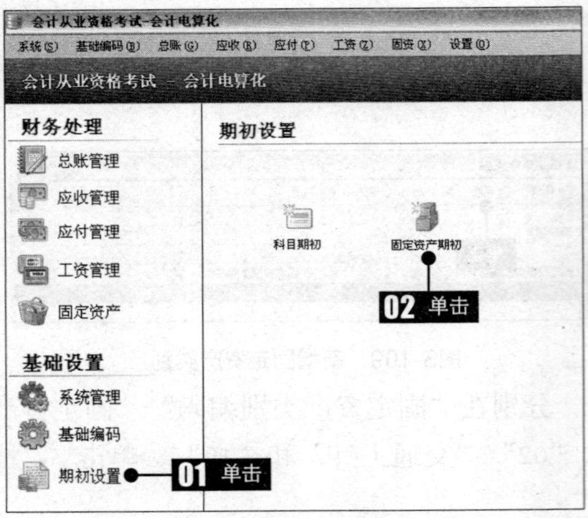

图3-112　启用“固定资产期初”功能

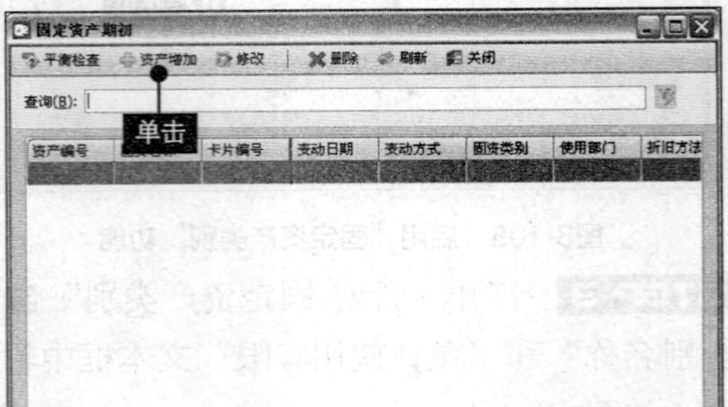

图3-113　新增固定资产卡片

STEP 3 打开“固定资产期初-增加”对话框的“基础资料”选项卡，设置固定资产的卡片编号为“001”，资产编号为“FW01”，固定资产名称为“办公楼”，经济用途为“办公”，固定资产类别为“房屋及建筑物”，增加方式为“购入”，使用部门为“人事部”，使用状态为“在用”和折旧科目为“管理费用”，如图3-114所示。

STEP 4 继续单击“折旧资料”选项卡，然后根据表3-3固定资产卡片初始数据的内容设置固定资产的本币金额为“1 500 000元”，折旧方法为“平均年限法”，累计折旧为“ 300 000元”，预计使用年限为“50年”和预计净残值为“10 000元”，单击确定按钮或单击☒图标完成操作，如图3-115所示。

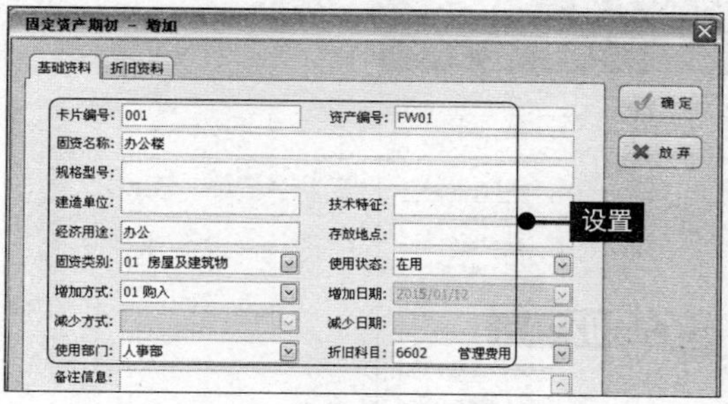

图3-114 设置固定资产基础资料

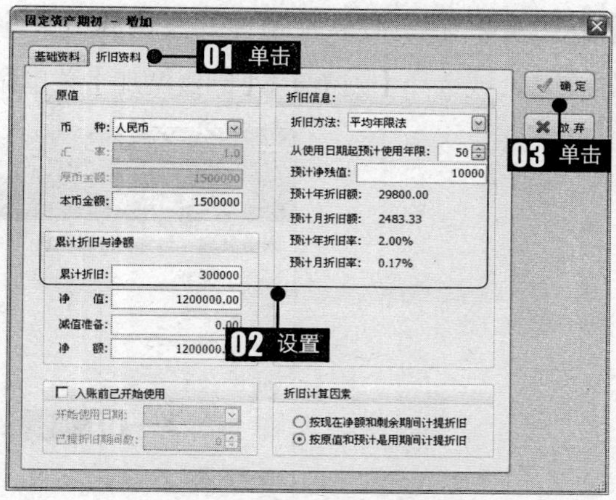

图3-115 设置固定资产折旧资料

STEP 5 返回"固定资产期初"窗口，单击平衡检查按钮，弹出"平衡检查"窗口，即可查看总账科目期初与固定资产卡片期初是否相等，单击对话框的关闭按钮，然后单击菜单栏的关闭按钮或单击☒图标完成操作，如图3-116所示。

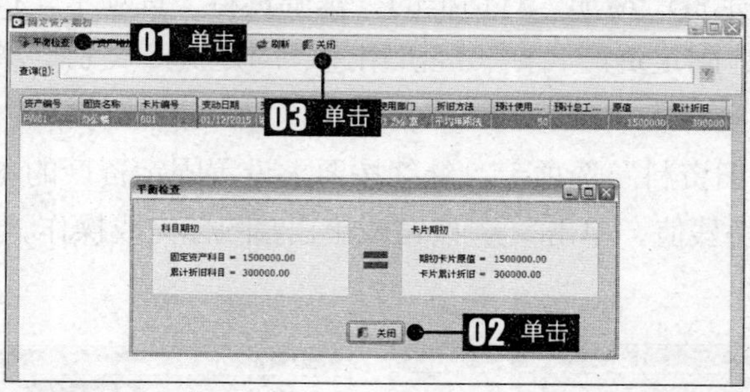

图3-116 新增的固定资产卡片

二、固定资产管理模块日常处理

（一）固定资产增加

固定资产增加的方法是在固定资产功能界面中启用"固资增加"功能，然后在打开的对话框中根据要求录入固定资产信息即可。

【例3−25】新增固定资产。固定资产信息如表3-4所示。

其具体操作如下（演示参见：光盘\视频演示\项目三\例3−25.swf）。

表 3-4 固定资产信息

项目	参数	项目	参数
卡片编号	002	使用状态	在用
资产编号	2001	折旧科目	管理费用
固资名称	打印机	折旧方法	平均年限法
经济用途	办公	使用年限	4年
固资类别	电子产品及通信设备	使用部门	办公室
增加方式	购入	增加日期	2015−01−13
原值	4 000元	净残值	1 000元

STEP 1 在会计软件窗口的左侧单击固定资产按钮，然后单击右侧界面中的“固资增加”图标，或选择【固资】/【固资增加】菜单命令，如图3-117所示。

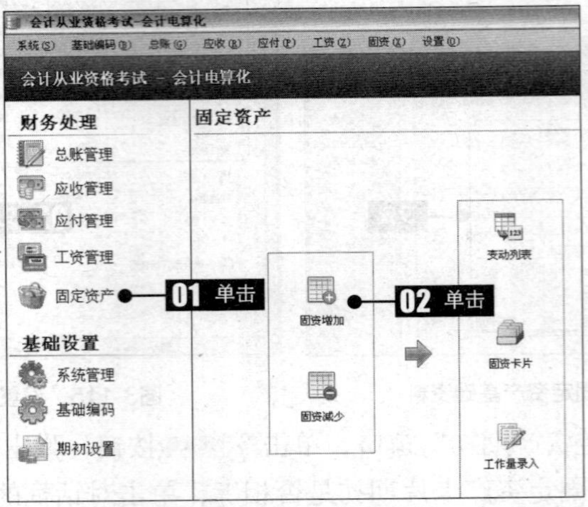

图3-117 启用“固资增加”功能

STEP 2 打开“固定资产增加”对话框的“基础资料”选项卡，按要求设置固定资产的卡片编号、资产编号、固定资产名称、经济用途、固定资产类别、增加方式、使用部门、使用状态和折旧科目，如图3-118所示。

STEP 3 单击“折旧资料”选项卡，继续按要求设置固定资产的本币金额、折旧方法、预计使用年限和预计净残值，单击确定按钮或单击图标完成操作，如图3-119所示。

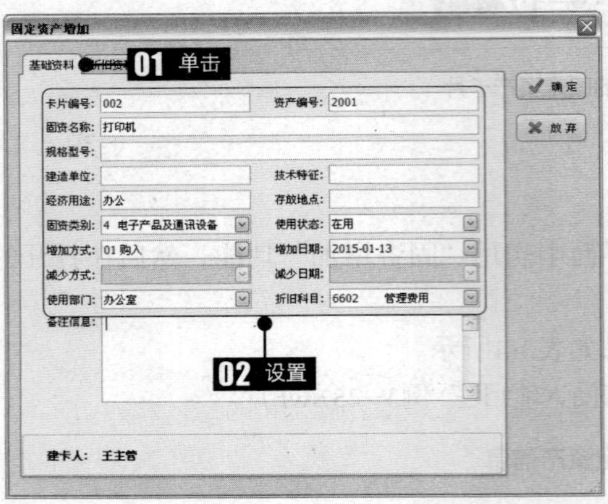

图3-118 设置固定资产基本资料

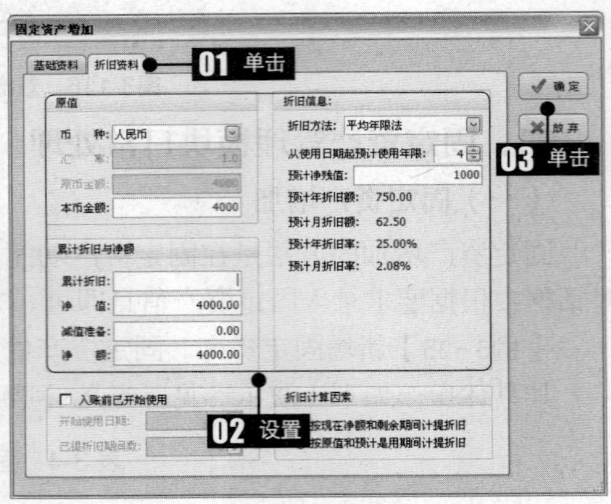

图3-119 设置固定资产折旧资料

（二）固定资产减少

固定资产减少的方法是在固定资产功能界面中启用“固资减少”功能，然后在打开的对话框中根据要求设置固定资产减少的内容即可。

【例3-26】请减少指定的固定资产。资产编号为“FW01”；减少方式为“出售”；减少日期为“2015-01-18”。

其具体操作如下（演示参见：光盘\视频演示\项目三\例3-26.swf）。

STEP 1 在会计软件窗口的左侧单击固定资产按钮，然后单击右侧界面中的“固资减少”

图标，或选择【固资】/【固资减少】菜单命令，如图3-120所示。

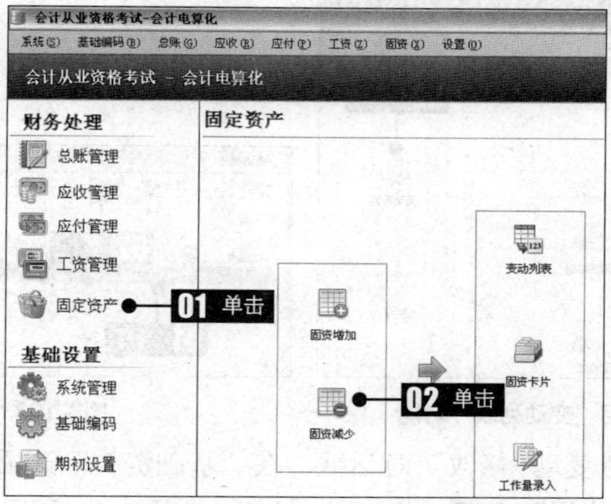

图3-120 启用“固资减少”功能

STEP 2 打开“固定资产减少”窗口，在“资产编号”下拉列表框中选择“FW01”选项，在“减少方式”下拉列表框中选择“11 出售”选项，在“减少日期”下拉列表框中将日期设置为“2015-01-18”，单击按钮即可，如图3-121所示。

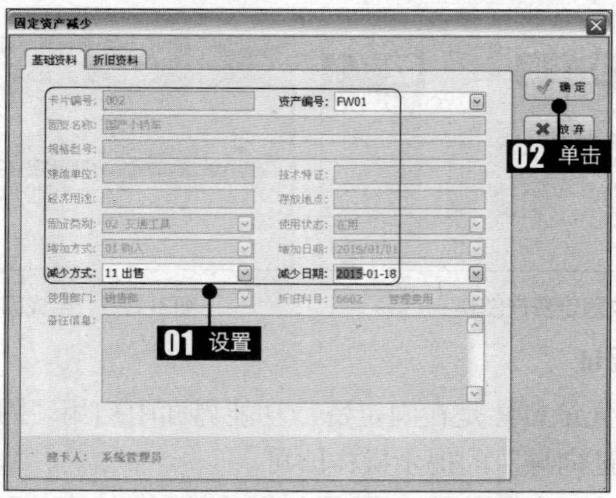

图3-121 减少固定资产

（三）固定资产变动

固定资产变动的方法是在固定资产功能界面中启用“变动列表”功能，然后在打开的窗口中选择需要进行变动的固定资产，最后根据要求继续设置即可。

【例3-27】将资产编号为“JT01”的固定资产的使用状态改为“大修理停用”。

其具体操作如下（演示参见：光盘\视频演示\项目三\例3-27.swf）。

STEP 1 在会计软件窗口左侧单击按钮，再单击右侧界面中的“变动列表”图标，或选择【固资】/【变动列表】菜单命令，如图3-122所示。

STEP 2 打开“变动列表”窗口，选择资产编号为“JT01”固定资产所在的行，单击工具栏中的按钮，如图3-123所示。

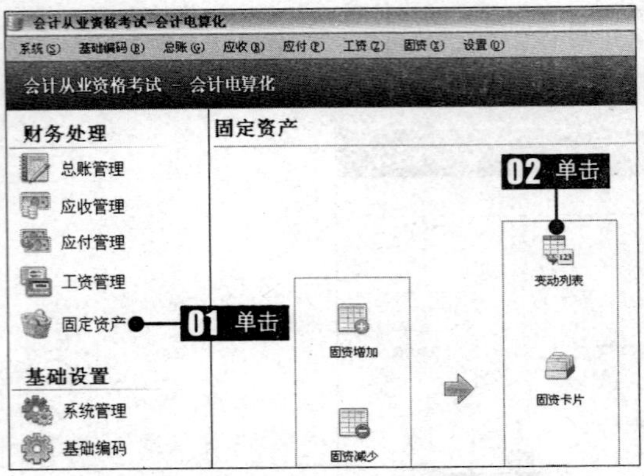

图3-122　启用“变动列表”功能

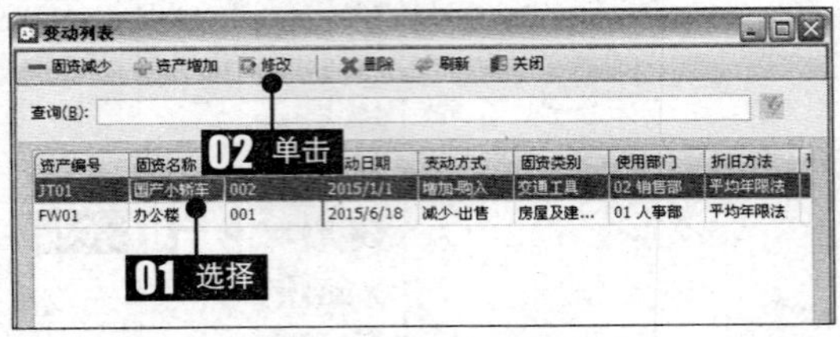

图3-123　选择固定资产

STEP 3　打开“固资变动-修改”对话框，在“基础资料”选项卡的“使用状态”下拉列表框中选择“大修理停用”选项，单击按钮，如图3-124所示。

STEP 4　返回“变动列表”窗口，单击按钮或单击图标完成操作，如图3-125所示。

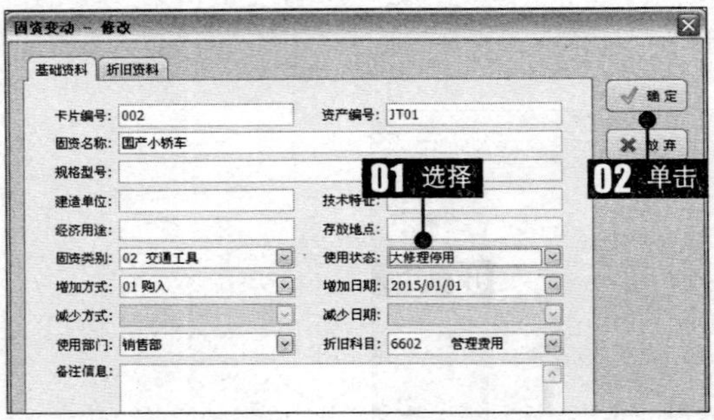

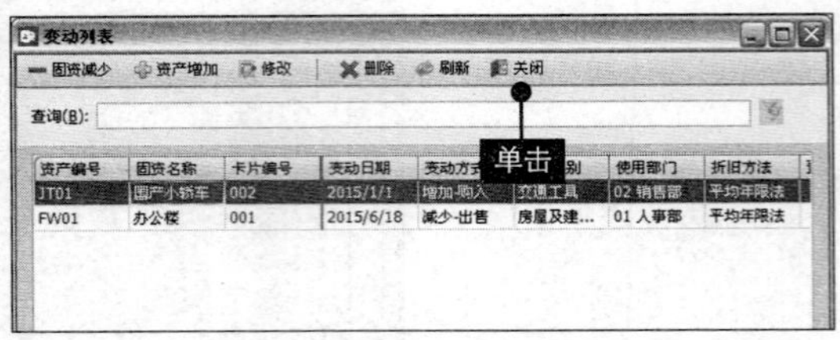

图3-124　更改固定资产资料　　　　图3-125　完成固定资产的变动更改

（四）生成记账凭证

固定资产生成记账凭证方法是在固定资产功能界面中启用“固资凭证”功能，然后根据题目要求和“固资凭证向导”的提示操作即可。

【例3-28】将所有变动的固定资产数据生成记账凭证，并查看凭证内容。

其具体操作如下（演示参见：光盘\视频演示\项目三\例3-28.swf）。

STEP 1　在会计软件窗口左侧单击固定资产按钮，再单击右侧界面中的“固资凭证”图标，或选择【固资】/【固资凭证】菜单命令，如图3-126所示。

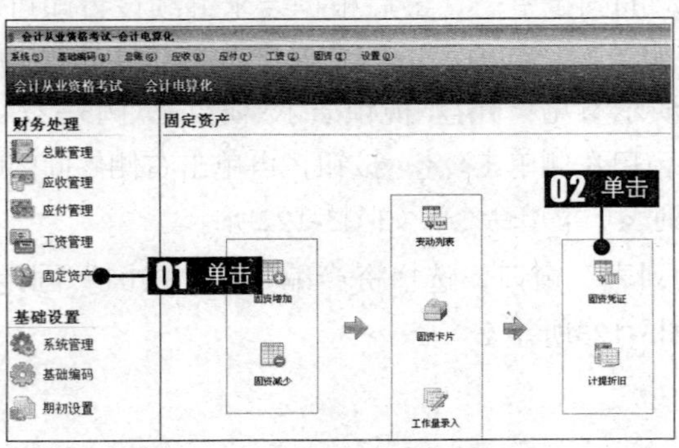

图3-126　启用“固资凭证”功能

STEP 2 打开“固资凭证向导”对话框，单击按钮，一次性选中所有变动资料对应的复选框，本例中将选中资产编号为“JT01”和“FW01”的固定资产，然后单击按钮，如图3-127所示。

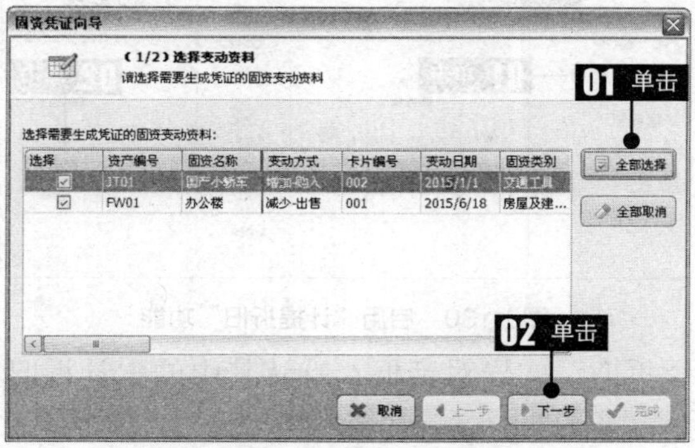

图3-127 全选所有变动资料

STEP 3 在打开的界面中单击按钮，然后在弹出的“询问”对话框中单击按钮，如图3-128所示。

STEP 4 打开生成的记账凭证窗口即可查看已经生成的记账凭证，单击按钮完成操作，如图3-129所示。

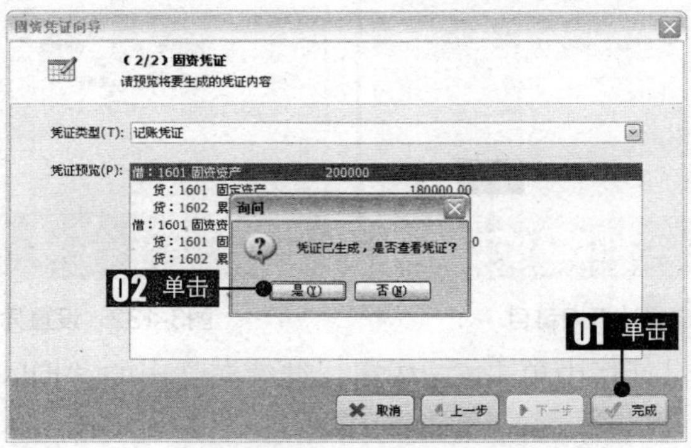

图3-128 生成固定资产凭证

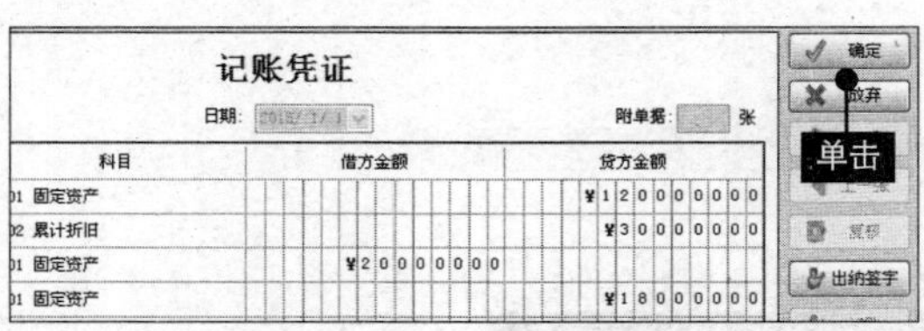

图3-129 查看记账凭证

三、固定资产计提折旧

固定资产计提折旧的方法是在固定资产功能界面中启用“计提折旧”功能，然后根据“计提折旧”向导对话框的提示和题目要求进行设置即可。

【例3−29】请对固定资产进行计提折旧操作，并查看生成的记账凭证。

其具体操作如下（演示参见：光盘\视频演示\项目三\例3−29.swf）。

STEP 1 在会计软件窗口左侧单击按钮，再单击右侧界面中的“计提折旧”图标，或选择【固资】/【计提折旧】菜单命令，如图3-130所示。

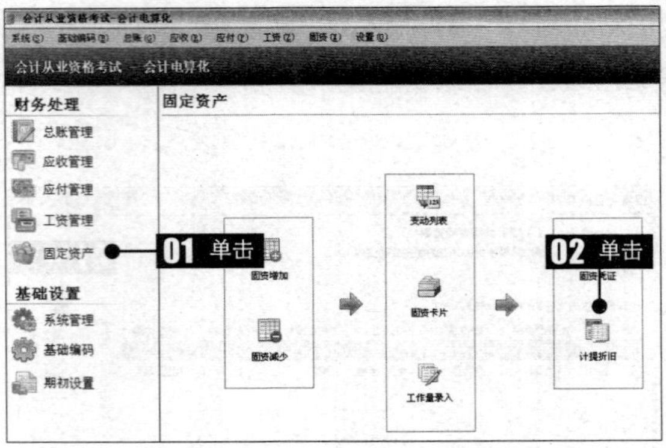

图3-130　启用“计提折旧”功能

STEP 2 打开“计提折旧”向导对话框，默认其中的累计折旧科目，直接单击下一步按钮，如图3-131所示。

STEP 3 打开“计提折旧”向导对话框的凭证设置界面，同样默认凭证类型和凭证摘要的设置，直接单击下一步按钮，如图3-132所示。

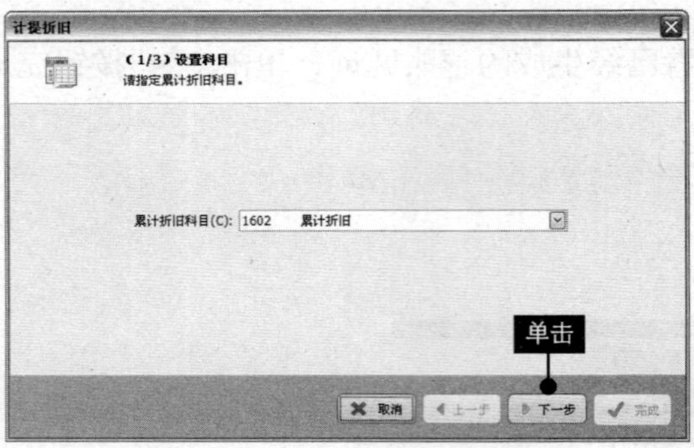

图3-131　指定累计折旧科目

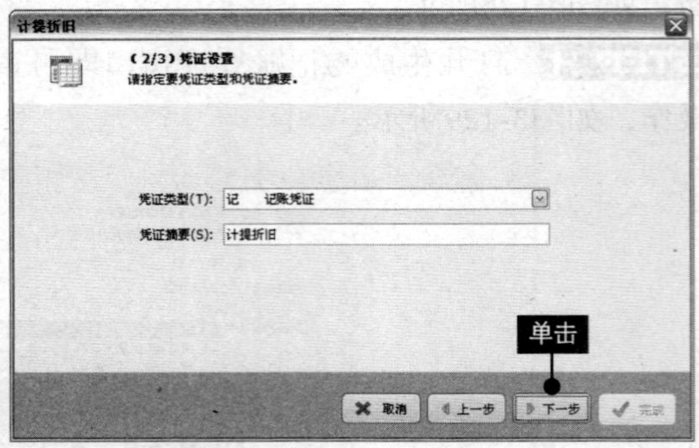

图3-132　设置凭证类型和凭证摘要

STEP 4 在打开的对话框中单击完成按钮，继续在弹出的“询问”对话框中单击是(Y)按钮，如图3-133所示。

STEP 5 打开生成的记账凭证对话框即可查看自动生成的记账凭证，单击确定按钮完成操作，如图3-134所示。

图3-133　生成累计折旧凭证

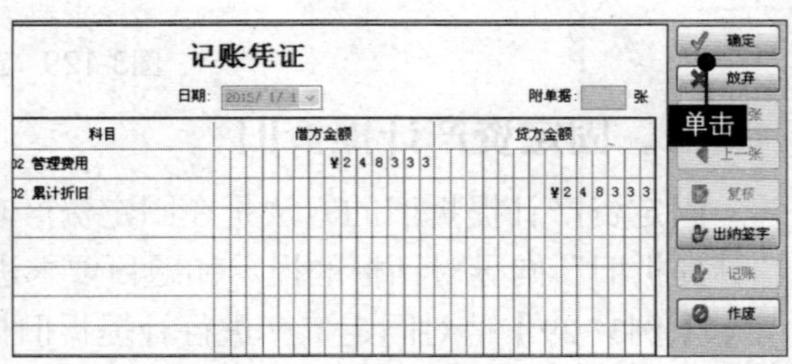

图3-134　查看记账凭证

任务五 工资管理模块的应用

工资管理模块的应用主要包括工资管理模块初始化工作、工资管理模块日常处理和工资管理模块期末处理，下面将对工资资产管理模块的相关基础知识以及相应的操作进行详细的讲解。

【任务目标】

本任务的目标是对工资管理模块的初始化、日常处理和期末处理的相关规则及理论知识有一定了解。重点掌握工资类别的设置和工资计算公式的设置等相关知识。

【知识讲解】

一、工资管理模块初始化工作

工资管理模块主要用于核算和管理企业职工的工资数据，其初始化工作包括工资类别、工资项目、工资项目计算公式、工资类别所对应的部门、所得税和工资费用分摊等对象的设置以及工资基础数据的录入操作。

（一）设置工资类别

1. 设置工资类别

工资类别用于对工资核算范围进行分类。企业一般可按人员、部门或时间等设置多个工资类别。特别是当企业存在工资发放项目、计算公式不同的情况时，更应该设置工资类别，以便更好地进行工资核算和管理。

2. 设置工资项目

设置工资项目是企业进行工资计算的基础。工资项目包括工资项目名称、类型、数据长度、小数位数等。企业可在系统初建时设置工资项目，也可在日后根据实际情况的变化对工资项目进行修改。

3. 设置工资项目计算公式

设置工资项目计算公式是指企业根据企业财务制度，设置某一工资类别下的工资计算公式，即定义各工资项目之间的计算方法。

4. 设置工资类别所对应的部门

设置工资类别所对应的部门后，可以按部门核算各类人员工资，提供部门核算资料。

5. 设置所得税

为计算与申报个人所得税，企业需对个人所得税进行相应设置，包括基本扣减额、所得项目、累进税率表等。

6. 设置工资费用分摊

系统提供设置计提费用种类和设置相应科目的功能，企业在当月发放的工资，不仅可按工资用途进行分配，而且可按工资一定比例计提某些费用。

（二）录入工资基础数据

第一次使用工资管理模块必须将所有人员的基本工资数据录入计算机。由于工资数据具有来源分散等特点，工资管理模块一般提供以下几种数据输入方式。

- **单个记录录入**：单个记录录入是选定某一特定员工，输入或修改其工资数据。
- **成组数据录入**：成组数据录入是先将工资项目分组，然后按组输入。

- **按条件成批替换**：按条件成批替换是对符合条件的某些工资项，统一替换为一个相同的数据。
- **公式计算**：公式计算可以自动计算数据。
- **从外部直接导入数据**：从外部直接导入数据是通过数据接口将工资数据从车间、人事、后勤等外部系统导入工资管理模块。

试题精讲

【单选题】设置工资项目属于工资系统的（ ）。

A. 期末工作　　B. 系统初始化

C. 日常工作　　D. 以上全部

【答案】B

【解析】工资系统的初始化操作包括设置工资项目。

二、工资管理模块日常处理

工资管理模块的日常处理主要包括工资计算、个人所得税计算、工资分摊以及生成相关记账凭证。

（一）工资计算

在工资计算之前可以进行工资变动数据的录入，然后再进行工资数据计算。

1. 工资变动数据录入

工资变动指对工资可变项目的具体数额进行修改以及对个人的工资数据进行修改。工资变动数据录入则是指输入某个期间内工资项目中相对变动的数据，如奖金、请假扣款等。

2. 工资数据计算

工资数据计算是指会计软件按照所设置的公式计算指定或所有员工的工资数据。工资数据计算后得到的结果，不仅可以按部门等各种类别汇总，还可生成各种与工资相关的报表或表单，如工资发放表、工资发放条、个人所得税申报表等。

（二）个人所得税计算

工资管理模块提供个人所得税自动计算功能，用户可以根据政策的调整，定义最新的个人所得税税率表，系统可以自动计算个人所得税。

（三）工资分摊

工资分摊是指对当月发生的工资费用进行工资总额的计算、分配及各种经费的计提，并自动生成转账凭证传递到账务处理模块。工资费用分摊项目一般包括如图3-135所示的几种对象。

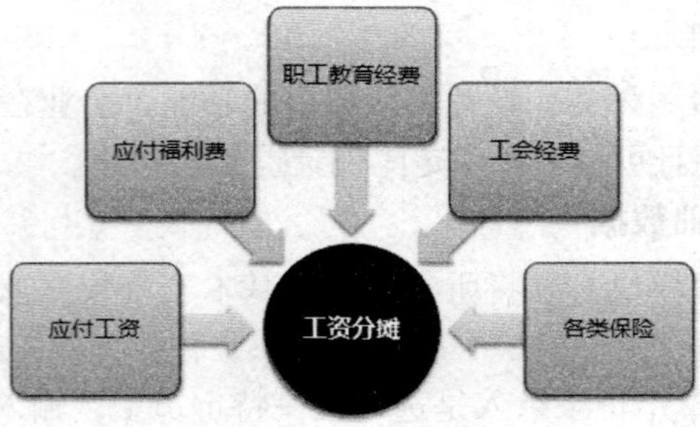

图3-135　工资分摊的对象

（四）生成记账凭证

根据工资费用分摊的结果及设置的借贷科目，工资管理模块可生成记账凭证并传递到账务处理模块。

试题精讲

【多选题】下列功能属于工资核算系统的是（　　）。

A. 输入各种工资数据　　B. 工资计算和发放

C. 工资费用的汇总和分配　　D. 固定资产计提折旧

【答案】A、B、C

【解析】固定资产计提折旧属于固定资产管理模块的内容。

三、工资管理模块期末处理

工资管理模块期末处理主要包括期末结账和工资表的查询输出等内容。

（一）期末结账

工资管理模块在当期工资数据处理完毕后，需要通过期末结账功能进入下一个期间。如果设置了不同的工资类别，系统可以对不同的工资类别分别进行期末结账。

（二）工资表的查询输出

工资数据处理结果最终通过工资报表的形式反映，工资管理模块提供了主要的工资报表，报表的格式由会计软件提供，用户也可以自行设计。其中，处理结果主要包括工资表和工资分析表，具体内容如下。

- **工资表**：工资表主要用于对本月工资发放和统计，包括工资发放表、工资汇总表等。用户可以对系统提供的工资表进行修改，使报表格式更符合企业的需要。
- **工资分析表**：工资分析表以工资数据为基础，对按部门、人员等方式分类的工资数据进行分析和比较，产生各种分析表，主要供决策人员使用。

试题精讲

【多选题】工资数据处理结果通过工资报表反映，以下属于工资报表的是（　　）。

A. 个人所得税报表　　B. 工资表

C. 工资分摊表　　D. 工资分析表

【答案】B、D

【解析】工资表和工资分析表是工资报表的主要形式。

【任务实施】

下面根据前面所讲的基础知识，结合相关的实例完成工资管理模块的相关操作。

一、工资管理模块初始化工作

（一）新建工资表

新建工资表的方法：在会计软件窗口左侧单击“工资管理”按钮，再单击右侧界面中的“新建工资表”图标，在打开的“新建工资表”对话框中按向导提示依次设置工资表的名称、项目、计算公式、发放范围等内容。“新建工资表”对话框的界面如图3-136所示。

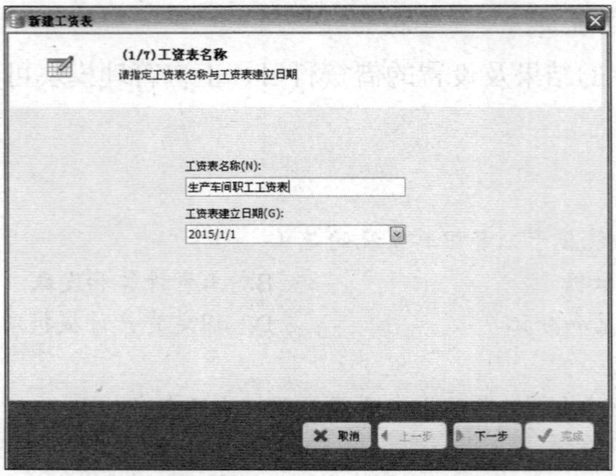

图3-136 “新建工资表”对话框

（二）设置工资项目

设置工资项目的方法是在“工资管理”功能界面中启用“工资录入”功能，然后在打开的窗口中按要求对相关的工资项目进行设置。

【例3-30】将“应发工资”项目的长度更改为“8”，然后将其添加到发放的工资项目中，并调整其顺序在第5位。

其具体操作如下（演示参见：光盘\视频演示\项目三\例3-30.swf）。

STEP 1 在会计软件窗口左侧单击“工资管理”按钮，再单击右侧界面中的“工资录入”图标，或选择【工资】/【工资录入】菜单命令，如图3-137所示。

STEP 2 打开“工资表数据录入”窗口，单击工具栏中的“发放项目”按钮，如图3-138所示。

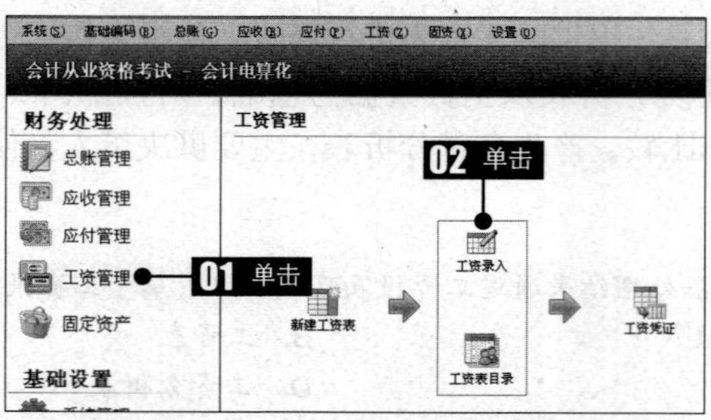

图3-137 启用“工资录入”功能

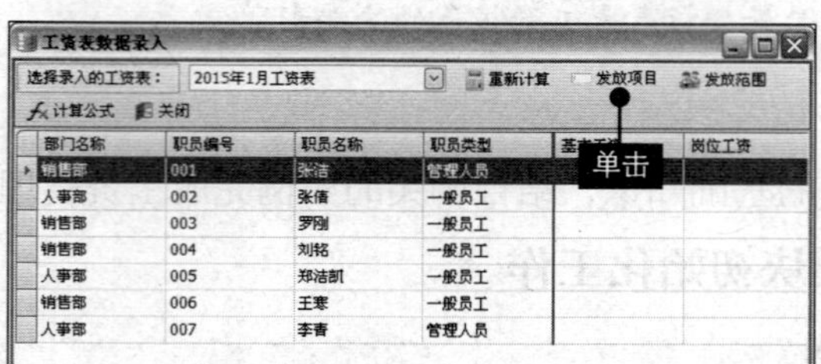

图3-138 设置工资表发放项目

STEP 3 打开“修改工资表公式”窗口，在左侧的列表框中选择“应发合计”项目对应的选项，单击下方的“修改”按钮，如图3-139所示。

STEP 4 打开“修改 工资项目”窗口，将“长度”数值框中的数字修改为“8”，单击“确定”按钮，如图3-140所示。

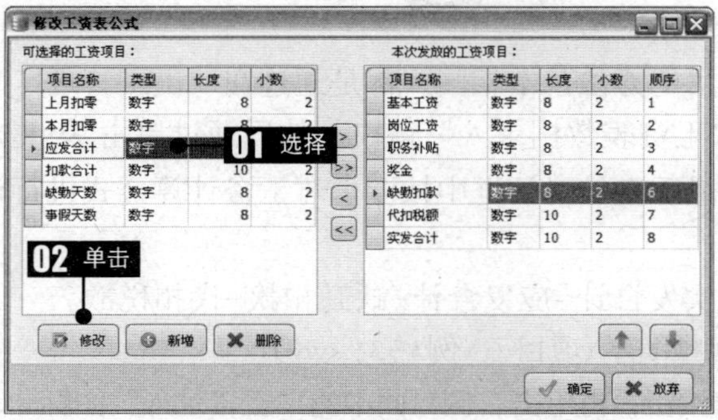

图3-139 修改工资表项目　　图3-140 修改工资项目长度

STEP 5 返回“修改工资表公式”窗口，保持“应发合计”项目的选中状态，单击“添加”按钮，将该项目添加到右侧的列表框中，如图3-141所示。

STEP 6 单击3次右下方的“上移”按钮，如图3-142所示。

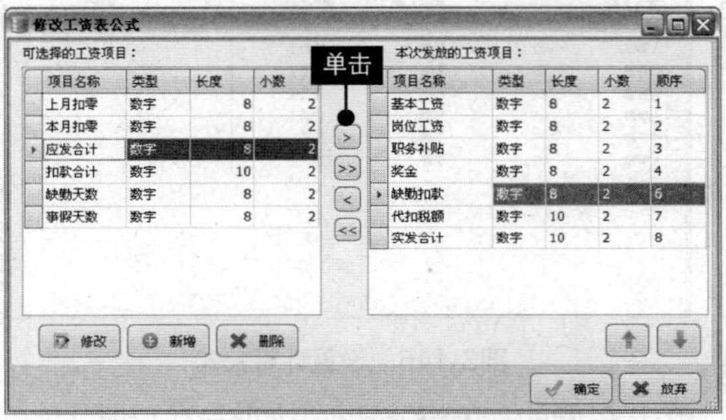

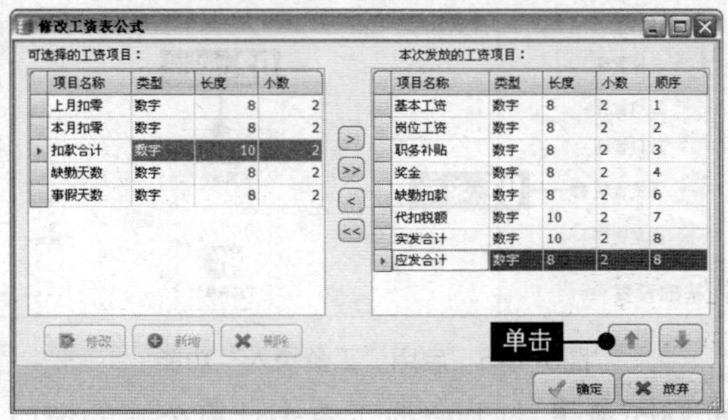

图3-141 添加工资项目　　图3-142 调整工资项目顺序

> **名师点睛**
>
> 此处在添加“应发合计”项目时通过单击按钮，将按钮左侧所选中的项目添加到该按钮右侧（单击按钮则为相反的操作），通过单击按钮则将按钮左侧的项目全部添加到按钮右侧（单击则为相反的操作）。

STEP 7 单击按钮完成工资项目的设置，如图3-143所示。

STEP 8 返回“工资表数据录入”窗口，单击按钮或单击图标完成操作，如图3-144所示。

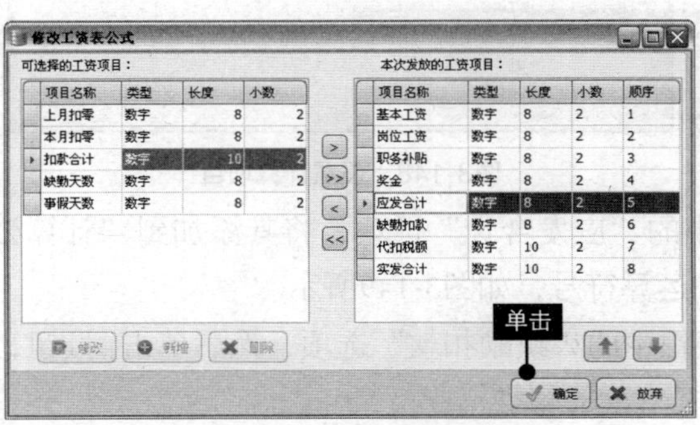

图3-143 调整工资项目顺序　　图3-144 完成工资项目的设置

（三）设置工资项目计算公式

设置工资项目计算公式与设置工资项目的方法基本相同，都是通过在“工资管理”功能界面中启用“工资录入”功能，打开“工资表数据录入”窗口，然后通过单击计算公式按钮，打开修改工资计算公式的对话框，最后在该对话框中按要求对工资计算公式进行设置即可。

【例3–31】设置工资项目计算公式：实发合计=应发合计–缺勤扣款–代扣税额。

其具体操作如下（演示参见：光盘\视频演示\项目三\例3–31.swf）。

STEP 1 在会计软件窗口左侧单击工资管理按钮，再单击右侧界面中的“工资录入”图标，或选择【工资】/【工资录入】菜单命令，如图3-145所示。

STEP 2 打开“工资表数据录入”窗口，单击工具栏中的计算公式按钮，如图3-146所示。

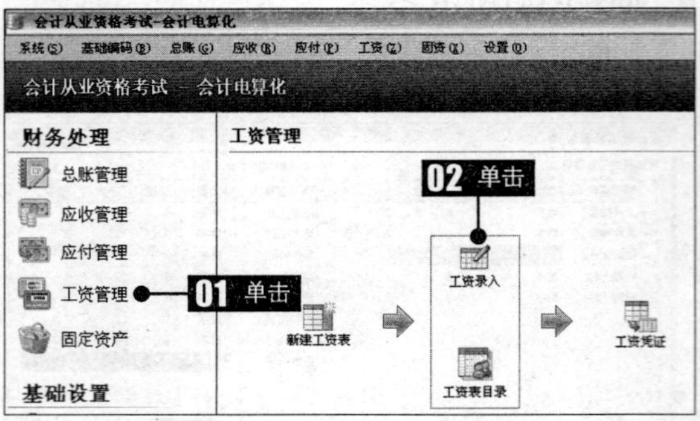

图3-145　启用“工资录入”功能

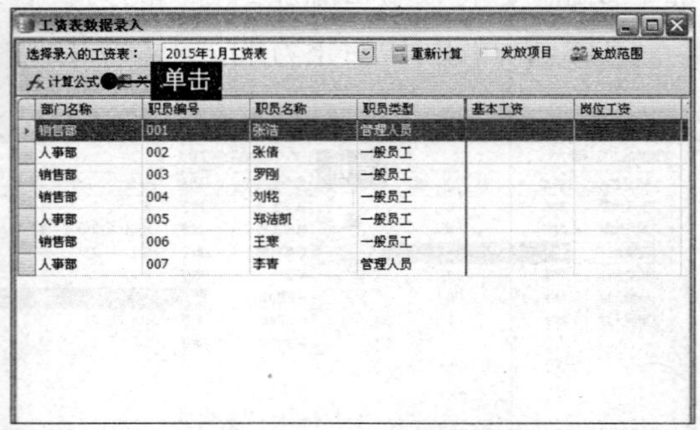

图3-146　设置计算公式

STEP 3 打开修改工资表计算公式的窗口，单击右侧的新增公式按钮，如图3-147所示。

STEP 4 在“计算项目”栏的空白下拉列表框中选择“实发合计”选项，单击“计算公式”栏中对应的空白单元格，定位插入点，如图3-148所示。

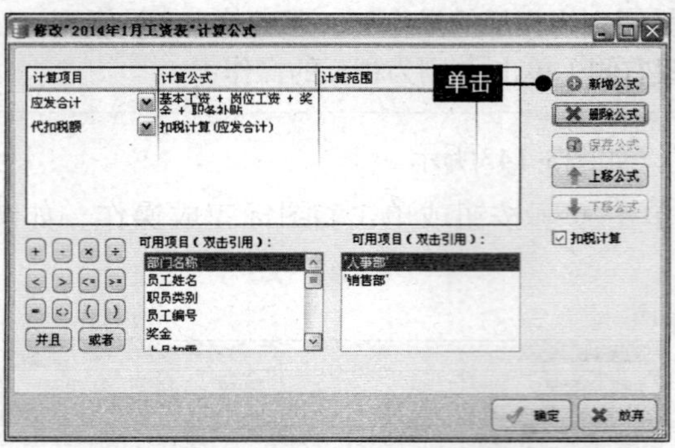

图3-147　新增公式

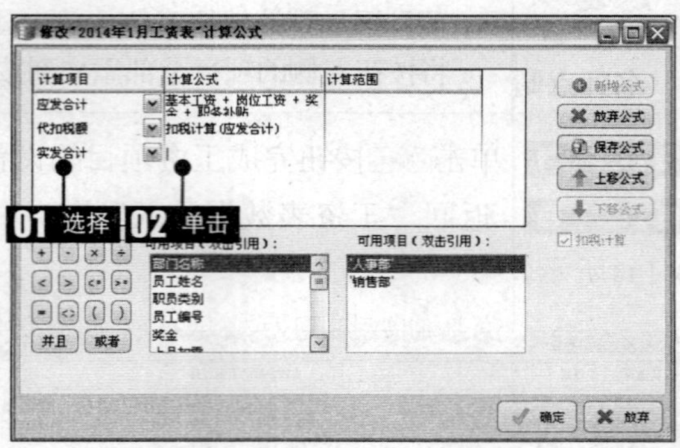

图3-148　设置计算项目

STEP 5 双击左侧“可用项目”列表框中的“应发合计”选项，将其添加到“计算公式”栏的空白单元格中，然后单击-按钮添加运算符号，如图3-149所示。

STEP 6 继续双击左侧“可用项目”列表框中的“缺勤扣款”选项，然后单击-按钮，如图3-150所示。

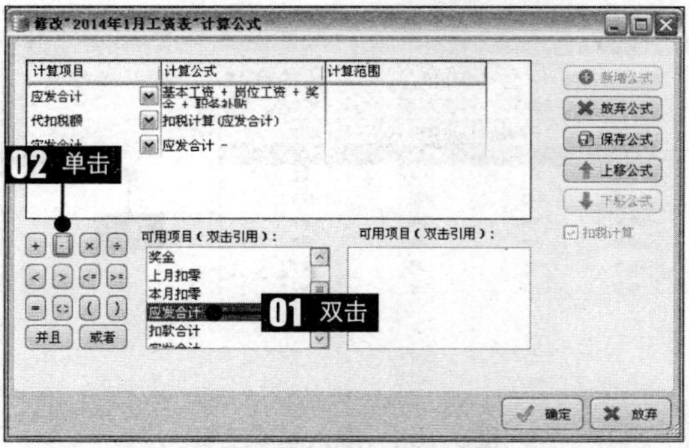

图3-149 设置公式内容（1）

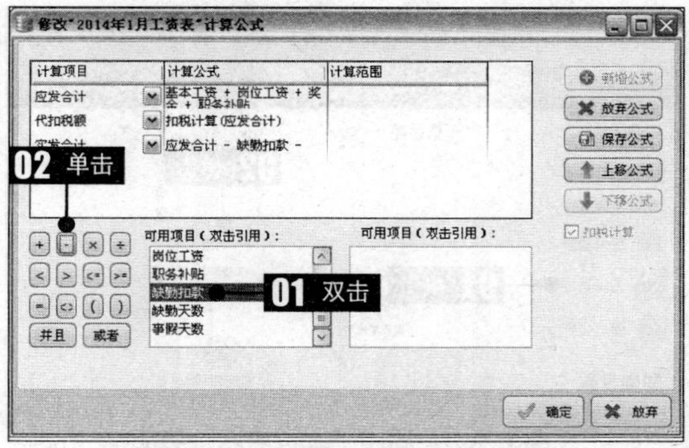

图3-150 设置公式内容（2）

STEP 7 按相同方法继续在左侧的“可用项目”列表框中双击“代扣税额”选项，完成公式的设置后，依次单击保存公式按钮和“关闭”按钮，如图3-151所示。

STEP 8 返回“工资表数据录入”窗口，单击关闭按钮或单击图标完成操作，如图3-152所示。

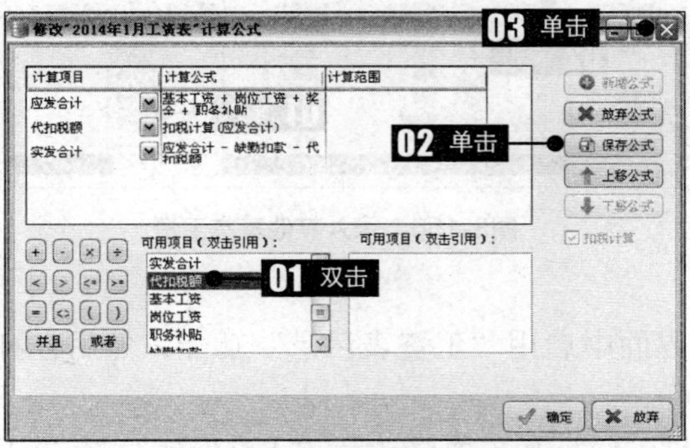

图3-151 设置并保存公式

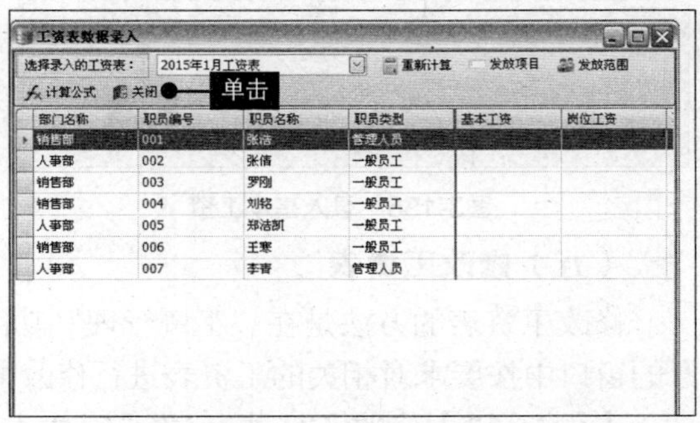

图3-152 完成公式设置

知识补充

此处在设置公式内容时可以通过单击上移公式按钮或单击下移公式按钮来调整公式的次序，单击放弃公式按钮则可以退出本次公式设置操作。

（四）录入工资基础数据

录入工资基础数据的方法是在“工资管理”功能界面中启用“工资录入”功能，然后在打开的“工资表数据录入”窗口中按要求录入相关的工资基础数据即可。

【例3-32】录入员工基本工资。管理人员：3 000元；一般员工：2 200元。

其具体操作如下（演示参见：光盘\视频演示\项目三\例3-32.swf）。

STEP 1 在会计软件窗口左侧单击工资管理按钮，再单击右侧界面中的“工资录入”图标，或选择【工资】/【工资录入】菜单命令，如图3-153所示。

STEP 2 打开“工资表数据录入”窗口，在“基本工资”栏下的第1个空白单元格中单击定位插入点，然后输入“3 000”，如图3-154所示。

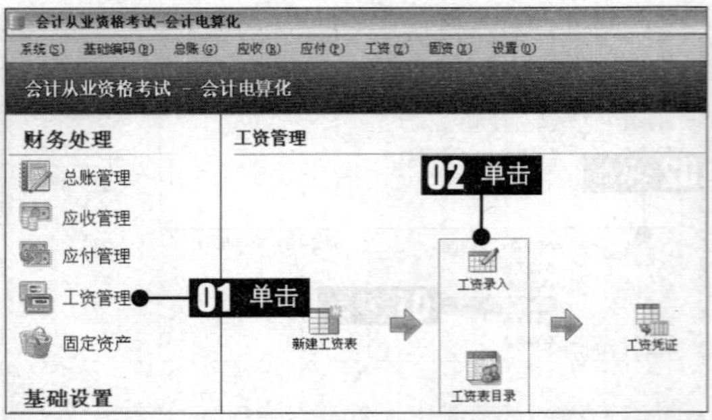

图3-153　启用“工资录入”功能

图3-154　录入基本工资

STEP 3 单击“基本工资”栏下的第2个空白单元格，输入“2 200”，如图3-155所示。

STEP 4 按相同方法通过单击鼠标定位插入点，并按要求输入对应的基本工资数据，完成后单击 关闭 按钮或单击☒图标完成操作，如图3-156所示。

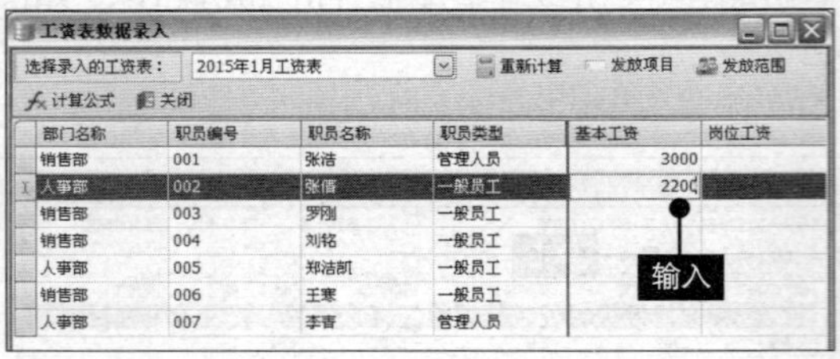

图3-155　录入基本工资

图3-156　录入其他基本工资

（五）修改工资表

修改工资表的方法是在“工资管理”功能界面中启用“工资表目录”功能，然后在打开的窗口中按要求对相关的工资表进行修改即可。

【例3-33】修改工资表。将“销售人员”工资表名称修改为“1月份销售人员工资表”。

其具体操作如下（演示参见：光盘\视频演示\项目三\例3-33.swf）。

STEP 1 在会计软件窗口左侧单击 工资管理 按钮，再单击右侧界面中的“工资表目录”图标，或选择【工资】/【工资表目录】菜单命令，如图3-157所示。

STEP 2 打开“工资表目录”窗口，选择“销售人员”工资表，单击工具栏中的 修改 按钮，如图3-158所示。

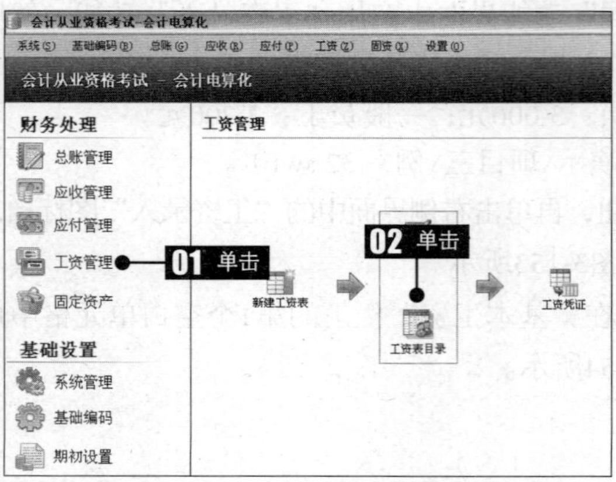

图3-157　启用“工资表目录”功能

图3-158　选择工资表

STEP 3 打开修改工资表对话框，将工资表名称文本框中的“销售人员”修改为“1月份销售人员工资表”，单击下一步按钮至完成，如图3-159所示。

STEP 4 返回“工资表目录”窗口，即可查看修改后的工资表，单击关闭按钮或单击图标完成操作，如图3-160所示。

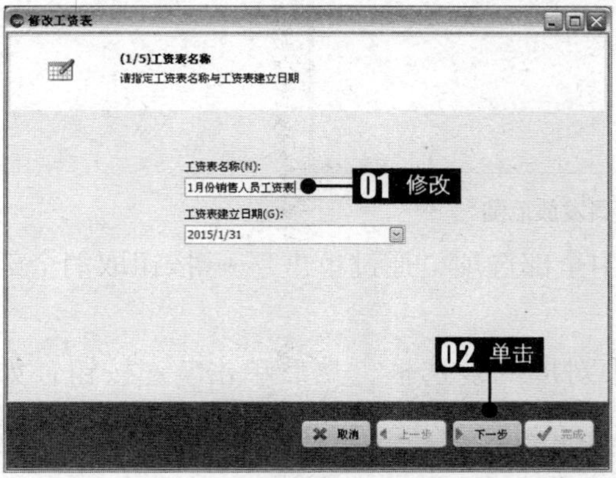

图3-159 修改工资表

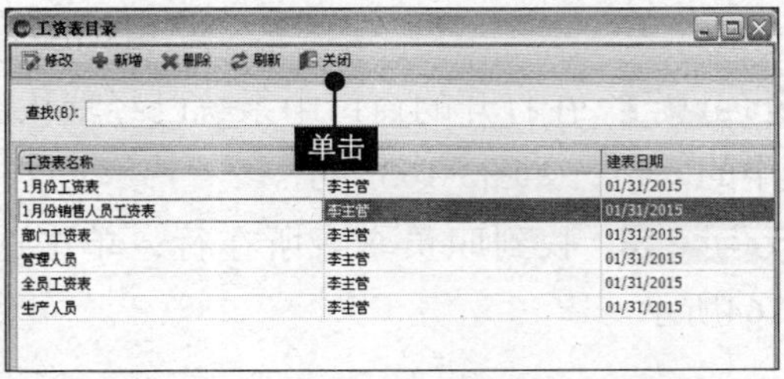

图3-160 修改后的工资表

> **名师点睛**
>
> 除了可以修改工资表名称外，还可以根据具体的要求在打开的修改工资表向导窗口中修改工资表创建日期、项目构成、计算公式和发放范围等内容。

二、工资管理模块日常处理

（一）工资计算

工资计算的方法是在“工资管理”功能界面中启用“工资录入”功能，然后在打开的窗口中按要求对相关人员的工资进行计算即可。

【例3-34】计算员工李青本月的实发工资。已知其基本工资为3 000元、岗位工资为1 000元、职务补贴为500元，奖金为2 000元。

其具体操作如下（演示参见：光盘\视频演示\项目三\例3-34.swf）。

STEP 1 在会计软件窗口左侧单击工资管理按钮，再单击右侧界面中的“工资录入”图标，或选择【工资】/【工资录入】菜单命令，如图3-161所示。

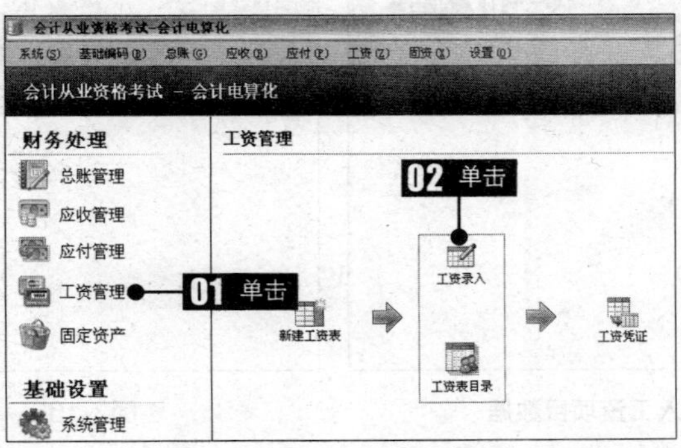

图3-161 启用“工资录入”功能

STEP 2 打开“工资表数据录入”窗口，单击工具栏中的发放范围按钮，如图3-162所示。

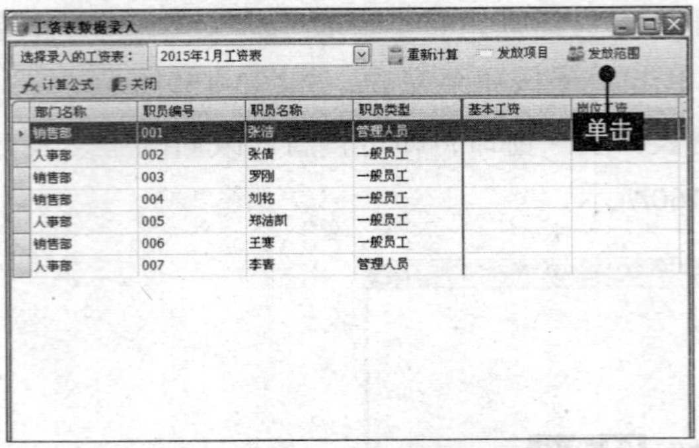

图3-162　设置发放范围

STEP 3 在打开的窗口中系统已经默认选中全部选项，通过单击[全部取消]按钮取消全部被选中的职员，如图3-163所示。

STEP 4 找到职员李青所在行，单击选中对应的复选框，然后单击[确定]按钮，如图3-164所示。

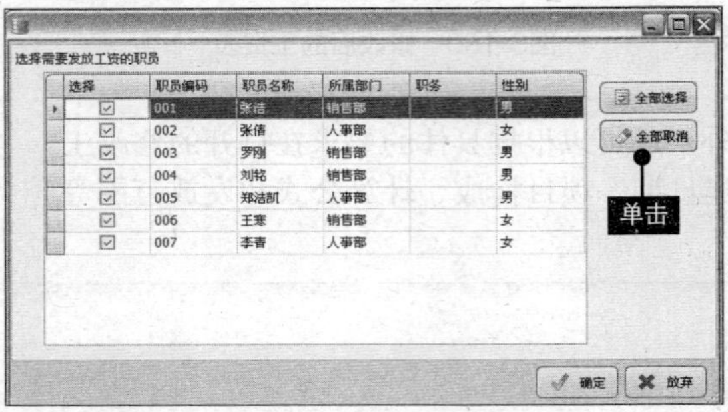

图3-163　取消所有选项

图3-164　选择需发放工资的员工

STEP 5 返回“工资表数据录入”窗口，按题目要求依次录入各工资项目的数据，包括基本工资“3 000元”、岗位工资“1 000元”、职务补贴“500元”和奖金“2 000元”，然后单击[重新计算]按钮，如图3-165所示。

STEP 6 此时将自动计算出该职工的应发合计、代扣税额和实发合计等工资项目数据，单击[关闭]按钮完成操作，如图3-166所示。

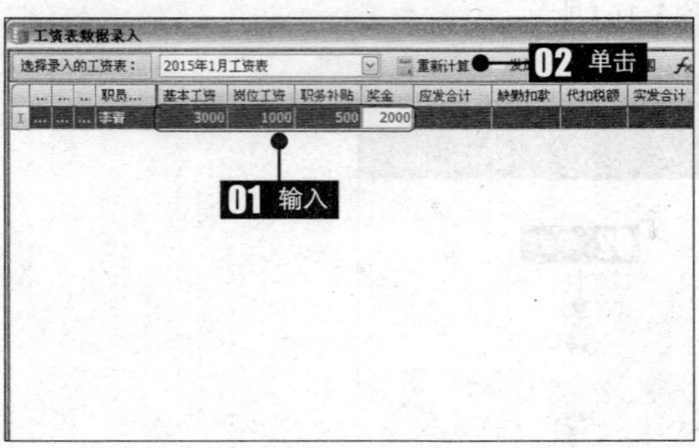

图3-165　录入工资项目数据

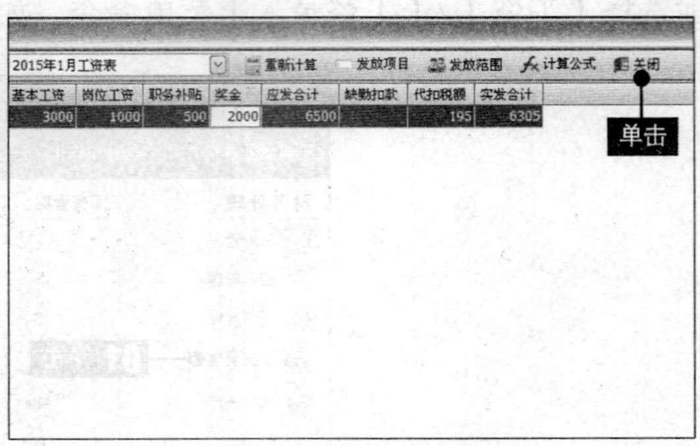

图3-166　自动计算工资数

【例3−35】将市场部张华的事假天数修改为2天，重新计算管理人员的工资。

其具体操作如下（演示参见：光盘\视频演示\项目三\例3−35.swf）。

STEP 1 在会计软件窗口左侧单击按钮，再单击右侧界面中的“工资录入”图标，或选择【工资】/【工资录入】菜单命令。

STEP 2 打开“工资表数据录入”窗口，在下方的工资列表中找到市场部张华，单击其对应的“事假天数”一栏，将其事假天数修改为2，如图3-167所示。

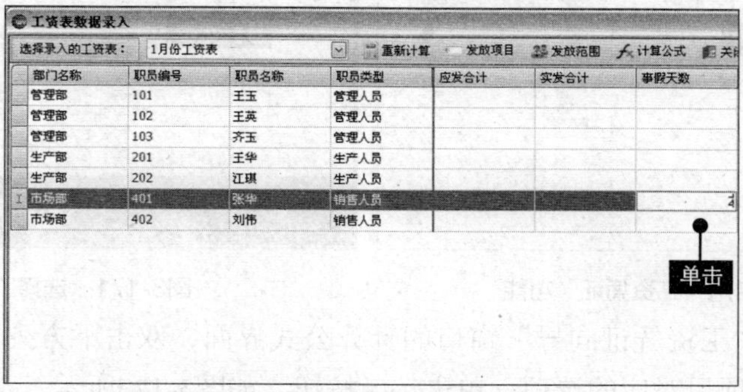

图3-167　修改工资表数据

STEP 3 在“选择录入的工资表”下拉列表框中选择“管理人员”，如图3-168所示。

STEP 4 打开的管理人员工资表，单击按钮，重新计算管理人员的工资，然后单击按钮或单击图标完成操作，如图3-169所示。

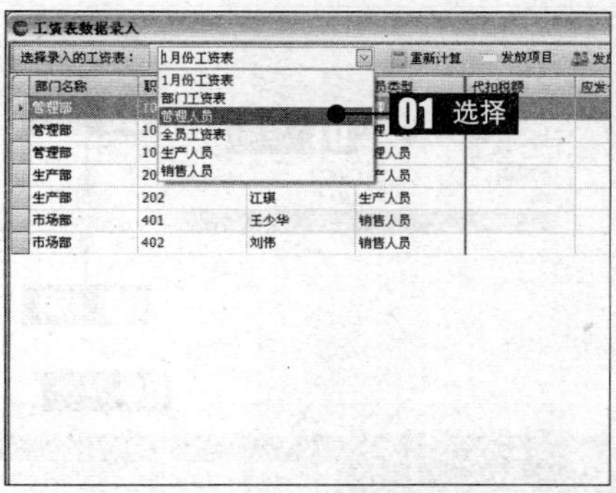

图3-168　选择管理人员工资表

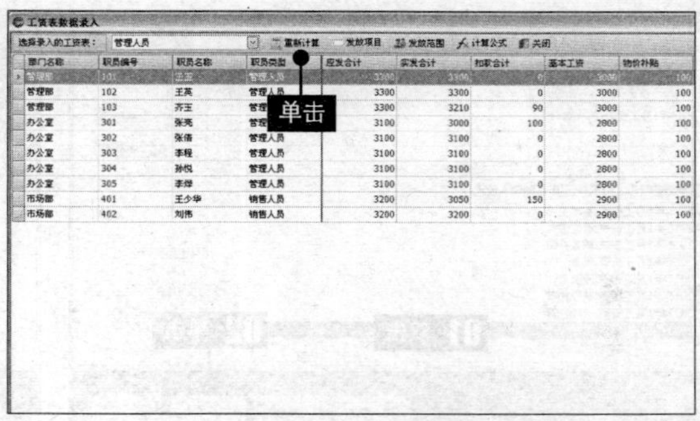

图3-169　重新计算工资

（二）生成记账凭证

将工资表生成记账凭证的方法是在“工资管理”功能界面中启用“工资凭证”功能，然后在打开的提示对话框中按要求生成凭证即可。

【例3-36】请将2015年1月工资表生成记账凭证。计提公式为“实发合计”；借方科目为“管理费用”；贷方科目为“应付职工薪酬”。完成后查看生成的凭证内容。

其具体操作如下（演示参见：光盘\视频演示\项目三\例3-36.swf）。

STEP 1 在会计软件窗口左侧单击按钮，再单击右侧界面中的“工资凭证”图标，或选择【工资】/【工资凭证】菜单命令，如图3-170 所示。

STEP 2 打开“工资凭证向导”窗口，选择2015年1月工资表对应的选项，单击按钮，如图3-171所示。

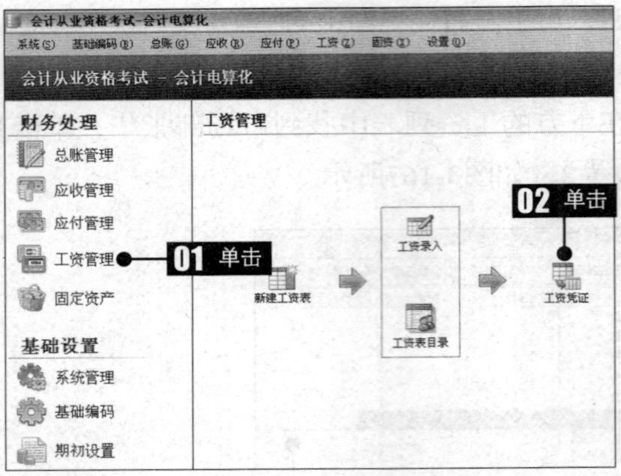

图3-170 启用“工资凭证”功能

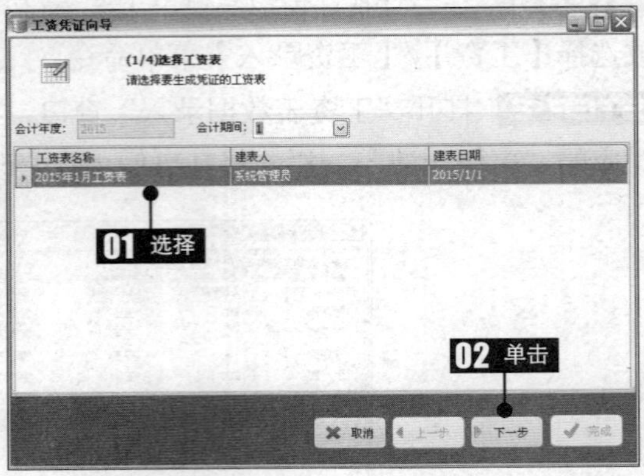

图3-171 选择工资表

STEP 3 打开“工资凭证向导”窗口的计算公式界面，双击下方列表框中“2015年1月工资表实发合计”项目对应的选项，单击[下一步]按钮，如图3-172所示。

STEP 4 打开“工资凭证向导”窗口的设置科目界面，在“贷方科目”下拉列表框中选择“2211 应付职工薪酬”选项，在“借方科目”栏的两个下拉列表框中均选择“6602 管理费用”选项，单击[下一步]按钮，如图3-173所示。

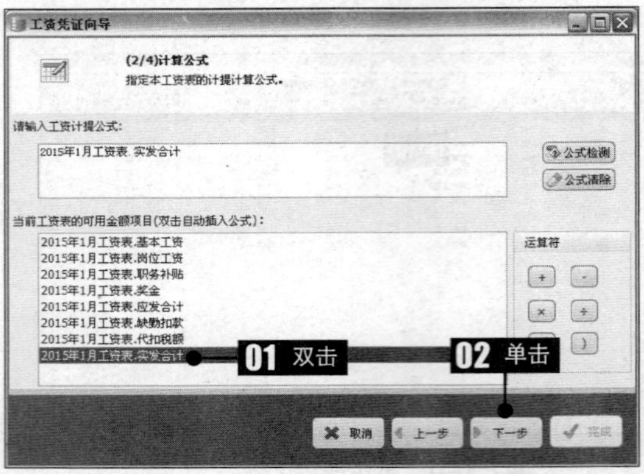

图3-172 设置计提公式

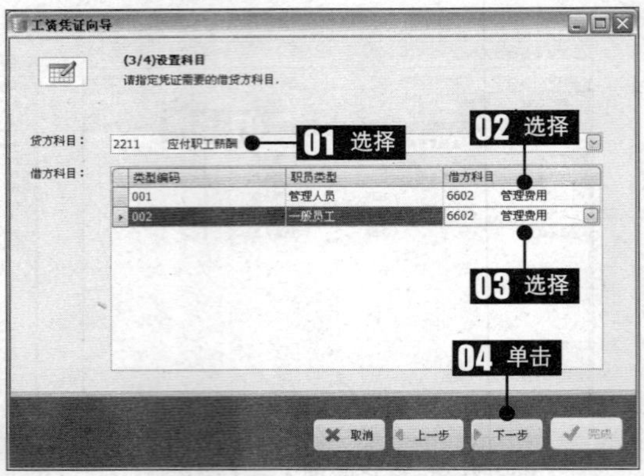

图3-173 设置借贷方科目

名师点睛

本例在设置借方科目只设置了“管理费用”一项，在实际应用时，需要根据相应的要求进行设置，如生产人员则设置为“人工费”。

STEP 5 打开“工资凭证向导”窗口的凭证预览界面，单击[完成]按钮，在弹出的“询问”对话框中单击[是(Y)]按钮，如图3-174所示。

STEP 6 打开生成的记账凭证对话框即可查看生成的记账凭证，单击[确定]按钮完成操作，如图3-175所示。

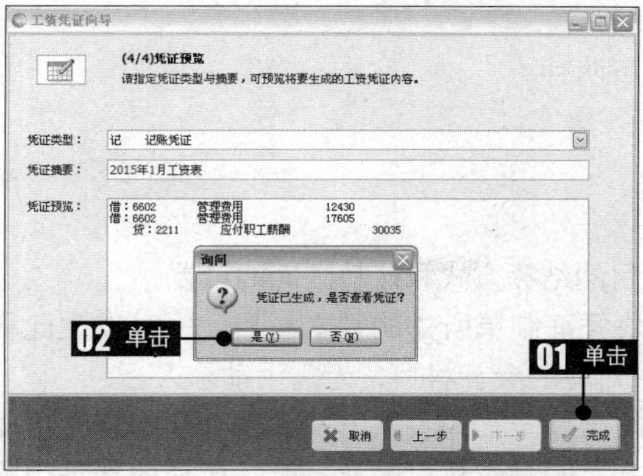

图3-174　生成记账凭证

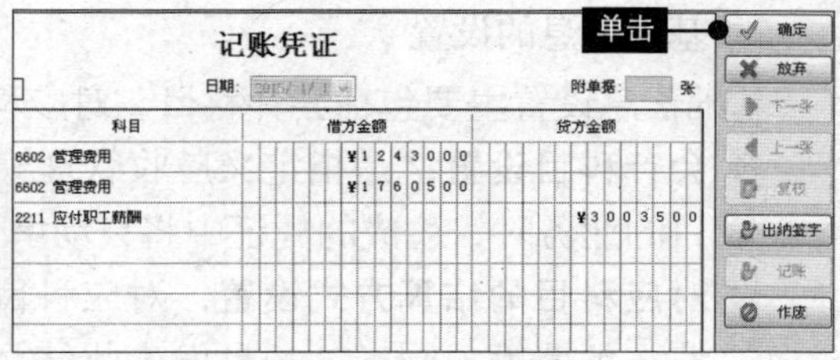

图3-175　查看记账凭证

任务六 应收管理模块的应用

应收管理模块的应用主要包括应收管理模块初始化工作、日常处理和期末处理，下面对应收管理模块的相关基础知识以及相应的操作进行详细的讲解。

【任务目标】

本任务的目标是对应收管理模块的初始化、日常处理和期末处理的相关规则和理论知识要有一定的了解，重点掌握应收单的录入方法以及应收单生成凭证的操作。

【知识讲解】

一、应收管理模块初始化工作

应收管理模块的初始化工作，主要包括各种控制参数和基础信息的设置以及期初余额的录入操作。

（一）控制参数和基础信息的设置

1. 控制参数的设置

控制参数主要涉及基本信息、坏账处理方式、应收款核销方式和规则选项等对象，控制参数的设置也就是对这些对象的各种设置操作。

（1）基本信息的设置

基本信息设置主要包括企业名称、银行账号、启用年份与会计期间。

（2）坏账处理方式设置

企业应按期估计坏账损失，并计提坏账准备，具体规定如下。

- 当某一应收款项全部确认为坏账时，应根据其金额冲减坏账准备，同时转销相应的应收款项金额。
- 在账套使用过程中，如果当年已经计提过坏账准备，则坏账处理方式这一参数不能更改。确需更改的，只能在下一年修改。

（3）应收款核销方式设置

应收款核销是确定收款与销售发票、应收单据之间对应关系的操作，即指明每一次收款是哪几笔销售业务款项。应收管理模块一般提供的核销方式是按单据核销或按存货核销。

（4）规则选项

应收管理模块的常用规则选项主要包括以下两种。

- 核销是否自动生成凭证。
- 预收冲应收是否生成转账凭证。

2. 基础信息的设置

基础信息设置主要包括会计科目、对应科目的结算方式和账龄区间的设置。

- **会计科目设置**：是指定义应收管理模块凭证制单所需的基本科目。一旦发生此科目的业务时，生成的凭证中将自动填入对应的会计科目，无需手动录入。
- **对应科目的结算方式设置**：对应科目的结算方式即收款方式，主要包括现金、支票、汇票等。同样，一旦发生此结算方式所对应科目的业务时，生成的凭证中将自动填入对应的会计科目，无需手动录入。
- **账龄区间设置**：账龄区间设置是进行应收账款账龄分析，根据欠款时间，将应收账款划分为若干等级，以便掌握客户欠款时间的长短。

（二）期初余额录入

期初余额录入是指初次使用应收管理模块时，要将系统启用前未处理完的所有客户的应收账款、预收账款、应收票据等数据录入到系统，以便以后的核销处理。一般包括初始单据、初始票据、初始坏账的录入。

试题精讲

【单选题】下列选项中，（　）不属于应收管理模块初始化工作的基础信息设置的内容。

A. 会计科目　　B. 对应科目的结算方式

C. 票据处理　　D. 账龄区间

【答案】C

【解析】应收管理模块初始化工作的基础信息设置的内容包括会计科目设置、对应科目的结算方式设置和账龄区间设置。

二、应收管理模块日常处理

应收管理模块涉及的日常处理主要包括各种单据处理、各种转账处理、票据管理、坏账处理以及生成相应的记账凭证等。

（一）应收处理

1. 单据处理

应收管理模块的单据处理主要包括三方面的内容，即应收单据处理、收款单据处理和单据核销。

（1）应收单据处理

企业的应收款来源于销售发票和其他应收单，销售发票主要包括专用发票和普通发票。处理应收单据时，应遵守以下规定。

- 如果应收管理模块与销售管理模块同时使用，则销售发票必须在销售管理模块中填制，并在审核后自动传递给应收管理模块，在应收管理模块中只需录入未计入销售货款和税款的其他应收单数据。
- 如果不使用销售管理模块，则全部业务单据都必须在应收管理模块中录入。
- 应收管理模块具有销售发票与其他应收单的新增、修改、删除、查询、预览、打印、制单、审核记账以及其他处理功能。

（2）收款单据处理

收款单据可以记录企业收到的客户款项。应收管理模块对收款单和预收单的处理，主要涉及新增、修改和删除等操作。

（3）单据核销

单据核销用于建立收款与应收款的核销记录，以便加强往来款项的管理。同时，单据的核销日期也是账龄分析的重要依据。

单据核销可采用手工核销或自动核销两种方式。

- **手工核销**：通过查询找到单据，并选择其中需要核销的单据选项，然后手工录入核销金额进行核销。
- **自动核销**：查询并选择需核销的单据，系统自动根据匹配的金额进行核销。

2. 转账处理

转账处理包括应收冲应收、预收冲应收和应收冲应付的转账处理业务。

- **应收冲应收**：应收冲应收是指将一家客户的应收款转到另一家客户中。通过将应收款业务在客户之间转入、转出，实现应收业务的调整，解决应收款业务在不同客户间入错户和合并户等问题。
- **预收冲应收**：预收冲应收主要用于处理客户的预收款和该客户应收欠款的转账核销业务。
- **应收冲应付**：应收冲应付是指用某客户的应收款冲抵某供应商的应付款项。通过应收冲应付，将应收款业务在客户和供应商之间进行转账，实现应收业务的调整，解决应收债权与应付债务的冲抵。

（二）票据管理

票据管理主要用来管理企业销售商品、提供劳务收到的银行承兑汇票或商业承兑汇票等应收票据，包括新增、修改、删除及收款、退票、背书、贴现等管理操作。

（三）坏账处理

坏账处理涉及坏账准备计提、坏账发生和坏账收回等内容。

1. 坏账准备计提

坏账准备计提是指系统根据用户在初始设置中选择的坏账准备计提方法，自动计算坏账准备金额，并按用户设置的坏账准备科目，自动生成计提坏账的记账凭证的操作。

> **知识补充**
>
> 坏账准备的计提方法主要包括销售收入百分比法、应收账款百分比法和账龄分析法。

2. 坏账发生

坏账发生是指用户选定坏账单据并输入坏账发生的原因、金额后，系统将根据客户单位、单据类型查找业务单据，对所选的单据进行坏账处理，并自动生成坏账损失的记账凭证的操作。

3. 坏账收回

坏账收回是指已确认为坏账的应收账款又被收回的情况。遇到坏账收回时，应按以下流程进行处理。

- 收回一笔坏账时，先填制一张收款单，其金额即为收回坏账的金额。
- 根据客户代码查找并选择相应的坏账记录，系统自动生成坏账收回记账凭证。

（四）生成记账凭证

应收管理模块为每一种类型的收款业务编制相应的记账凭证，并将凭证传递到账务处理模块。

试题精讲

【多选题】应收管理模块中的收款单据处理主要针对的对象是（　　）。

A. 收款单　　　　B. 预付单

C. 预收单　　　　D. 销售发票

【答案】A、C

【解析】应收管理模块对收款单和预收单进行处理，包括新增、修改和删除等操作。

三、应收管理模块期末处理

应收管理模块的期末处理包括期末结账、应收账款查询和应收账龄分析等工作。

（一）期末结账

1. 期末结账的概述

期末结账是指当月业务全部处理完毕且在销售管理模块期末结账的前提下，执行应收管理模块的月末结账功能。

2. 期末结账的控制

期末结账时需注意以下几点。

- 本期一旦结账就不能再进行数据的录入工作。
- 若认为本期业务处理存在错误，可取消期末结账，但只能在该月账务处理模块未结转时才能取消。
- 上月没有结账，本月不能结账。
- 本月单据在结账前应全部审核。
- 本月存在未核销的结算单时，不能结账。
- 结账期间为本年度最后一个期间时，本年度进行的所有核销、坏账、转账等处理必须制单，否则不能向下一年度结转。
- 本年度外币余额为零的单据，必须将本位币金额结转为零，即必须执行汇兑损益操作。

（二）应收账款查询

应收账款查询包括单据查询和账表查询，具体如下。

- **单据查询**：单据查询是指对销售发票和收款单等单据的查询操作。
- **账表查询**：账表查询是指对往来总账、往来明细账、往来余额表的查询以及总账、明细账、单据之间的联查操作。

（三）应收账龄分析

应收账龄分析主要是用来对未核销的往来账余额、账龄进行分析，以便及时发现问题，加强对往来款项动态的监督管理。

试题精讲

【判断题】应收账款核算系统处理的各项业务均应生成相应的记账凭证，在账务处理系统中记录和核算。（ ）

【答案】✓

【解析】题目的描述是应收账款核算系统与账务处理系统之间最常见的数据交换方式。

【任务实施】

下面根据前面所讲的基础知识，结合相关的实例完成应收管理模块的相关操作。

一、录入应收单

录入应收单的方法是在“应收管理”功能界面中启用“应收贷项”或“应收借项”功能，然后在打开的应收单中按要求进行填制即可。

> **名师点睛**
> 应收账款为资产类科目，所以应收账款的增加应填写应收借项，相应的应收账款的减少则填写应收贷项。

【例3−37】录入应收单（单据类型为应收借项）。2015年1月20日，甲机械厂欠货款20 000元。应收科目为“应收账款”；付款条件为“现金”；摘要为“应收欠款”；对方科目为“主营业务收入”。

其具体操作如下（演示参见：光盘\视频演示\项目三\例3−37.swf）。

STEP 1 在会计软件窗口的左侧单击应收管理按钮，然后单击右侧界面中的“应收借项”图标，或选择【应收】/【应收借项】菜单命令，如图3-176所示。

STEP 2 打开“应收单”对话框，在“单位”下拉列表框中选择甲机械厂对应的选项，在“应收科目”下拉列表框中选择应收账款对应的选项，在“付款条件”下拉列表框中选择现金对应的选项，在“日期”下拉列表框中将日期设置为“2015/1/20”，如图3-177所示。

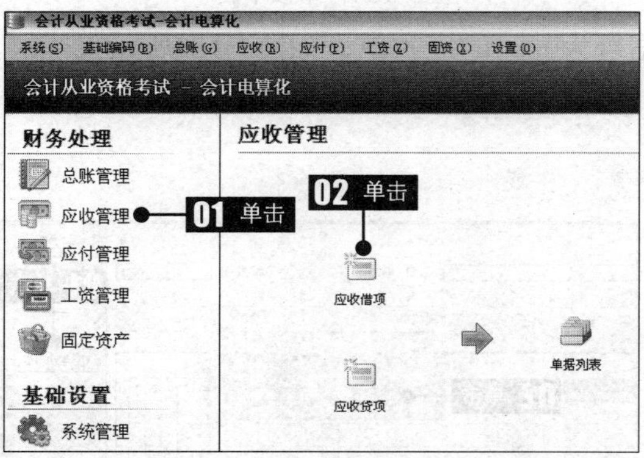

图3-176 启用“应收借项”功能

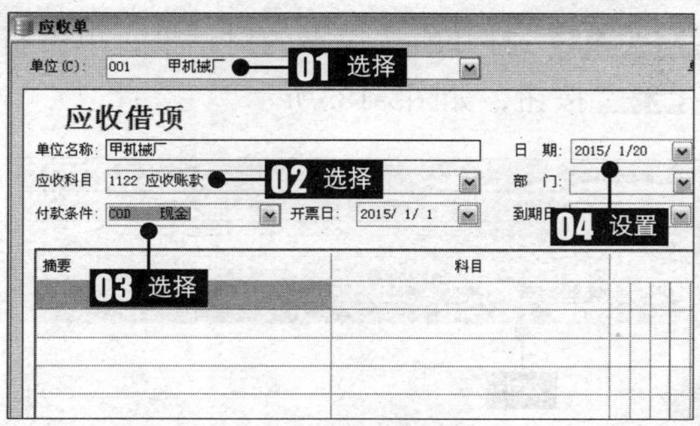

图3-177 设置应收单

STEP 3 在“摘要”栏的空白单元格中输入“应收欠款”，在“科目”栏的空白单元格中双击选择主营业务收入对应的选项，如图3-178所示。

STEP 4 在“金额”栏下输入“20 000”，在上方的“本币金额”文本框中输入“20 000”，系统自动识别为“¥20,000.00”，单击按钮完成操作，如图3-179所示。

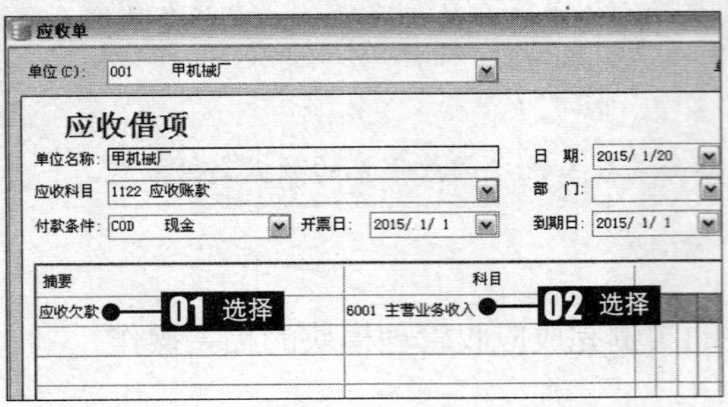

图3-178　设置单据摘要和科目

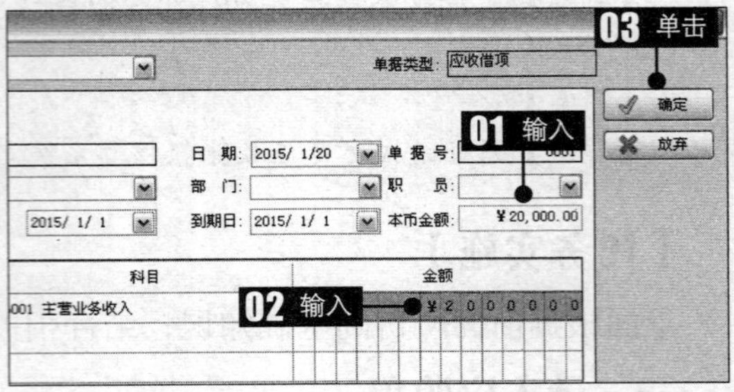

图3-179　输入单据金额

【例3−38】审核单据号为0001的应收单，然后取消审核并进行作废处理。

其具体操作如下（演示参见：光盘\视频演示\项目三\例3−38.swf）。

STEP 1 在会计软件窗口的左侧单击按钮，然后单击右侧界面中的“单据列表”图标，或选择【应收】/【单据列表】菜单命令，如图3-180所示。

STEP 2 打开“应收单据列表”窗口，选择单据号为0001的应收单，单击工具栏中的按钮，弹出“询问”对话框，单击按钮，如图3-181所示。

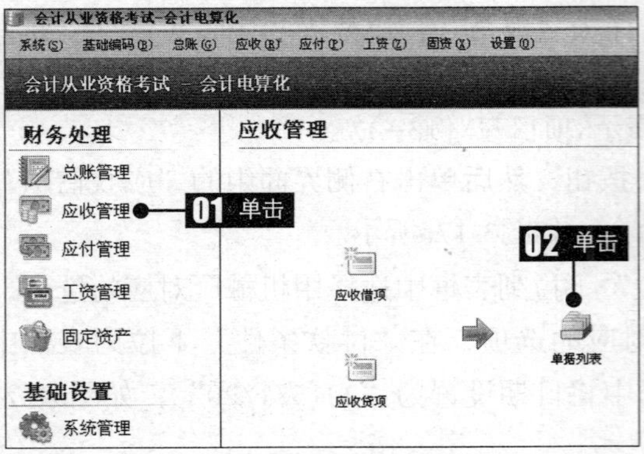

图3-180　启用“单据列表”功能

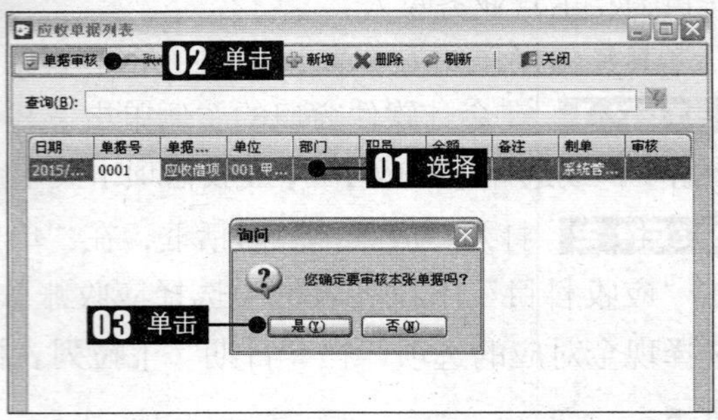

图3-181　审核单据

STEP 3 审核后继续在当前窗口中双击单据号为0001的应收单，如图3-182所示。

STEP 4 打开所选单据的对话框，单击右下方的按钮，弹出“询问”对话框，单击按钮，如图3-183所示。

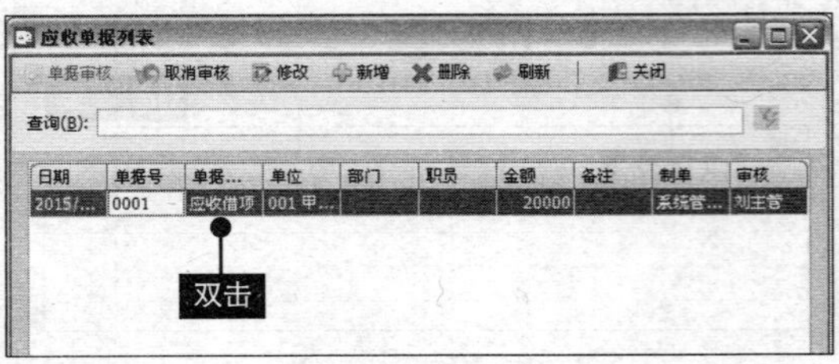

图3-182　选择单据

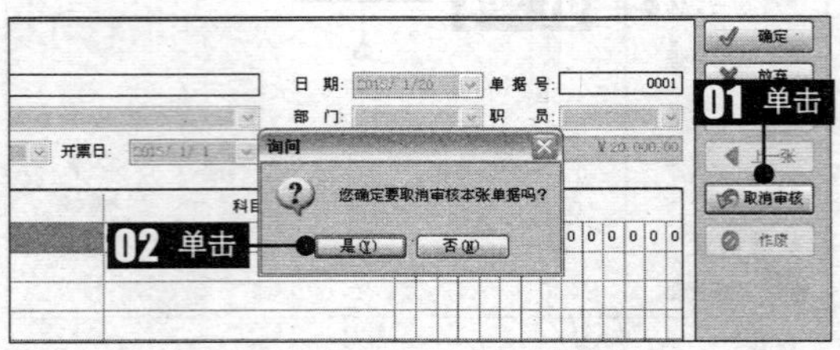

图3-183　确认操作

STEP 5 返回“应收单”对话框，单击右下方的按钮，弹出“询问”对话框，单击按钮，如图3-184所示。

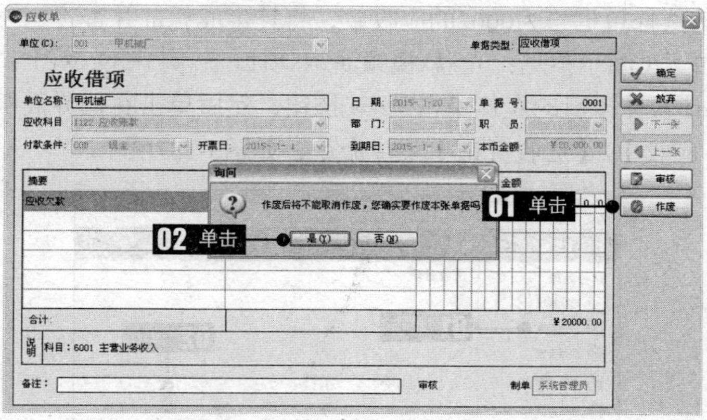

图3-184 作废单据

STEP 6 再次弹出“询问”对话框，继续单击[是(Y)]按钮，如图3-185所示。

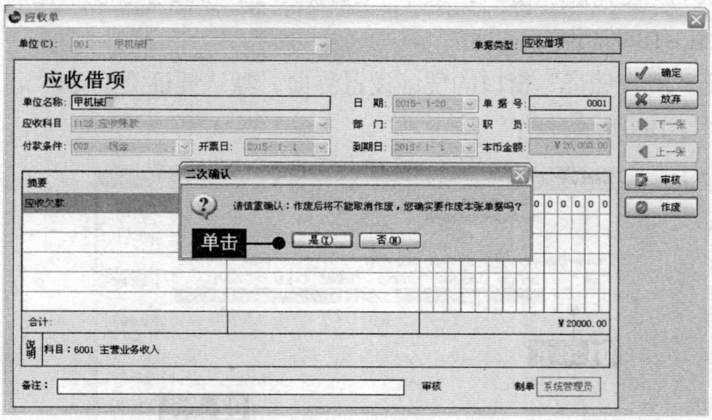

图3-185 二次确认操作

STEP 7 作废单据后，单击[确定]按钮完成操作，如图3-186所示。

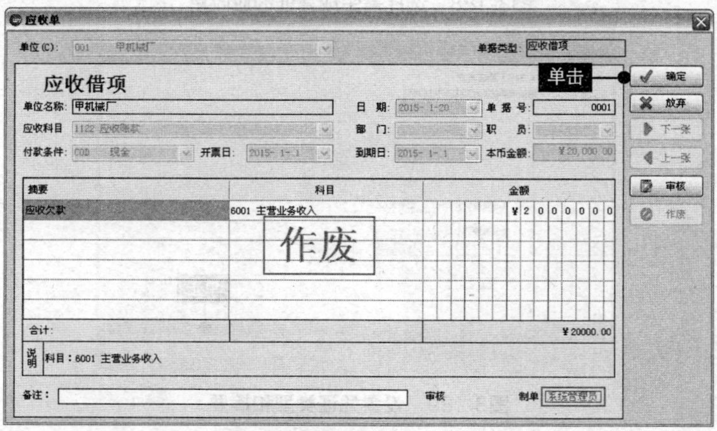

图3-186 最后确认操作

二、生成记账凭证

生成记账凭证的方法是在“应收管理”功能界面中启用“应收凭证”功能，然后在打开的对话框中按要求进行应收凭证的设置即可。

【例3-39】请选择单据号为0002的应收单，将其生成凭证并查看。

其具体操作如下（演示参见：光盘\视频演示\项目三\例3-39.swf）。

STEP 1 在会计软件窗口的左侧单击按钮，然后单击右侧界面中的“应收凭证”图标，或选择【应收】/【应收凭证】菜单命令，如图3-187所示。

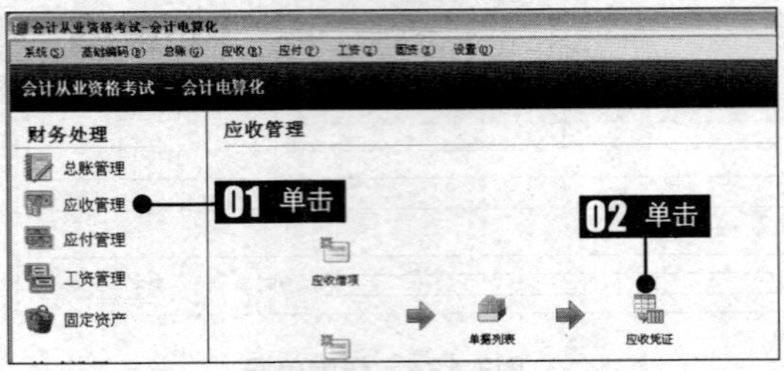

图3-187 启用“应收凭证”功能

STEP 2 打开“应收凭证”窗口，选中“选择”栏下0002号应收单据对应的复选框，单击按钮，如图3-188所示。

STEP 3 打开“应收凭证”窗口的凭证设置界面，默认凭证类型为“记 记账凭证”，单击按钮，如图3-189所示。

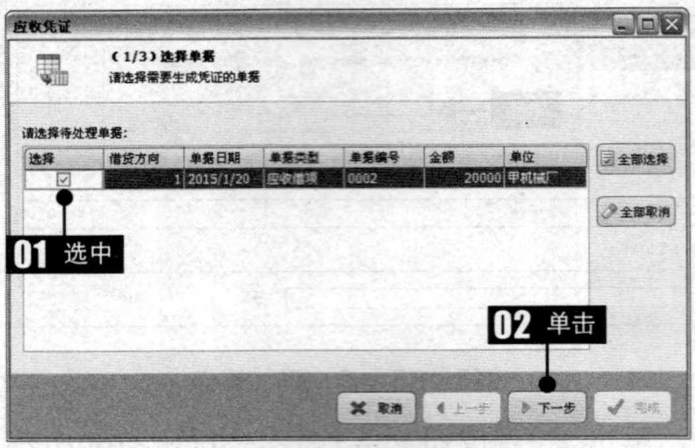

图3-188 选择需生成凭证的应收单

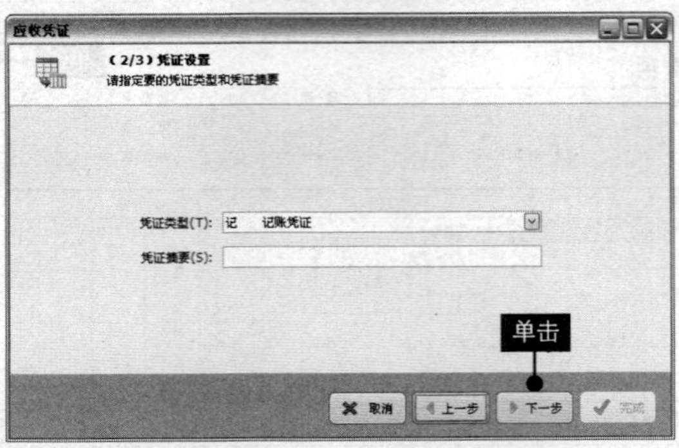

图3-189 设置凭证类型和摘要

STEP 4 打开“应收凭证”窗口的生成凭证界面，单击按钮，在弹出的“询问”对话框中单击按钮，如图3-190所示。

STEP 5 打开生成凭证的对话框，即可查看生成的会计凭证，单击按钮完成操作，如图3-191所示。

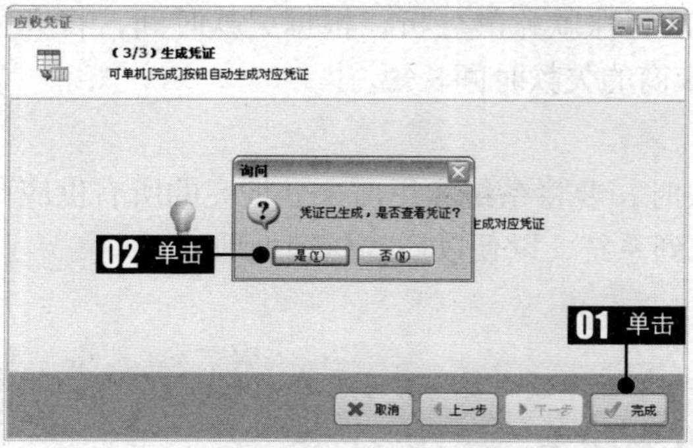

图3-190　生成凭证

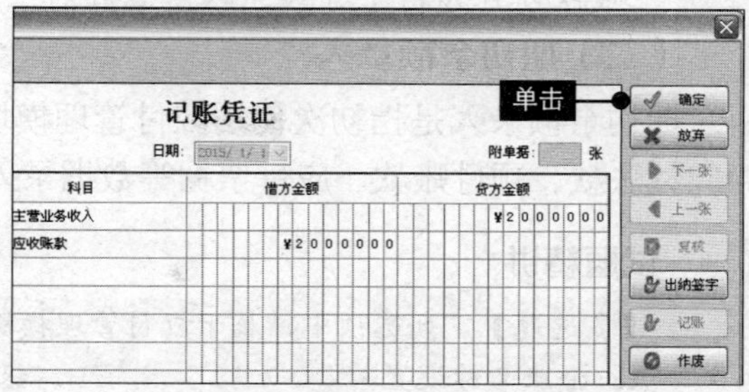

图3-191　查看凭证内容

任务七 应付管理模块的应用

本节内容的操作与应收管理模块的操作基本相同，考核重点也集中在应付单的录入以及生成凭证的操作。

【任务目标】

本任务的目标是重点掌握应付单的录入和应付单生成凭证的操作。

【知识讲解】

一、应付管理模块初始化工作

应付管理模块的初始化工作，主要包括各种控制参数和基础信息的设置以及期初余额的录入操作。

（一）控制参数和基础信息的设置

1. 控制参数设置

控制参数主要涉及基本信息、应付款核销方式和规则选项等对象。

- **基本信息的设置**：基本信息设置主要包括企业名称、银行账号和启用年份与会计期间。
- **应付款核销的设置**：应付款核销是确定付款与采购发票、应收单据之间对应关系的操作，即指明每一次付款是哪几笔采购业务款项。应付管理模块一般提供的核销方式有按单据核销或按存货核销。
- **规则选项**：应付管理模块的常用规则选项主要包括核销是否自动生成凭证和预付冲应付是否生成转账凭证两项内容。

2. 基础信息设置

基础信息设置主要包括会计科目、对应科目的结算方式和账龄区间的设置。

- **会计科目设置**：会计科目设置是指定义应付管理模块凭证制单所需的基本科目，如应付科目、预付科目等。一旦发生此科目的业务时，生成的凭证中将自动填入对应的会计科目，无需手动录入。
- **对应科目的结算方式设置**：对应科目的结算方式即付款方式，主要包括现金、支票、汇票等。同样，一旦发生此结算方式所对应科目的业务时，生成的凭证中将自动填入对应的会计科目，无需手动录入。

● **账龄区间设置**：账龄区间设置可进行应付账款账龄分析，根据欠款时间，将应付账款划分为若干等级，以便掌握对供应商的欠款时间长短。

（二）期初余额录入

期初余额录入是指初次使用应付管理模块时，要将系统启用前未处理完的所有供应商的应付账款、预付账款、应付票据等数据录入到系统，以便以后的核销处理。

试题精讲

【多选题】下列选项中，属于应付管理模块的控制参数设置对象的是（　　）。

A．企业名称设置　　　　B．银行账号设置

C．应付科目设置　　　　D．付款方式设置

【答案】A、B

【解析】企业名称和银行账号设置属于控制参数中的基本信息设置；应付科目设置属于基础信息的会计科目设置；付款方式设置属于基础信息的对应科目结算方式设置。

二、应付管理模块日常处理

应付管理模块涉及的日常处理主要包括各种单据处理、各种转账处理、票据管理以及生成相应的记账凭证等操作。

（一）应付处理

应付管理模块的单据处理主要包括三方面的内容，即应付单据处理、付款单据处理和单据核销。

1. 单据处理

（1）应付单据处理

企业的应付款来源于采购发票和其他应付单，采购发票主要包括专用发票和普通发票。处理应付单据时，应遵守以下规定。

● 如果应付管理模块与采购管理模块同时使用，采购发票必须在采购管理模块中填制，并在审核后自动传递给应付管理模块。应付管理模块中只需录入未计入采购货款和税款的其他应付单数据。

● 如果不使用采购管理模块，则全部业务单据都必须在应付管理模块中录入。

● 应付管理模块具有对采购发票与其他应付单的新增、修改、删除、查询、预览、打印、制单、审核记账以及其他处理功能。

（2）付款单据处理

付款单据可以记录企业支付给供应商的款项。应付管理模块对付款单和预付单的处理，主要涉及新增、修改和删除等操作。

（3）单据核销

单据核销用于建立付款与应付款的核销记录，以便加强往来款项的管理。同时，单据的核销日期也是账龄分析的重要依据。

单据核销可采用手工核销和自动核销两种方式。

● **手工核销**：通过查询找到单据，并选择其中需要核销的单据选项，然后手工录入核销金额进行核销。

● **自动核销**：查询并选择需核销的单据，系统自动根据匹配的金额进行核销。

2. 转账处理

转账处理包括应付冲应付、预付冲应付和应付冲应收的转账处理业务。

- **应付冲应付**：应付冲应付是指将一家供应商的应付款转到另一家供应商中。通过将应付款业务在供应商之间转入、转出，实现应付业务的调整，解决应付款业务在不同供应商间入错户和合并户等问题。
- **预付冲应付**：预付冲应付主要用于处理供应商的预付款和该供应商应付欠款的转账核销业务。
- **应付冲应收**：应付冲应收是指用某供应商的应付款冲抵某客户的应收款项。通过应付冲应收，将应付款业务在供应商和客户之间进行转账，实现应付业务的调整，解决应付债权与应收债务的冲抵。

（二）票据管理

票据管理主要用来管理企业采购商品、接受劳务开出的银行承兑汇票或商业承兑汇票等应付票据，包括新增、修改、删除及付款、退票等管理操作。

（三）生成记账凭证

应付管理模块为每一种类型的付款业务编制相应的记账凭证，并将记账凭证传递到账务处理模块。对已录入的应付单或付款单，审核后可立即制单，也可日后集中起来批量制单。

试题精讲

【单选题】下列选项中，属于应付管理模块转账处理功能的是（　）。

A. 应收冲应收　　B. 预收冲应收

C. 应收冲应付　　D. 应付冲应收

【答案】D

【解析】A、B、C选项均属于应收管理模块的转账处理功能。

三、应付管理模块期末处理

应付管理模块的期末处理包括期末结账、应付账款查询和应付账龄分析等工作。

（一）期末结账

1. 期末结账的概念

期末结账是指当月业务全部处理完毕，且在采购管理模块期末结账的前提下，执行应付管理模块的月末结账功能。

2. 期末结账的控制

期末结账时需注意以下几点。

- 本期一旦结账就不能再进行数据的录入工作。
- 若已结账的月份还有数据需要处理，可取消结账，但只能在该月账务处理模块未结转时才能取消。

（二）应付账款查询

应付账款查询包括单据查询和账表查询。

- **单据查询**：单据查询是指对采购发票和付款单等单据的查询操作。
- **账表查询**：账表查询是指对往来总账、往来明细账、往来余额表的查询以及总账、明细账、单据之间的联查操作。

（三）应付账龄分析

账龄分析主要是用来对未核销的往来账余额、账龄进行分析，以便及时发现问题，加强对往来款项动态的监督管理。

试题精讲

【多选题】应付管理模块可查询（　　）。

A. 销售发票　　　　B. 采购发票

C. 收款单据　　　　D. 付款单据

【答案】B、D

【解析】销售发票和收款单据是应收管理模块才能进行查询的对象。

【任务实施】

下面根据前面所讲的基础知识，结合相关的实例完成应付管理模块的相关操作。

一、录入应付单

录入应收单的方法是在“应付管理”功能界面中启用“应付贷项”或“应付借项”功能，然后在打开的应付单中按要求进行填制即可。

【例3-40】录入应付单（单据类型为应付贷项）。2015年1月21日，乙公司因采购甲材料欠鸿运公司货款30 000元；应付科目为“应付账款”；付款条件为“现金”；摘要为“应付账款”；对方科目为“甲材料”。

其具体操作如下（演示参见：光盘\视频演示\项目三\例3-40.swf）。

STEP 1 在会计软件窗口的左侧单击应付管理按钮，然后单击右侧界面中的“应付贷项”图标，或选择【应付】/【应付贷项】菜单命令，如图3-192所示。

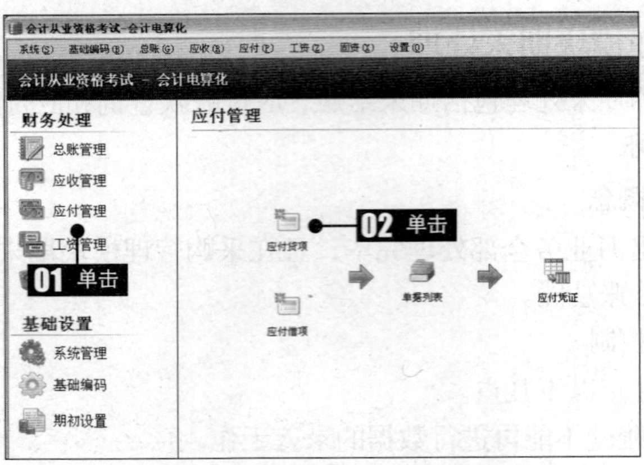

图3-192　启用“应付贷项”功能

STEP 2 打开“应付单”对话框，在“单位”下拉列表框中选择“鸿运有限公司”，在“应付科目”下拉列表框中选择“2202 应付账款”，在“付款条件”下拉列表框中选择“001 现金”，在“日期”下拉列表框中将日期设置为“2015/1/21”，如图3-193所示。

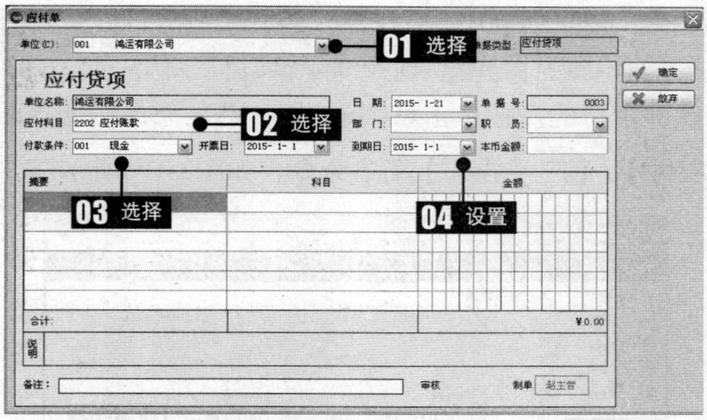

图3-193 设置应付单

STEP 3 在“摘要”栏的空白单元格中输入“应付账款”，在“科目”栏的空白单元格中选择“1403-01 甲材料”，如图3-194所示。

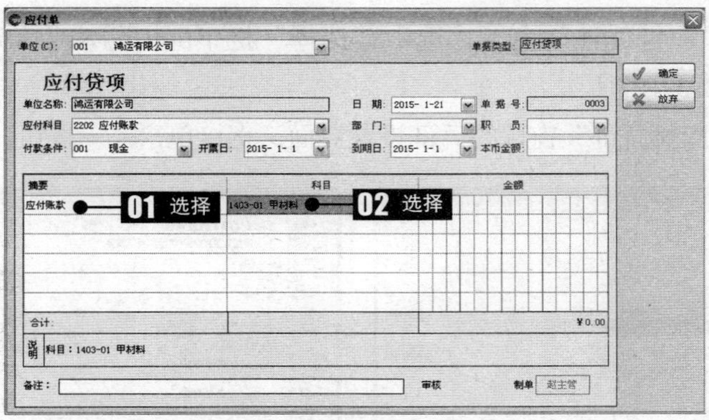

图3-194 设置单据摘要和科目

STEP 4 在“金额”栏下输入“30 000”，在上方的“本币金额”文本框中输入“30 000”，系统自动识别为“¥30,000.00”，单击确定按钮完成操作，如图3-195所示。

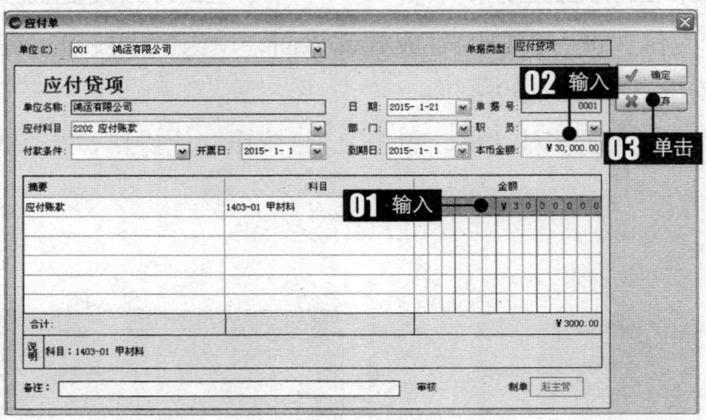

图3-195 输入单据金额

二、生成记账凭证

应付单生成记账凭证的方法是在“应付管理”功能界面中启用“应付凭证”功能，然后在打开的对话框中按要求进行应付凭证的设置即可。

【例3-41】请选择单据号为0001的应付单，将其生成凭证并查看。

其具体操作如下（演示参见：光盘\视频演示\项目三\例3-41.swf）。

STEP 1 在会计软件窗口的左侧单击应付管理按钮，然后单击右侧界面中的“应付凭证”图标，或选择【应付】/【应付凭证】菜单命令，如图3-196所示。

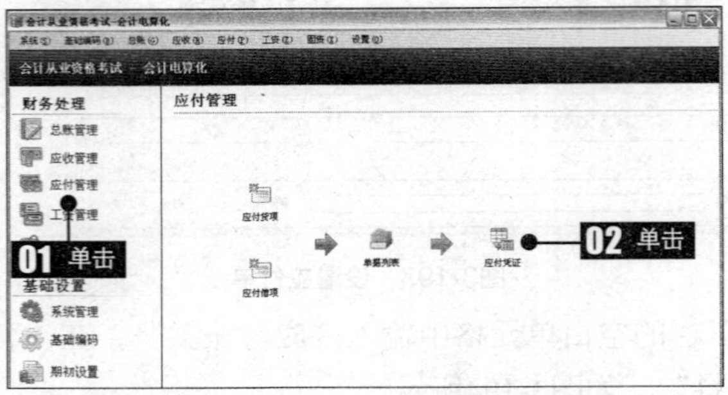

图3-196 启用“应付凭证”功能

STEP 2 打开“应付凭证”窗口，选中“选择”栏下0001号应收单据对应的复选框，单击下一步按钮，如图3-197所示。

STEP 3 打开“应付凭证”窗口的凭证设置界面，直接单击下一步按钮，如图3-198所示。

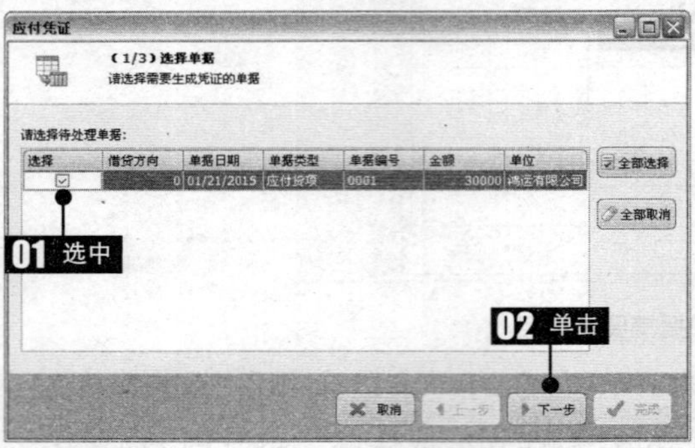

图3-197 选择需生成凭证的应付单

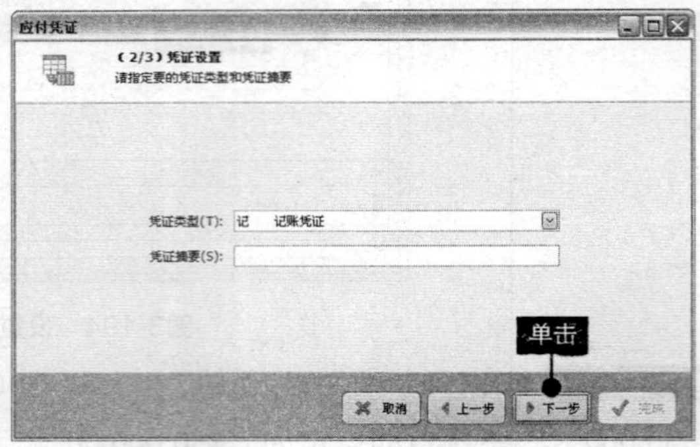

图3-198 设置凭证类型和摘要

STEP 4 打开“应付凭证”窗口的生成凭证界面，单击完成按钮，在弹出的“询问”对话框中单击是(Y)按钮，如图3-199所示。

STEP 5 打开“记账凭证”对话框，单击确定按钮完成操作，如图3-200所示。

图3-199 生成凭证

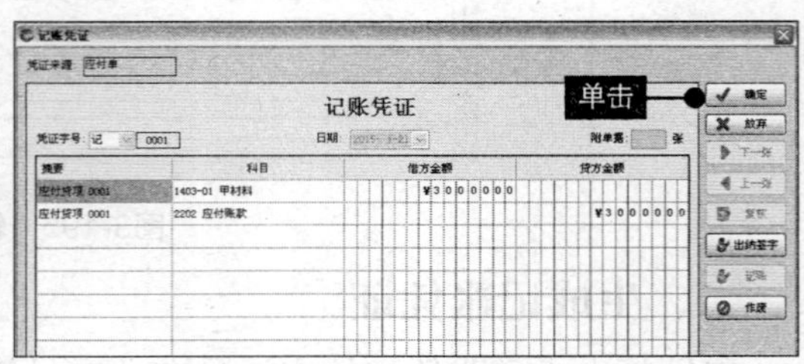

图3-200 查看凭证内容

任务八 报表管理模块的应用

报表管理模块的应用主要包括报表数据来源、报表管理模块应用基本流程和利用报表模板生成报表等内容，下面将对报表管理模块的相关基础知识以及相应的操作进行详细的讲解。

【任务目标】

本任务的目标是了解报表的几种数据来源，以及报表管理模块的应用流程；重点掌握报表的格式设置，报表的打开和保存操作，并熟悉报表的新建和公式的基本使用方法。

【知识讲解】

一、报表数据来源

会计报表的数据来源，可以有多种途径，包括手工录入、来源于其他报表及来源于其他模块几种。

- **手工录入：**手工录入是最常见的报表数据来源方式，同时，报表中的有些数据也只能通过手工输入来获取。例如，资产负债表中“一年内到期的非流动资产”和“一年内到期的非流动负债”需要直接输入数据。
- **来源于报表管理模块其他报表：**会计报表中，某些数据可能取自某会计期间同一会计报表的数据，也可能取自某会计期间其他会计报表的数据。
- **来源于系统内其他模块：**会计报表数据可来源于系统内的其他模块，如账务处理模块、固定资产管理模块等。

试题精讲

【多选题】下列选项中，可以作为报表数据来源的是（　　）。

A. 手工录入的资产负债表中的数据

B. 取自某会计期间的同一会计报表的数据

C. 来源于账务处理模块的数据

D. 来源于固定资产管理模块的数据

【答案】A、B、C、D

【解析】报表数据的来源包括手工录入、来源于报表管理模块的其他报表，以及来源于系统内其他模块。上述所有选项均符合这些条件。

二、报表管理模块应用基本流程

（一）格式设置

报表格式设置的具体内容一般包括：定义报表尺寸、定义报表行高列宽、绘制表格线、定义单元属性、定义组合单元、设置关键字等。

1. 定义报表尺寸

定义报表尺寸是指设置报表的行数和列数。企业可事先根据要定义的报表大小，计算该表所需的行列数量，然后进行设置，以创建符合需要的报表尺寸。

2. 定义行高和列宽

设置行高、列宽应以能够放下当前报表中最高数字和最宽数据为原则，保证报表中的所有数据都能完整显示，否则在生成报表时，会产生数据溢出的错误。

3. 绘制表格线

为满足查询打印的需要，在报表尺寸设置完毕、报表输出前，还需要在适当的位置上绘制表格线，提高报表数据的可读性，同时也能适当美化报表。

4. 定义单元属性

定义单元属性包括设置单元类型及数据格式、数据类型、对齐方式、字型、字体、字号、颜色及边框样式等内容。其中会计报表中的单元属性主要包括数值单元、字符单元和表样单元。

- **数值单元：**数值单元主要用于存放数值型数据，刚创建的新表默认的单元类型均为数值型。
- **字符单元：**字符单元主要用于存放字符型数据。
- **表样单元：**表样单元用于定义一个没有数据的空表所需的所有文字、符号或数字。一旦单元定义为表样，则在其中输入的内容对所有表页都将有效。

5. 定义组合单元

把几个单元作为一个单元来使用即为组合单元，所有针对单元的操作对组合单元同样有效。

6. 设置关键字

关键字是一种特殊的单元，可唯一标识一个表页，以便快速对表页进行查询。每个报表可定义多个关键字。

（二）公式设置

报表中的公式设置主要有计算公式设置、审核公式设置和舍位平衡公式设置。

1. 计算公式

计算公式是指对报表数据单元进行赋值的公式，是一类必须定义的公式，其作用是从账簿、凭证、本表或他表等处调用、运算所需要的数据，并填入相关的单元格中。

2. 审核公式

审核公式是由关系公式和提示信息组成的，它可以把报表中某一单元或某一区域与另外某一单元、某一区域或其他字符用逻辑运算符连接起来。审核公式不是必须定义的一类公式，其作用主要是审核报表内或报表间的数据勾稽关系是否正确。

3. 舍位平衡公式

舍位平衡公式主要用于报表数据进行进位或小数取整后调整数据，不是必须定义的一类公式。

公式的结构为“=A1+B2”，以“=”开头，紧跟需计算的单元格地址和运算符，如该公式表示A1与B2单元格之和。

（三）数据生成

报表公式定义完成后，或者在报表公式未定义完需要查看报表数据时，将报表切换到显示数据的状态，就生成了报表的数据，其生成的过程是由系统自动完成的，分为输入关键字和表页重算两个步骤。

（四）报表文件的保存

对于新建的报表文件，用户需要对其进行保存。一般可利用会计软件提供的“保存”或“另存为”命令进行操作。

（五）报表文件的输出

会计报表按输出方式的不同，通常分为屏幕查询输出、图形输出、磁盘输出、打印输出和网络传送5种类型。

- **屏幕查询输出**：屏幕查询输出简称查询输出，又称屏幕输出、屏幕显示或显示输出，是最为常见的一种输出方式。
- **图形输出**：根据报表的数据生成图形时，系统会显示与会计报表数据有关的图形，便于分析会计报表。
- **磁盘输出**：此方式可以将报表以文件的形式输出到磁盘，以便上报下传。
- **打印输出**：打印输出可将编制出来的报表以纸介质的形式表现出来。对按规定需打印的报表就应该采用此方式输出，如库存现金日记账、银行存款日记账需要每日打印，资产负债表、利润表等月报表要求每月打印。
- **网络传送**：网络传送可以通过计算机网络将各种报表从一个工作站传递到另一个或几个工作站。

试题精讲

【多选题】属于报表文件输出方式的是（　　）。

A. 屏幕输出　　B. 图形输出

C. 打印输出　　D. 网络传送

【答案】A、B、C、D

【解析】屏幕输出即屏幕查询输出，上述所有选项均是报表文件的输出方式。

三、利用报表模板生成报表

报表管理模块通常提供按行业设置的报表模板，为每个行业提供若干张标准的会计报表模板，以便用户直接从中选择合适的模板快速生成固定格式的会计报表。用户不仅可以修改系统提供的报表模板中的公式，而且可以生成、调用自行设计的报表模板。

【任务实施】

下面根据前面所讲的基础知识，结合相关的实例完成报表管理模块的相关操作。

一、设置报表格式

设置报表格式的方法是在打开的"会计电算化报表"窗口中，单击工具栏的"格式"，在其下拉列表中选择"行高"或者"列宽"，并根据要求进行设置即可。

【例3-42】打开"利润表.srp"报表文件（D:\会计报表），设置A列的列宽为370，然后保存报表文件。

其具体操作如下（演示参见：光盘\视频演示\项目三\例3-42.swf）。

STEP 1 在"会计电算化报表"窗口中单击工具栏中的"打开"按钮，或者选择【文件】/【打开】菜单命令，如图3-201所示。

STEP 2 打开"打开"对话框，在"查找范围"下拉列表框中选择D盘下的"会计报表"文件夹，然后在下方的列表框中选择"利润表"选项，单击打开(O)按钮，如图3-202所示。

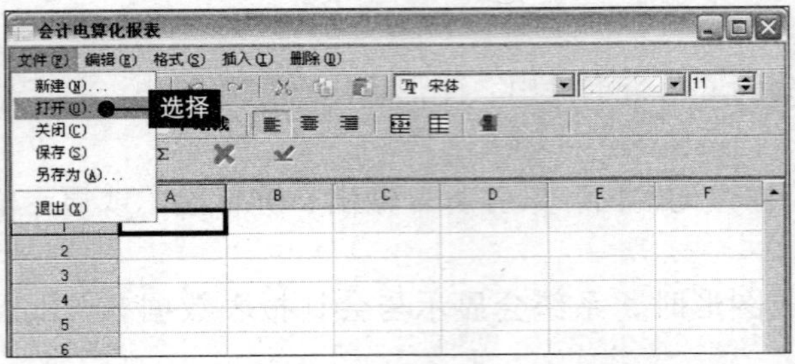

图3-201　打开报表文件

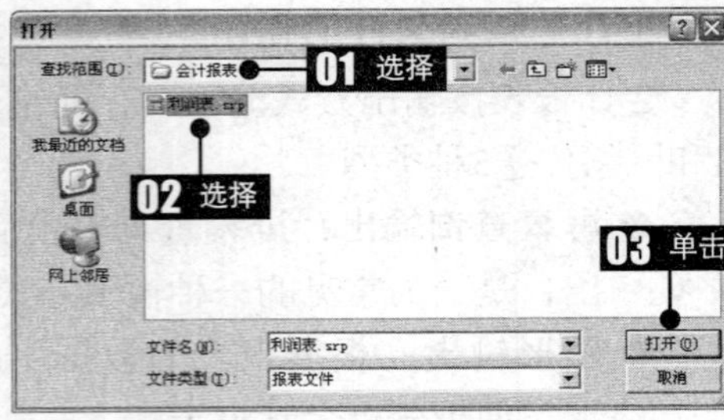

图3-202　选择报表文件

STEP 3 返回"会计电算化报表"窗口，选择A列下的任意单元格，然后选择【格式】/【列宽】菜单命令，如图3-203所示。

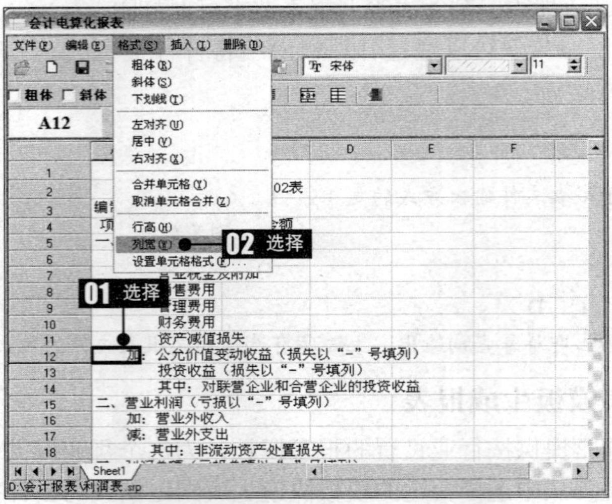

图3-203　设置列宽

STEP 4 打开"列宽设置"对话框，在其中的文本框中输入"370"，单击 确定 按钮，如图3-204所示。

STEP 5 单击工具栏中的"保存"按钮完成操作，如图3-205所示。

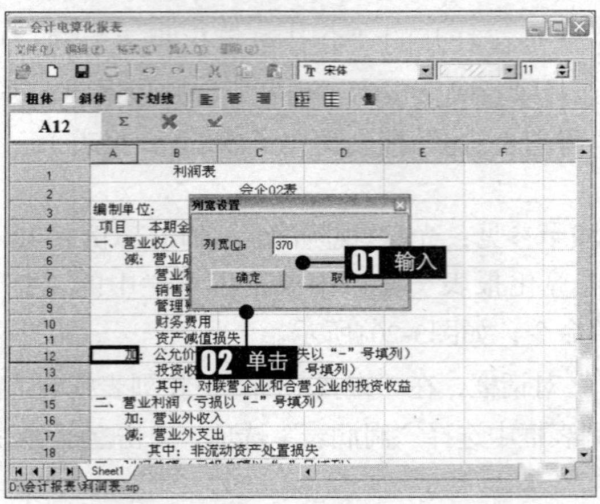

图3-204　输入列宽值

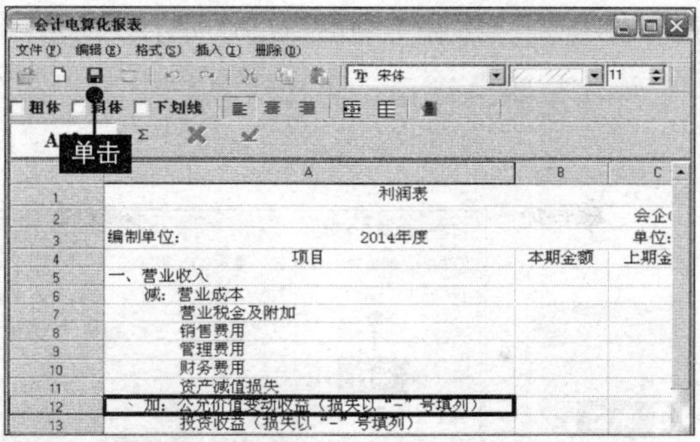

图3-205　保存报表文件

名师点睛　若需要设置报表行高，则可选择该行的任意单元格，然后选择【格式】/【行高】菜单命令，在打开的对话框中输入行高值，确认操作即可。

二、设置报表表格线

设置报表表格线的方法是在打开的“会计电算化报表”窗口中，选择工具栏的“设置单元格格式”菜单命令，然后根据要求进行设置即可。

【例3-43】打开“利润表.srp”报表文件（D:\会计报表），为A1:C26单元格区域添加内外均为细实线的边框，然后保存报表文件。

其具体操作如下（演示参见：光盘\视频演示\项目三\例3-43.swf）。

STEP 1　在“会计电算化报表”窗口中利用“打开”按钮，或选择【文件】/【打开】菜单命令，打开“利润表.srp”报表文件，拖动鼠标选择A1:C26单元格区域，然后选择【格式】/【设置单元格格式】菜单命令，如图3-206所示。

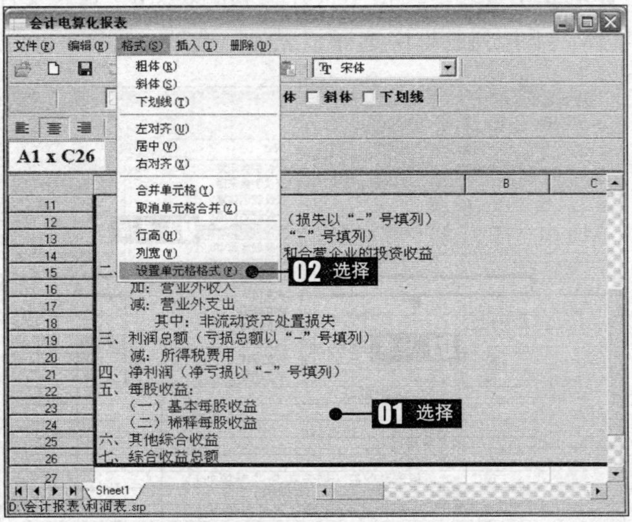

图3-206　选择单元格区域并执行菜单命令

STEP 2　打开“单元格格式设置”对话框，单击“边框”选项卡，在“线条”栏的“样式”列表框中选择左列左下方的样式选项，依次单击“预置”栏中的“外边框”按钮和

“内边框”按钮⊞，然后单击 确认 按钮，如图3-207所示。

STEP 3 返回“会计电算化报表”窗口，单击工具栏中的“保存”按钮■完成操作，如图3-208所示。

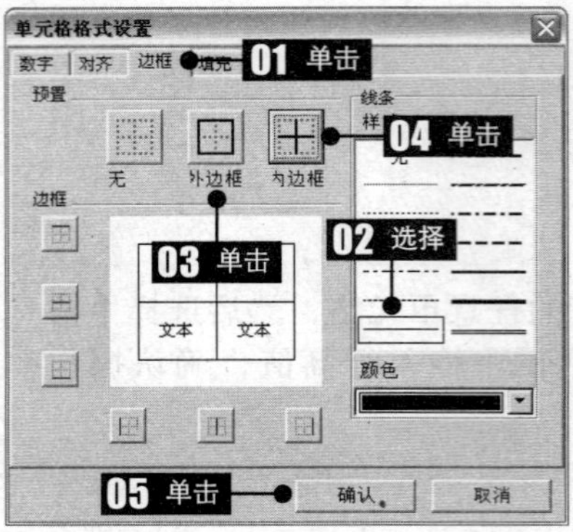

图3-207　添加边框

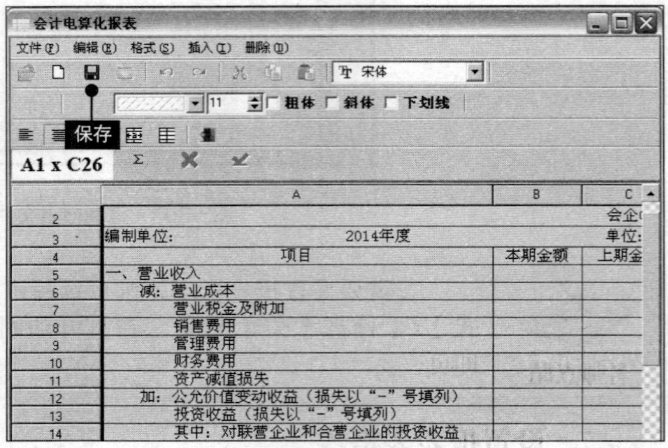

图3-208　保存报表文件

三、设置报表单元格属性

设置报表单元格属性的方法是在打开的“会计电算化报表”窗口中，首先选择需要设置的单元格，然后在工具栏设置“字体”“字号”等即可。

【例3-44】打开“利润表.srp”报表文件（D:\会计报表），将A1单元格的内容修改为“A企业利润表”，然后设置A1单元格的字体为“黑体”，字号为“16”，粗体显示，最后保存报表文件。

其具体操作如下（演示参见：光盘\视频演示\项目三\例3-44.swf）。

STEP 1 在“会计电算化报表”窗口中打开“利润表.srp”报表文件，选择A1单元格，然后在工具栏的“字体”下拉列表框中选择“黑体”选项，如图3-209所示。

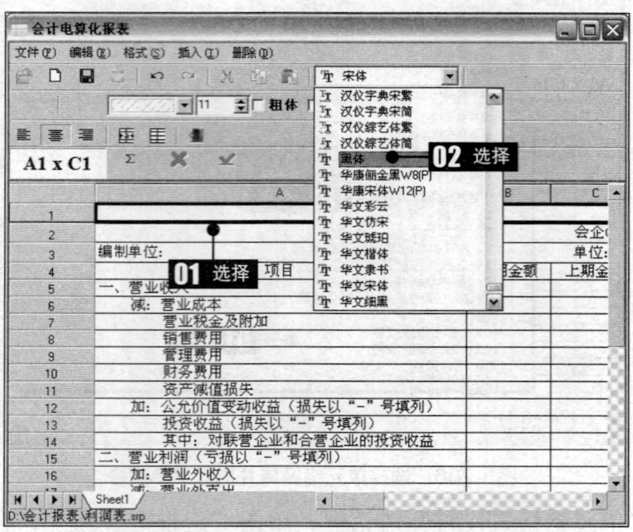

图3-209　设置字体

STEP 2 在工具栏的“字号”数值框中将数字设置为“16”，选中右侧的“粗体”复选框，最后单击“保存”按钮完成操作，如图3-210所示。

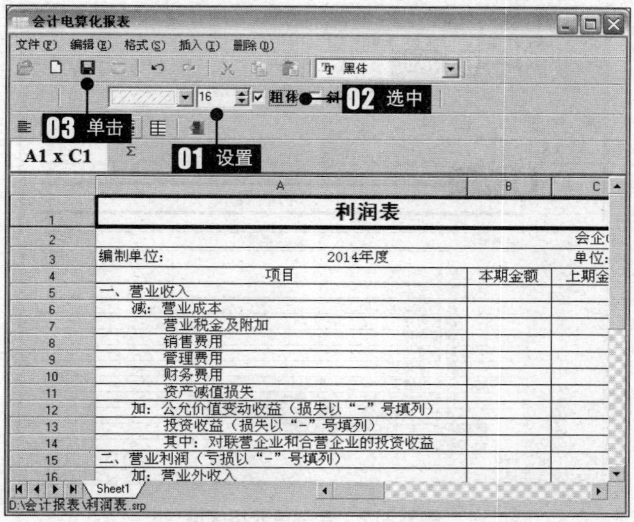

图3-210　设置字号及字形

四、定义组合单元

定义组合单元的方法是在打开的“会计电算化报表”窗口中，首先选择单元格区域，然后单击工具栏的“合并单元格”按钮即可。

【例3-45】打开“利润表.srp”报表文件（D:\会计报表），合并A1:C1单元格区域，然后保存报表文件。

其具体操作如下（演示参见：光盘\视频演示\项目三\例3-45.swf）。

STEP 1 在“会计电算化报表”窗口中打开“利润表.srp”报表文件，拖动鼠标选择A1:C1单元格区域，如图3-211所示。

图3-211　选择单元格区域

STEP 2 单击工具栏中的“合并单元格”按钮，然后单击“保存”按钮完成操作，如图3-212所示。

图3-212　合并单元格区域

名师点睛　设置报表格式时，可首先考虑利用工具栏中提供的各种按钮或下拉列表框来进行设置，以节省操作时间。如果无法实现操作或不允许使用该操作，再考虑利用“格式”菜单中的相关菜单命令来解题。

五、设置报表公式

设置报表公式的方法是在打开的“会计电算化报表”窗口中，选择需要设置公式的单元格，然后单击“公式”按钮，再根据要求进行设置即可。

【例3-46】打开“资产负债表.srp”报表文件（D:\会计报表），利用本表单元格间的勾稽关系，在C21单元格中输入公式并计算数据，最后保存报表。

其具体操作如下（演示参见：光盘\视频演示\项目三\例3-46.swf）。

STEP 1　在“会计电算化报表”窗口中打开“资产负债表.srp”报表文件，选择B21单元格，然后单击工具栏中的“公式”按钮Σ，如图3-213所示。

STEP 2　打开“计算公式”对话框，查看B21单元格中的公式内容后，单击确定按钮，如图3-214所示。

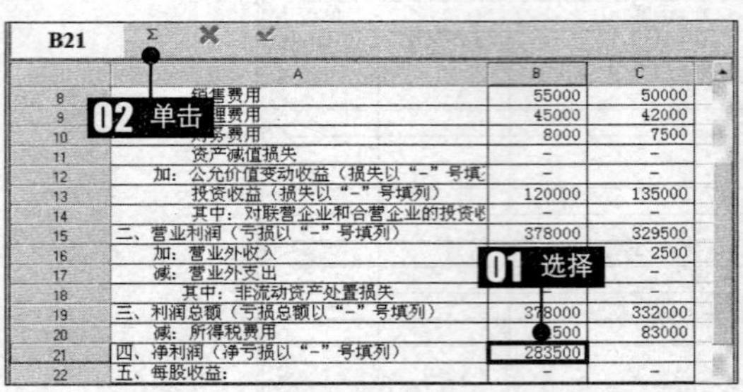

图3-213　选择单元格并单击“公式”按钮

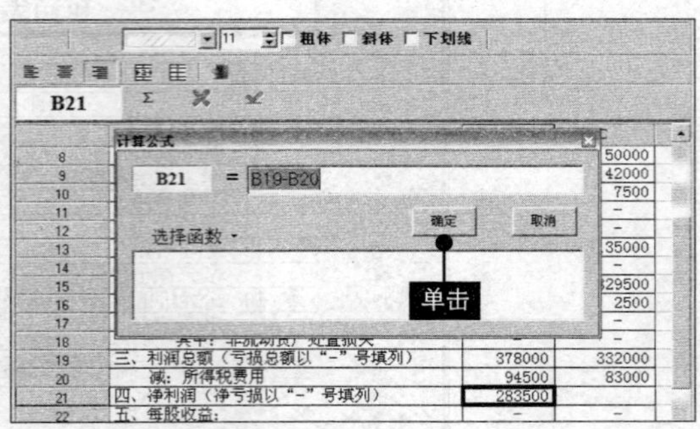

图3-214　查看公式内容

STEP 3　选择C21单元格，切换到大写状态，输入“=C19-C20”，如图3-215所示。

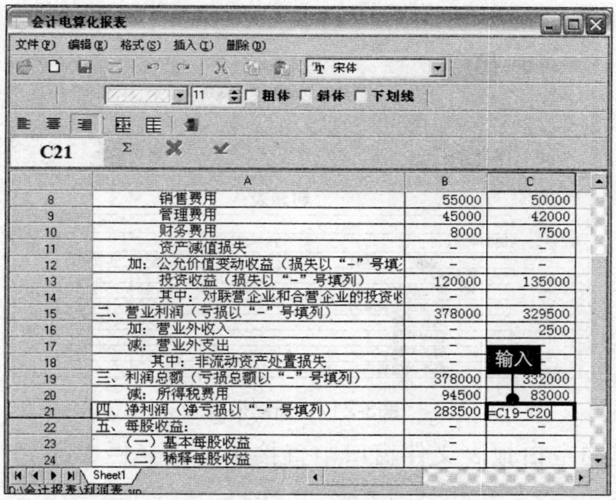

图3-215 输入公式

STEP 4 按【Enter】键确认公式，然后单击“保存”按钮完成操作，如图3-216所示。

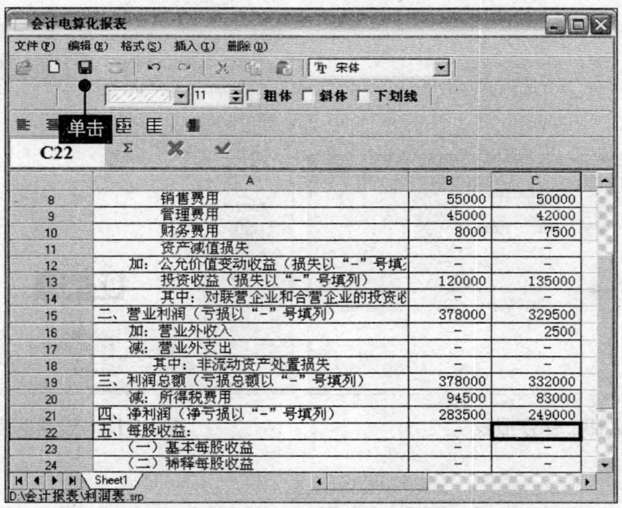

图3-216 显示计算结果

六、保存报表文件

保存报表文件的方法是在打开的“会计电算化报表”窗口中，单击保存按钮，然后根据要求设置保存文件名和保存路径即可。

【例3-47】新建并保存报表。报表名称：2015年1月考勤表；保存位置：D:\会计报表。

其具体操作如下（演示参见：光盘\视频演示\项目三\例3-47.swf）。

STEP 1 在“会计电算化报表”窗口中单击“新建”按钮，或选择【文件】/【新建】菜单命令，如图3-217所示。

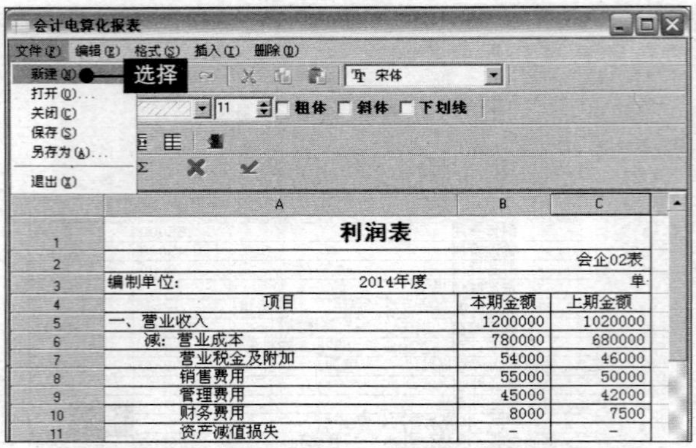

图3-217　新建报表

STEP 2　在新建的空白报表文件窗口中直接单击工具栏中的“保存”按钮，如图3-218所示。

STEP 3　打开“另存为”对话框，在“保存在”下拉列表框中选择D盘下的“会计报表”文件夹，在“文件名”下拉列表框中输入“2015年1月考勤表”，单击[保存(S)]按钮完成操作，如图3-219所示。

图3-218　保存报表

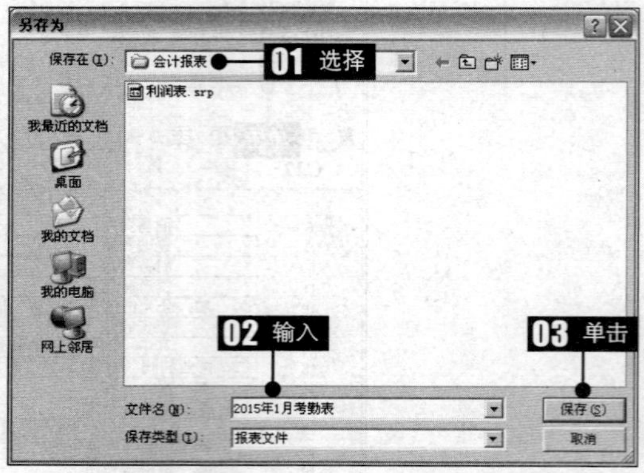

图3-219　设置保存位置和名称

项目总结

本项目主要介绍会计软件的应用流程、系统级初始化和账务处理、固定资产管理、工资管理、应收管理、应付管理、报表管理模块的应用等内容。本项目的内容必须全面理解和掌握，尤其是对各模块的操作应用应重点掌握。因为在会计电算化考试中实务操作题为60分，同时对相关模块的熟练操作也是成为一名合格的会计人员的必备技能。

因此，为进一步巩固前面所讲的知识和加强对相关模块的操作应用能力，在下面的项目实训中设置了6项实务操作。

此外，对会计电算化中涉及到的社会保险费的计算、账龄分析和报表的相关知识将在拓展知识中进行讲解。

项目实训一 新建账套并设置用户权限

新建账套和设置用户权限两项操作在会计软件中都是必须进行的，因为会计软件只有建立账套后才能在该账套中进行数据处理，而根据用户的职位和分工的不同，需要对其进行相应的权限设置。

【实训目标】

通过本实训掌握在会计软件中新建账套和设置用户权限的方法。

【实训资料】

新建账套，账套名称为“蓝天实业股份有限公司会计制度”，会计制度为“企业会计制度”，所属行业为“新会计标准”，本位币为“人民币”，启用会计期间为“2015年01月01日”，以默认操作员登录后新增一个姓名为“蔡主管”的操作员并授予其所有权限。

【实训指导】

STEP 1 在会计软件窗口中选择【系统】/【新建账套】菜单命令。

STEP 2 打开“新建账套”对话框，在“新建账套名”文本框中输入“蓝天实业股份有限公司会计制度”，单击“下一步”按钮。

STEP 3 根据打开的对话框设置会计制度、所属行业、本位币、启用会计期间等信息，完成后以默认的操作员登录系统。

STEP 4 在会计软件窗口的左侧单击“系统管理”按钮，然后单击右侧界面中的“用户管理”图标。

STEP 5 打开“操作员列表”窗口，单击工具栏中的“新增”按钮。

STEP 6 打开“新增操作员”窗口，新增操作员“蔡主管”并授予其所有权限。

项目实训二 录入会计凭证

录入会计凭证是会计人员利用会计软件处理经济业务的最为重要的事项之一，要想成为一名合格的会计人员就必须掌握快速而准确的录入会计凭证。

【实训目标】

通过本实训进一步提高在会计软件中录入会计凭证效率。

【实训资料】

2015年1月15日，收回恒信科技有限公司所欠货款53 200元，以现金方式存入建设银行，请填制记账凭证。

【实训指导】

STEP 1 单击会计软件窗口左侧的“总账管理”按钮，然后单击右侧界面中的“填制凭证”图标，或选择【总账】/【填制凭证】菜单命令。

STEP 2 打开“记账凭证”对话框，按资料所述内容填制凭证。

项目实训三 固定资产业务处理

固定资产是企业从事生产经营的必备资源。其日常的业务处理主要包括固定资产的增加、固定资产的减少、固定资产的盘盈盘亏以及计提折旧等。固定资产作为企业最为重要的资产之一，要求会计人员必须掌握与其相关的业务处理。

【实训目标】

通过本实训熟练掌握固定资产增加的相关业务处理工作。

【实训资料】

新增固定资产。卡片编号：0014；固资编码：QC03；固资名称：宝来汽车；固资类别：汽车类；使用状态：使用中；增加方式：购入；增加日期：2014-08-11；使用部门：财务部；折旧费用科目：6602-01 折旧费；原值：150 000；折旧方法：年数总和法；预计使用年限：5（年）。

【实训指导】

STEP 1 在会计软件窗口的左侧单击"固定资产"按钮，然后单击右侧界面中的"固资增加"图标，也可在菜单栏选择【固资】/【固资增加】菜单命令。

STEP 2 打开"固定资产增加"对话框的"基础资料"选项卡，按要求设置固定资产的卡片编号、固定资产编号、固定资产名称、固定资产类别、增加方式、使用部门、使用状态和折旧费用科目。

STEP 3 单击"折旧资料"选项卡，继续按要求设置固定资产的本币金额、折旧方法和预计使用年限等，完成固定资产的增加。

项目实训四 工资业务处理

工资业务处理是企业管理的重要组成部分，它影响到企业的发展，涉及每位员工的切身利益。工资业务处理是否恰当，是能否调动员工工作积极性的重要环节，更是能否有效地降低工资成本，更好提高生产效率的关键。

【实训目标】

通过本实训掌握录入工资数据前新增工资项目以及设置相关参数的方法。

【实训资料】

将2月份工资表名称修改为"2015年2月工资表"，然后新增工资项目"加班工资"，设数据长度为"12"，设小数位数为"2"。

【实训指导】

STEP 1 在会计软件窗口左侧单击"工资管理"按钮，再单击右侧界面中的"工资表目录"图标，或选择【工资】/【工资表目录】菜单命令。

STEP 2 打开"工资表目录"窗口，将2月份工资表修改为"2015年2月工资表"，单击"下一步"按钮。

STEP 3 新增“加班工资”项目并设置其数据长度和小数位数。

项目实训五 录入应收单

应收业务是财会部门日常处理的业务中较为常见的业务之一，通过对应收款项全方位的管理，可以实现应收业务与供应链等相关业务的紧密连接，辅助企业业务流动，强化对资金的控制，保证企业资金的健康流动。

【实训目标】

通过本实训掌握录入应收单的方法，提高录入应收单的准确性。

【实训资料】

1月18日，鑫安杰特科技有限公司欠货款57 000元，请录入应收单。

摘要：应收所欠货款；

应收科目：1122 金额：57 000；

对方科目：6001 金额：57 000；

【实训指导】

STEP 1 在会计软件窗口的左侧单击应收管理按钮，然后单击右侧界面中的“应收借项”图标，或选择【应收】/【应收借项】菜单命令。

STEP 2 打开“应收单”对话框，根据资料录入“单位”“日期”“摘要”“科目”“金额”等项目，完成应收单的录入。

拓展知识

一、社会保险费

会计人员每个月都需要对企业的员工工资进行核算，员工工资的其中一项便是社会保险费用。会计人员可以提前在会计软件中设置好相应的保险费计算方法，录入数据后由软件自动处理。因此会计人员有必要对社会保险费的缴费标准有所了解，并结合企业的实际对保险费的计算方法进行设置。社会保险费的计费标准和依据如下。

- **养老保险费**：企业缴费费率为20%左右，计费依据为上月工资总额。 企业职工个人费率为8%，计费依据为上年职工月平均工资，由社保经办机构核定。
- **失业保险费**：单位缴费部分费率为2%，个人缴费部分的费率为1%；计费依据为上月工资总额。
- **基本医疗保险费**：单位缴费的费率在6%左右，职工个人的费率为2%。 企业缴费部分的计费依据为上月工资总额，机关事业单位、民办非企业单位、社会团体和职工个人缴费的计费依据由社保经办机构负责核定。
- **工伤保险费**：国家根据不同行业的工伤风险程度确立行业的差别费率，并根据工伤保险费使用、工伤发生率等情况，在每个行业内确立若干费率档次。一般在1%左右，定期由社保经办机构调整。计费依据为企业上月工资总额。
- **生育保险费**：费率为1%，计费依据为企业上月工资总额。

二、账龄分析

账龄分析是指企业对应收账款、其他应收款等按账龄长短进行分类，并分析其可回收性，以进一步确定应计提的坏账准备。

按照《企业会计制度》的规定，企业应当在期末对各项应收款项的可收回性进行分析，并预计可能发生的坏账损失，计提坏账准备。采取账龄分析法计提坏账准备需要注意期初和期末应收款项账龄段的划分，以及各个账龄段应收款项的坏账准备和账面余额之间的对应比例关系，是否与会计报表附注、会计政策、会计估计部分中所表述的应收款项账龄段的划分标准，以及各个账龄段应收款项的坏账计提比例相一致。

三、报表及其分类

报表是企业管理的基本措施和途径，是企业的基本业务要求。它可以帮助企业访问、格式化数据，并把数据信息以可靠和安全的方式呈现给使用者。报表主要是用表格、图表等方式动态显示数据。它不仅可以应用于企业管理，还可以应用于政府机关的日常工作，如上级对下级的监管、考核，即可要求下级定时报送一些报表，然后对这些报表进行分析统计。

根据用途的不同报表可分为以下几类。

- **财务报表**：财务报表是一套会计文件，它反映企业过去某个时间段（主要是季度或年度）的财务状况。
- **技术报表**：技术报表是技术项目主体对外提供的反映公司技术、项目状况的统计报表，如工作分解结构表、技术就绪水平量表等。
- **销售报表**：销售报表用于反应企业某一时间段内的销售情况，方便决策者掌握员工业绩、市场动向等情况，为企业管理和调整发展方向提供依据。
- **统计报表**：统计报表是按统一规定的表格形式，统一的报送程序和报送时间，自下而上提供统计资料的一种具有法律性质的报表。

真题精练

一、单选题

1. 为了明确操作员的工作范围和职责，应为每个操作员设定（　　）。

A. 操作员代码　　B. 操作权限

C. 操作员姓名　　D. 操作时间

2. 一个账套可以保存的会计核算对象的个数是（　　）。

A. 一个　　B. 两个

C. 三个　　D. 以上三个选项都正确

3. 应收、应付、固定资产等模块需要将处理业务编制成记账凭证，并直接存入（　　）。

A. 固定资产模块　　B. 工资模块

C. 账务处理模块　　D. 报表模块

4. 固定资产管理模块对账功能主要是指与（　　）模块进行对账。

A. 工资管理　　B. 账务处理

C. 应收管理　　D. 应付管理

5. 企业可结合自身的经营情况，通过（　　）确定一个较为合理的固定资产分类方法。

A. 设置固定资产卡片　　B. 设置固定资产编码

C. 设置固定资产类别　　D. 设置固定资产折旧方法

6. 职工工资中的变动项目是指每月都会发生变化的工资项目，如（　　）。

A. 基本工资　　B. 交通补贴

C. 加班工资　　D. 职务工资

7. 工资管理模块中的日常管理不包括（　　）。

A. 工资数据处理　　B. 工资报表管理

C. 个人所得税计算　　D. 设置工资核算公式

8. 下列选项中，（　）不属于应收管理模块控制参数设置中基本信息设置的内容。

A. 设置启用年份　　B. 设置银行账号

C. 设置企业名称　　D. 设置应收款核销方式

9. 应付管理模块为每一种类型的付款业务编制相应的记账凭证，并将记账凭证传递到（　　）模块。

A. 应收管理　　B. 账务处理

C. 工资管理　　D. 成本管理

10. 报表系统的处理流程是（　　）。

A. 格式设计、数据处理、打印输出　　B. 数据处理、格式设计、打印输出

C. 数据输入、数据处理、数据存储　　D. 数据处理、数据采集、数据输出

二、多选题

1. 期末处理的特点是（　　）。

A. 处理流程较为固定　　B. 处理流程较为灵活

C. 业务由计算机自动完成　　D. 业务需要借助于人工来完成

2. 设置外币的内容主要包括（　　）。

A. 币种编码　　B. 币名

C. 汇率　　D. 折算方式

3. 记账凭证输入时，出现（　　）时应予以提示并拒绝执行。

A. 记账凭证没有输入金额　　B. 没有输入明细科目代码

C. 没有输入借方科目　　D. 没有输入贷方科目

4. 关于审核，下列说法正确的有（　　）。

A. 只有具有审核权限的人员才能进行凭证审核

B. 审核通过的凭证才能记账

C. 审核人不能修改凭证

D. 审核后发现错误可以取消审核，再进行修改

5. 固定资产的增加方式主要有（　　）。

A. 直接购买　　B. 投资者投入

C. 融资租入　　D. 接受捐赠

6. 在工资管理模块中，设置工资项目包括（　　）。

A. 工资项目类型　　　　　　　　B. 工资项目名称
C. 小数位数　　　　　　　　　　D. 所属部门

7. 下列选项中，（　　）属于应收款管理模块中票据管理的操作内容。

A. 新增　　　　　　　　　　　　B. 删除
C. 修改　　　　　　　　　　　　D. 付款

8. 应付管理模块可查询（　　）。

A. 销售发票　　　　　　　　　　B. 采购发票
C. 收款单据　　　　　　　　　　D. 付款单据

9. 下列选项中，可以作为报表数据来源的是（　　）。

A. 手工录入的资产负债表中的数据　　B. 取自某会计期间的同一会计报表的数据
C. 来源于账务处理模块的数据　　　　D. 来源于固定资产管理模块的数据

三、判断题

1. 任何操作员都可以在账务处理系统中添加操作员。（　　）
2. 会计核算软件的账务处理系统中可以不提供对记账凭证的查询功能。（　　）
3. 设置固定资产管理模块的启用会计期间需在第一次进入固定资产管理模块时进行，因此该启用期间可早于账套建立的期间。（　　）
4. 工资核算系统的日常处理工作中需录入的工资数据就是由工资项目计算公式得到的数据。（　　）
5. 单据核销处理时的核销日期是账龄分析的重要依据。（　　）
6. 采用往来管理科目方式，可以核算和管理往来账总账和其下属的明细账。（　　）
7. 会计软件中只能按实际需要自定义生成报表。（　　）

四、实务操作题

1. 新建账套，账套信息如下。

账套名称：成都天宇科技有限责任公司
会计制度：采用小企业会计制度（2013）的单位
所属行业：小企业会计制度（2013）
本位币：人民币
启用会计期间：2015年01月01日

2. （操作员：黄主管；账套：账套2015；操作日期：2015年1月1日）

新增供应商。
单位编码：001
单位名称：都乐电子有限公司
地区：西南

3. （操作员：黄主管；账套：账套2015；操作日期：2015年1月1日）

新增客户档案。
单位编码：002
单位名称：重庆灵杰科技有限责任公司

4. （操作员：黄主管；账套：账套2015；操作日期：2015年1月1日）

增加部门档案。
部门编码：02

部门名称：财务部

5. （操作员：黄主管；账套：账套2015；操作日期：2015年1月1日）

新增会计科目。

科目编码：2221-01-05

科目名称：转出未交增值税

6. （操作员：系统管理员；账套：账套2015；操作日期：2015年1月1日）

设置外汇币种及汇率

币种编码:GBP

币种名称:英镑

币种小数位:2

汇率小数位:4

折算方式:原币×汇率

2015/1/1 当日汇率:9.6500

7. （操作员：黄主管；账套：账套2015；操作日期：2015年1月1日）

输入下列科目的期初余额。

银行存款 30000

8. （操作员：系统管理员；账套：账套2015；操作日期：2015年1月1日）

新增付款条件。

付款条件编码：30D

付款条件名称：30天

到期日期（天）：30

优惠日：10、折扣率：5%

优惠日：20、折扣率：3%

9. （操作员：系统管理员；账套：账套2015；操作日期：2015年1月1日）

新增固定资产类别。

固定资产类别编码：02

固定资产类别名称：测试设备

折旧方法：工作量法

预计使用年限：8（年）

10. （操作员：系统管理员；账套：账套2015；操作日期：2015年1月31日）

请填制凭证。

1月14日，收回重庆安德电子有限公司公司所欠货款24 000，以支票（票号： 1007）方式，支票已存入建行，请填制记账凭证。

摘要：收回欠款

借方：建行存款（1002-01） 24 000

贷方：应收账款（1122） 24 000

11. （操作员：王会计；账套：账套2015；操作日期：2015年1月31日）

2015年1月16日，销售部李丽预借差旅费3 500元，以现金支付

摘要：李丽借支差旅费

12. （操作员：黄主管；账套：账套2015；操作日期：2015年1月31日）

复核凭证。

复核凭证字号为“记 0004”的记账凭证。

13. （操作员：系统管理员；账套：账套2015；操作日期：2015年1月31日）

修改并设置指定工资发放项目。

工资表名：销售人员

项目名称：缺勤天数

类型：数字

长度：10

小数：0

14. （操作员：黄主管；账套：账套2015；操作日期：2015年1月31日）

录入应付单。

1月25日，由于采购原材料（已入库），欠九久科技有限公司货款23 400元。请录入应付单。

应付科目：2202　　　　　金额：23 400

对方科目：1403 −01　　 金额：20 000

　　　　　2221−01−02　　金额：3 400

15. 打开报表平台。

新建并保存报表文件，以“资产负债表.srp”为名称保存在考生文件夹下。

PART 4

项目四 应用电子表格软件

项目引入

叶丽娜：杜老师，我经常听说用友、金蝶等会计软件，是不是现在的企业都使用这些会计软件来做账呢？

杜老师：不一定，有些企业会根据需要，选择像Excel这样的软件来处理企业的财务、管理等问题。

叶丽娜：啊？就是Office软件里面的Excel表格吗？

杜老师：是的，别小看Excel哦，它虽然不是专门为财务人员设计开发的，但是在实务中财务人员经常会使用它处理各种问题，因此它也被称为“通用财务软件”。

叶丽娜：哦，Excel真让我刮目相看，我要好好补补课、充充电了。

学习目标

- 掌握公式、函数的运用；
- 掌握记录单的使用方法；
- 掌握排序、筛选与分类汇总；
- 掌握数据透视表的创建与设置；
- 熟悉启动与退出Excel、管理Excel文件的方法；
- 熟悉Excel图表的插入方法；
- 了解电子表格软件的种类与功能。

考情分析

- 题型与分值：单选题、多选题和判断题，分值约占10%。
- 复习重点与建议：读者可能之前用过Excel软件，在学习本项目时，可重点学习不熟悉的知识点和操作，并比较Excel 2003和Excel 2013的区别，可借助同一案例分别在两个版本软件中进行操作，以更好地理解和掌握Excel在处理财会实际问题时的方法。

任务一 了解电子表格软件

电子表格软件是处理数据的专业工具，通过它，可帮助企业实现大量数据的快速录入，完成数据的管理与利用，帮助会计人员提高工作效率，并提高企业的管理效率和水平。

【任务目标】

本任务的目标是了解电子表格软件的界面组成、主要功能，掌握基本操作，以便为学习数据的编辑、管理打下基础。

【知识讲解】

一、常用的电子表格软件

电子表格，又称电子数据表，是指由特定软件制作而成的，用于模拟纸上计算的由横竖线条交叉组成的表格。实务工作中，常用的电子表格软件主要有以下5种。

- Excel：是美国Microsoft公司办公自动化软件Office的重要组成部分，从1987年开始在Windows操作系统中使用，目前已经广泛应用于会计、统计、金融、财经、管理等众多领域。
- WPS电子表格：WPS是由香港金山公司与北大方正公司合作开发的中文办公软件，该软件从1999年开始集成了电子表格的功能，主要在Windows操作系统中使用，目前广泛应用于政府单位和国有大中型企业。
- Numbers：在Apple公司Mac操作系统中使用，该软件同时可用于iPad等手持设备。
- Lotus 1-2-3：是电子表格软件的先驱之一，由Lotus公司在1983年推出。
- Formula One：该软件不仅能在单机上应用，还更多作为第三方软件使用。

考虑到Excel软件操作简单直观、应用范围广泛、用户众多且与其他电子表格软件具有很好的兼容性，未特别说明时，本教材主要介绍Excel有关内容（以Excel 2003为主，Excel 2013为辅，如未特别说明，教材中所讲为专指Excel 2003的内容）。

案例阅读与思考

在实际生活中，不少中小企业直接将Excel作为财务管理软件应用于财会工作；大型企业由于业务多、数据复杂，很少直接使用Excel做账和处理会计数据，而是将其作为辅助的工具。对于中小企业，他们可能不愿意投资购入会计软件，而且即使购买了会计软件，其中的很多功能可能并不能满足中小企业的实际需要。相对于会计软件，Excel有以下优点吸引中小企业的眼光：（1）Excel对软硬件的平台要求不高，企业只要投入很少的软硬件即可免费使用。（2）Excel属于常用的办公软件，容易学习，操作简单，企业不需要专门培养相关的人才进行操作。

二、电子表格软件的主要功能

电子表格软件的主要功能有：建立工作簿、管理数据、实现数据网上共享、制作图表和开发应用系统。

（一）建立工作簿

Excel启动后，即可按照要求建立一个空白的工作簿文件，每个工作簿中含有一张或多张空白的表格。这些在屏幕上显示出来的默认由灰色横竖线条交叉组成的表格被称为工作表，又称“电子表格”。每张工作表由若干行和列组成，行和列交叉形成单元格。即工作簿、工作表和单元格是Excel的操作对象，它们之间是包含与被包含的关系。

- 工作簿如同活页夹，工作表如同其中的一张张活页纸，且各张工作表之间的内容相对独立。
- 工作表是Excel存储和处理数据的最重要的部分。
- 单元格是工作表的最小组成单位，单个数据的输入和修改都在单元格中进行，每一单元格最多可容纳32 767个字符。

Excel 2003的每个工作簿默认含有3张工作表，每张工作表由65 536（2^{16}）行和256（2^{8}）列组成；Excel 2013的每个工作簿默认含有1张工作表，该工作表由1 048 576（2^{20}）行和16 384（2^{14}）列组成。默认的工作表不够用时，可以根据需要予以适当添加。每个工作簿含有工作表的张数受到计算机内存大小的限制。

名师点睛

单元格名称由其所在的列标加行号来确定，如A1表示第A列第1行的单元格。单元格区域指多个连续的单元格，其名称一般由区域左上角的单元格名称加上冒号“:”再加上区域右下角的单元格名称组成，如A2:C4。

（二）管理数据

用户通过Excel不仅可以直接在工作表的相关单元格中输入、存储数据，编制销量统计表、科目汇总表、试算平衡表、资产负债表、利润表以及大多数数据处理业务所需的表格，而且可以利用计算机自动、快速地对工作表中的数据进行检索、排序、筛选、分类、汇总等操作，还可以运用运算公式和内置函数，对数据进行复杂的运算和分析。

（三）实现数据网上共享

通过Excel，用户可以创建超级链接，获取局域网或互联网上的共享数据，也可将自己的工作簿设置成共享文件，保存在互联网的共享网站中，让其他用户共享工作簿文件。

知识补充

在实务工作中，有时为了提高工作效率，便于多人同时查看、编辑数据，可设置共享工作簿。具体方法如下：选择【工具】/【共享工作簿】菜单命令，打开“共享工作簿”对话框的“编辑”选项卡，单击选中“允许多用户同时编辑，同时允许工作簿合并”复选框，然后单击 确定 按钮，最后选择【文件】/【另存为】菜单命令，将该工作簿保存在其他用户可以访问到的网络资源中。

（四）制作图表

Excel提供了散点图、柱形图、饼图、条形图、面积图、折线图、气泡图、三维图等14类100多种基本图表。Excel不仅能够利用图表向导方便、灵活地制作图表，而且可以很容易地将同一组数据改变成不同类型的图表，以便直观地展示数据之间的复杂关系；不仅能够任意编辑图表中的标题、坐标轴、网格线、图例、数据标志、背景等各种对象，而且可以在图表中添加文字、图形、图像和声音等，使精心设计的图表更具说服力。

（五）开发应用系统

Excel自带VBA宏语言，用户可以根据这些宏语言，自行编写和开发一些满足自身管理需要的应用系统，有效运用和扩大Excel的功能。

试题精讲

【判断题】在Excel中，B3:D8与D3:B8代表的是相邻区域。（　　）

【答案】×

【解析】这两个单元格区域是相同的，前者以左上角和右下角的单元格为标准；后者以右上角和左下角的单元格为标准。

三、Excel软件的用户界面

Excel软件启动后，通常会建立一个新的空白工作簿或者打开一个现有的工作簿，并在屏幕上呈现一个最大化的工作簿窗口（简称窗口）。这一窗口是用户操作Excel软件的重要平台，被称为默认的用户界面。

Excel软件的默认用户界面因版本不同而有所区别。其中，Excel 2003及以下版本的默认用户界面基本相同，由标题栏、菜单栏、工具栏、编辑区、工作表区、状态栏和任务窗格等要素组成；Excel 2007及以上版本的默认用户界面基本相同，主要由功能区、编辑区、工作表区和状态栏等要素组成，如图4-1所示。

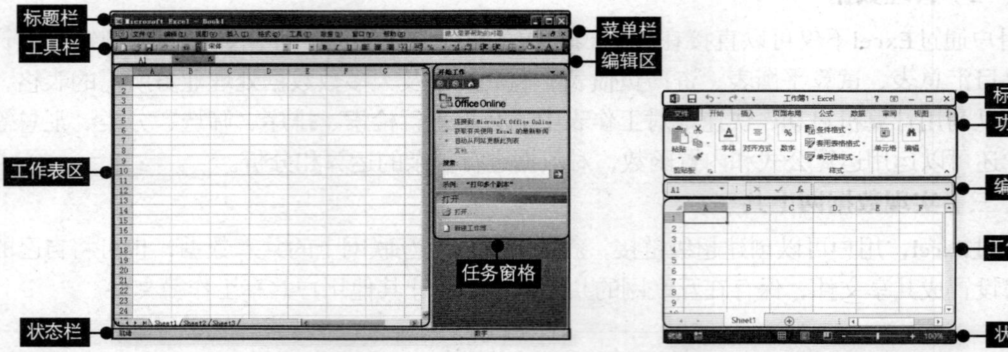

图4-1　Excel 2003（左）、Excel 2013（右）的用户界面

（一）标题栏

在Excel 2003中，标题栏位于窗口的最上方，依次列示Excel软件的图标、文档的标题和控制Excel窗口的按钮，如图4-2所示；在Excel 2013中，标题栏同样位于窗口的上方，从左到右依次是快速访问工具栏、工作簿名称、软件名称、功能区显示按钮和控制Excel窗口的按钮，如图4-3所示。

图4-2　Excel 2003的标题栏

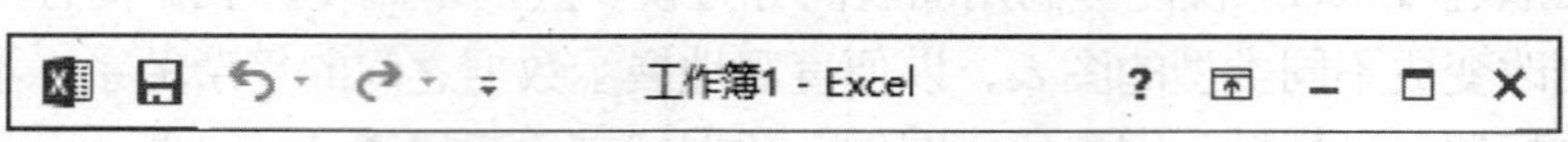

图4-3　Excel 2013的标题栏

（二）菜单栏

菜单栏默认位于标题栏的下方，但可移动到窗口的其他位置，包含“文件”“编辑”“视图”“插入”“格式”“工具”“数据”“窗口”和“帮助”等9个默认的菜单项，包括Excel的全部操作命令，每一菜单项分别含有对工作表进行操作的一组功能相关的命令选项。命令后面带有“...”的，表示选择了这一命令后将打开该命令的对话框；命令后面带有“▸”的，表示该选项后面带有多个子菜单，如图4-4所示。

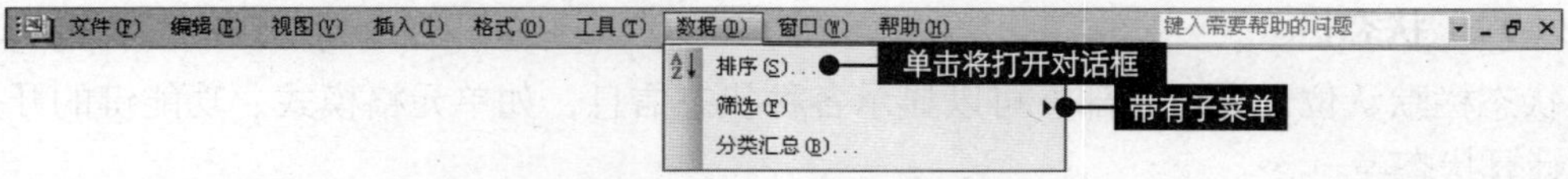

图4-4　Excel 2003的菜单栏

（三）工具栏

工具栏默认位于菜单栏的下方，但可移动到窗口的其他位置，它由一系列与菜单选项命令具有相同功能的按钮组成，如图4-5所示。每个按钮代表一个命令，能更加快捷地完成相应的操作。用户不仅可以自行设定工具栏的显示、隐藏及其在窗口中的位置，而且可以自行设定工具栏中的按钮及其在工具栏中的位置。

图4-5　Excel 2003的工具栏

（四）编辑区

编辑区默认位于工具栏的下方，由名称框、“插入函数”按钮和编辑栏构成，用来显示当前单元格的名称和内容。当单元格处于输入状态或者单击“插入函数”按钮时，将出现“取消输入”按钮、“确认输入”按钮，用于取消或确认输入的数据或公式，如图4-6所示。

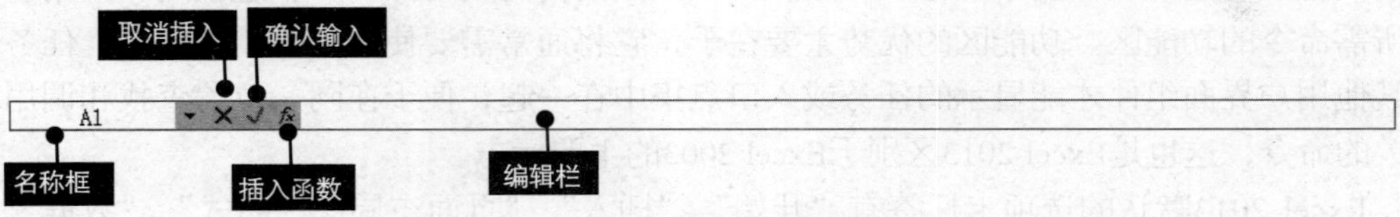

图4-6　Excel 2003的编辑区

试题精讲

【单选题】在Excel中，工作表内用于输入和编辑数字、文字、公式等的长方形的空白位置称为（　　）。

A. 状态栏　　B. 标题栏　　C. 编辑栏　　D. 菜单栏

【答案】C

【解析】在Excel中，编辑栏是编辑区内一处长方形的空白区域，用于输入和编辑数字、文字、公式等。

（五）工作表区

工作表区默认位于编辑区的下方，是Excel文件用于存储和处理数据的专门区域，由工作表、工作表标签、标签滚动按钮、滚动条和滚动条按钮、列和列号、行和行号、全选按钮、单元格等要素组成，如图4-7所示。

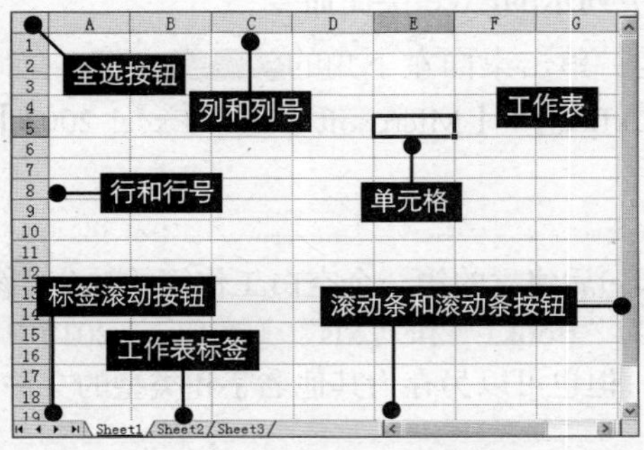

图4-7　Excel 2003的工作表区

（六）状态栏

状态栏默认位于窗口底部，可以显示各种状态信息，如单元格模式、功能键的开关状态、计算状态等。

（七）任务窗格

任务窗格默认位于Excel窗口的右边，但可移动到窗口的其他位置，用于集中放置最常用的功能和快捷方式，具体包括“开始工作”“帮助”“搜索结果”“剪贴画”“信息检索”“剪贴板”“新建工作簿”“模板帮助”“共享工作区”“文档更新”和“XML源”等11个任务窗格。

知识补充

打开和关闭任务窗格的方法主要有两种：一种是按【Ctrl＋F1】组合键，另一种是在菜单栏中选择【视图】/【任务窗格】菜单命令。如果要移动任务窗格的位置，将鼠标移至任务窗格左上方，当鼠标指针变为✥形状时，按鼠标左键即可自由移动。

（八）功能区

功能区是由一系列在功能上具有较强相关性的组和命令所形成的区域，各功能区的主要功能由相应的选项卡标签予以标识，用户可以根据需要完成的操作，快速找到和调用包含当前所需命令的功能区。功能区的优势主要在于，它将通常需要使用菜单、工具栏、任务窗格和其他用户界面组件才能显示的任务或入口点集中在一起，便于在同一位置查找和调用功能相关的命令，这也是Excel 2013区别于Excel 2003的主要标志。

Excel 2013默认的选项卡标签有“开始”“插入”“页面布局”“公式”“数据”“审阅”“视图”“开发工具”，排列在标题栏的下方。此外，用户还可以通过“自定义功能区”自定义选项卡。单击任一选项卡标签，其下方将出现一个以平铺方式展开的“带形功能区”，它由若干个功能相关的组和命令所组成，如“开始”选项卡中有“剪贴板”组、“字体”组和“对齐方式”组等。

【任务实施】

下面根据前面所讲的基础知识，具体介绍Excel软件的基础操作，包括启动与退出Excel软件、管理Excel文件。

一、启动与退出Excel软件

（一）启动Excel软件

启动Excel软件的方法有很多，常用的有如下4种。

1. 单击“开始”菜单中列示的Excel快捷命令

这种方法的具体操作是：单击桌面左下角的“开始”按钮，在弹出的“开始”菜单中选择【所有程序】/【Microsoft Office】/【Microsoft Office Excel 2003】命令，即可启动Excel，如图4-8所示。

名师点睛

启动Excel后建立的第一个空白工作簿的缺省名和扩展名，在Excel 2003中分别默认为“Book1”和“.xls”（在Excel 2013中则分别为“工作簿1”和“.xlsx”），但也可以另存为其他名字和类型的文件。

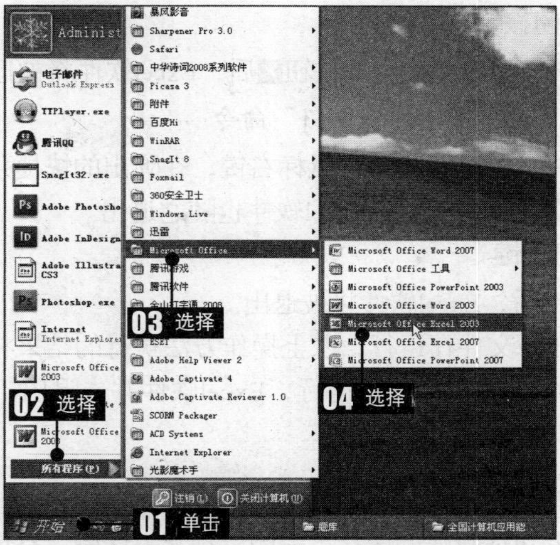

图4-8 通过“开始”菜单启动Excel

2. 双击桌面上或单击任务栏中的Excel快捷方式图标

如果计算机桌面或任务栏中已经创建Excel快捷方式图标，则可以采用双击桌面上的该图标或者单击任务栏中的该图标的方法启动Excel。

> **知识补充**　创建Excel快捷方式图标的方法有很多，其中一种是在图4-8所示的“Microsoft Office Excel 2003”命令上单击鼠标右键，在弹出的快捷菜单中选择【发送到】/【桌面快捷方式】命令。

3. 通过“运行”对话框启动Excel软件

这种方法的具体操作如下。

STEP 1 单击桌面左下角的“开始”按钮，在弹出的“开始”菜单中选择“运行”命令，或者直接按【Win+R】组合键。（步骤中的Win键又称Win键、微软徽标键，R为run的缩写，即运行。）

STEP 2 打开“运行”对话框，在“打开”下拉列表框中输入“Excel”，单击“确定”按钮，即可启动Excel，如图4-9所示。

图4-9 打开“运行”对话框

4. 打开现成的Excel文件

直接双击现成的Excel文件，或者在该文件上单击鼠标右键，在弹出的快捷菜单中选择“打开”命令，通过打开该文件来启动Excel软件。

（二）退出Excel软件

如果当前只打开一个工作簿，通常采用以下3种方法退出Excel软件。（如果退出前有编辑的内容未被保存，将出现提示是否保存的对话框。）

1. 单击标题栏的关闭按钮

单击工作簿标题栏最右边的“关闭”按钮☒后，Excel软件将被退出。

2. 选择“关闭窗口”或“关闭所有窗口”命令

在桌面或任务栏中的Excel图标上单击鼠标右键，在弹出的快捷菜单中选择“关闭窗口”命令可退出Excel文件。文件被关闭后，Excel软件也随之退出。

3. 按【Alt+F4】组合键

按【Alt+F4】组合键后，Excel软件将被退出。

如果当前有多个工作簿文件在运行，以上操作方法执行的结果将是光标所在的文件被关闭，其他处于打开状态的Excel文件仍在运行，Excel软件并未退出。只有这些文件均按照上述方法关闭后，Excel软件才能退出。

二、管理Excel文件

Excel文件的管理主要包括新建、保存、关闭、打开、保密、备份、修改与删除等工作。

（一）新建与保存Excel文件

1. 新建Excel文件

通过“开始”菜单、Excel快捷方式图标或“运行”对话框启动Excel后，系统会自动新建一个空白工作簿，或者提供一系列模板以供选择，选定其中的空白工作簿模板后，新的空白工作簿窗口将在屏幕上呈现出来，并在标题栏中显示默认的文件名。

以打开现成Excel文件方式启动Excel软件的，可通过以下方法建立新的空白工作簿：

- 按【Ctrl+N】组合键。
- 选择【文件】/【新建】菜单命令，在打开的对话框中选定其中的空白工作簿模板。
- 单击“新建”按钮（该按钮分别在Excel 2003的常用工具栏、Excel 2013的快速访问工具栏）。

2. 保存Excel文件

为了继续使用新建的Excel文件，应当以合适的名称和类型将Excel文件保存在适当的位置。Excel文件在编辑修改完毕或退出Excel软件之前，均应进行保存。保存Excel文件的常用方法包括：

- 按【F12】键。
- 按【Ctrl+S】组合键。
- 单击“保存”按钮（分别在Excel 2003的常用工具栏、Excel 2013的快速访问工具栏）。
- 选择【文件】/【保存】菜单命令或者【文件】/【另存为】菜单命令。

【例4-1】在计算机桌面上新建一个工作簿，将其命名为“差旅费用表”。

本例涉及新建、保存工作簿的知识点，其具体操作如下（演示参见：光盘\视频演示\项目四\例4-1.swf）。

STEP 1 单击桌面左下角的开始按钮，在弹出的“开始”菜单中选择【所有程序】/【Microsoft Office】/【Microsoft Office Excel 2003】命令，启动Excel。

STEP 2 单击工具栏中的“保存”按钮，打开“另存为”对话框。在“保存位置”下拉列表框中选择“桌面”选项，在“文件名”下拉列表框中输入“差旅费用表”，然后单击保存(S)按钮，如图4-10所示。

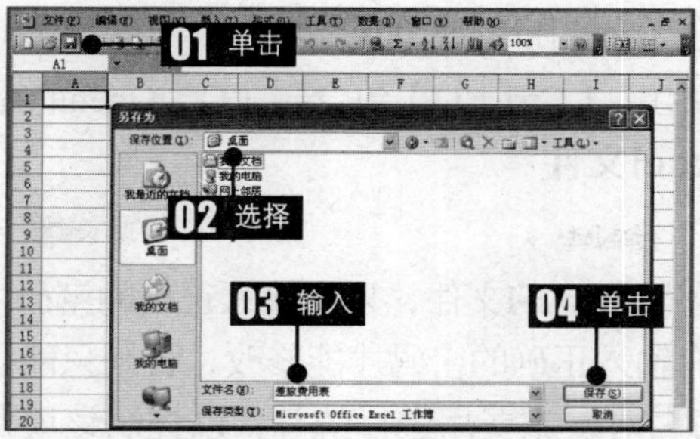

图4-10 新建并保存工作簿

名师点睛 第一次保存文件时，都会打开“另存为”对话框，在其中设置文件的保存位置、名称和类型即可保存；对于已经保存过的文件，按【Ctrl+S】组合键后，将直接保存最近一次的修改，不会打开“另存为”对话框。

3. 设置自动恢复信息时间

为了避免Excel软件意外中止而丢失大量尚未保存的信息，系统通常会默认保存自动恢复信息的时间间隔，这一时间间隔可以自定义，其具体操作如下。

STEP 1 选择【工具】/【选项】菜单命令，打开“选项”对话框。

STEP 2 单击“保存”选项卡，单击选中“保存自动恢复信息，每隔(S)：”复选框，并设置每隔10分钟保存一次（此处可根据需要进行设置），最后单击 确定 按钮，如图4-11所示。

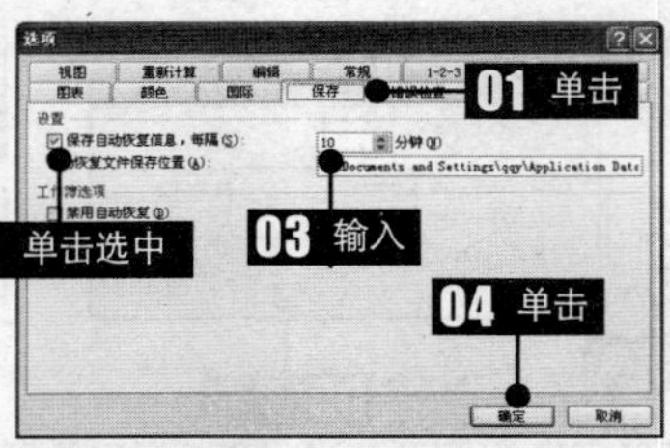

图4-11 设置自动恢复信息时间

（二）关闭与打开Excel文件

1. Excel文件的关闭

除了通过退出Excel软件的方法外，还可采用以下方法来关闭处于打开状态的Excel文件。

- 单击菜单栏最右侧中的“关闭”按钮（在Excel 2013中，单击快速访问工具栏中的“关闭”按钮）。
- 在Excel文件的菜单栏中选择【文件】/【关闭】菜单命令。
- 按【Ctrl+F4】组合键。

上述3种方法关闭的均是当前文件，其他处于打开状态的Excel文件仍未关闭，Excel 软件仍在运行。

2. Excel文件的打开

打开Excel文件的方法主要有以下5种。

- 直接双击已有的Excel文件。
- 在Excel文件上单击鼠标右键，在弹出的快捷菜单中选择“打开”命令。
- 在Excel软件的菜单栏中选择【文件】/【打开】菜单命令。

● 单击“打开”按钮（分别在Excel 2003的常用工具栏、Excel 2013的快速访问工具栏）。

● 在打开的Excel文件中按【Ctrl+O】组合键（O为Open的缩写，意为“打开”）。

（三）加密与备份Excel文件

1. 加密Excel文件

对于设置了打开权限密码的Excel文件，只有输入正确的密码才能打开。对于设置了修改权限密码的Excel文件，只有输入正确的密码才能修改，否则只能以只读方式打开。

【例4-2】泰煌公司每月对差旅费用进行统计，以控制该项费用的实际数与预算数的差异，因此需对“差旅费用表”文件做加密处理，密码为874956，仍以原文件名保存在“我的文档”文件夹。

加密Excel文件“差旅费用表”的具体操作如下（演示参见：光盘\视频演示\项目四\例4-2.swf）。

STEP 1 打开“差旅费用表”（素材参见：光盘\素材文件\项目四\任务一\差旅费用表.xls），选择【文件】/【另存为】菜单命令，打开“另存为”对话框，选择“我的文档”选项，单击工具(L)·按钮，在弹出的下拉菜单中选择“常规选项”命令。

STEP 2 打开“保存选项”对话框，在“打开权限密码”和“修改权限密码”文本框中输入“874956”后，单击确定按钮，然后按照系统提示再次输入“874956”确认，如图4-12所示。

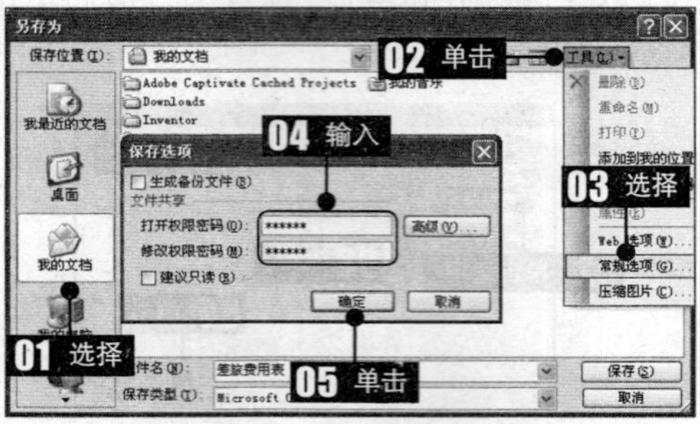

图4-12 加密Excel文件

2. 备份Excel文件

定期、及时对相关文件进行备份，是会计人员在使用计算机时应养成的习惯，这个习惯可以保证工作效率，避免重要信息遗失。备份Excel文件时，备份文件的名称为原文件名后加上“的备份”字样，图标与原文件不同。备份的方法与加密Excel文件的类似，在打开“保存选项”对话框后，单击选中“生成备份文件”复选框，然后单击确定按钮即可，如图4-13所示。

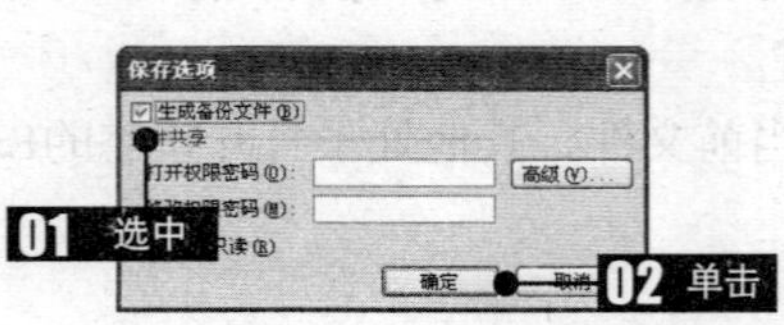

图4-13 备份Excel文件

（四）修改与删除Excel文件

1. 修改Excel文件

Excel文件的修改通常在已打开的Excel文件中进行，包括修改单元格内容、增删单元格和行列、调整单元格和行列的顺序、增删工作表和调整工作表顺序等。

（1）修改单元格内容

在需修改内容的单元格上单击鼠标左键将其选择，然后执行以下任意一种方法修改所选单元格的内容。

- 选择单元格后直接输入新的内容，完成后按【Enter】键或单击其他单元格。
- 双击单元格，将光标插入定位到其中修改全部或部分内容，完成后按【Enter】键或单击其他单元格。
- 在编辑栏中单击鼠标定位光标进行修改，完成后按【Enter】键。

（2）增加与删除单元格、行或列

选择单元格或单元格区域，在所选对象上单击鼠标右键，在弹出的快捷菜单中选择“插入”命令，打开“插入”对话框，单击选中相应的单选项后，单击确定按钮即可完成单元格、行或列的增加操作，如图4-14所示。

选择单元格或单元格区域，在所选对象上单击鼠标右键，在弹出的快捷菜单中选择“删除”命令，打开“删除”对话框，选中相应的单选项后，单击确定按钮即可完成单元格、行或列的删除操作，如图4-15所示。

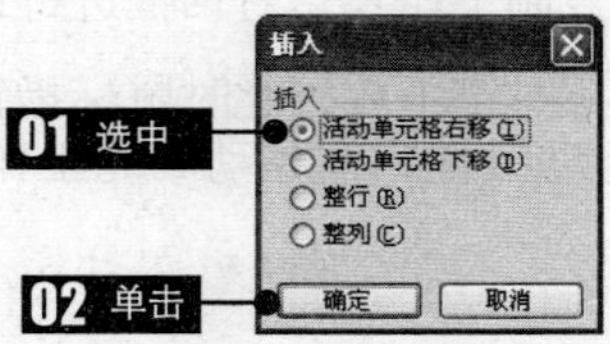

图4-14 “插入”对话框

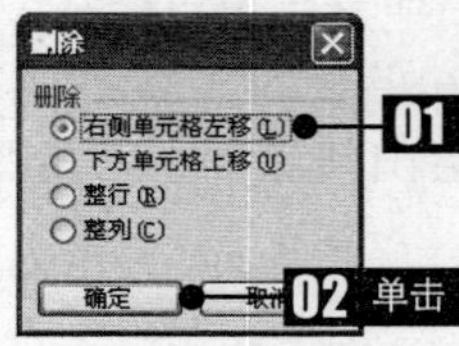

图4-15 “删除”对话框

（3）调整单元格和行列的顺序

选择单元格或单元格区域后，将鼠标指针移到所选对象的边框上，按住鼠标左键不放，鼠标指针变为✥形状后，将其拖动到指定的位置，释放鼠标即可完成单元格的移动操作。

单击列标或行号选中整列或整行，拖动到指定的列标或行号位置，释放鼠标即可完成行或列的移动操作。

（4）增加与删除工作表

增加工作表的方法很多，主要有以下两种。

- 在当前工作表中，选择【插入】/【工作表】菜单命令，可插入一个新的空白工作表。
- 在工作表标签上单击鼠标右键，在弹出的快捷菜单中选择“插入”命令，可打开“插入”对话框，在其中选择某个工作表模板后，单击确定按钮可插入指定的工作表，如图4-16所示。

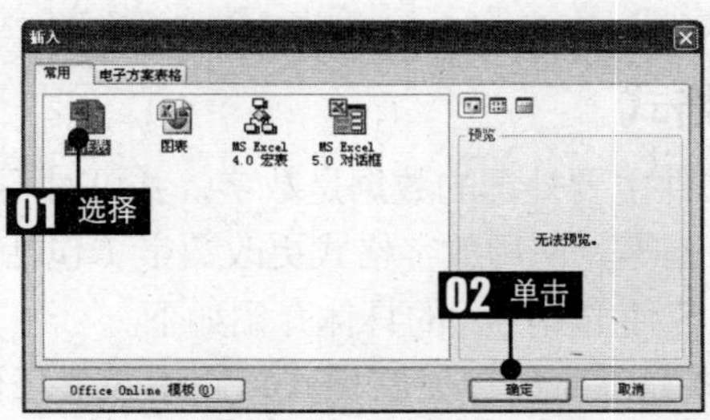

图4-16 增加工作表

删除工作表时，在目标工作表对应的工作表标签上单击鼠标右键，在弹出的快捷菜单中选择“删除”命令可删除该工作表。

（5）调整工作表顺序

调整工作表的顺序的方法主要有以下3种。

- 在需调整顺序的当前工作表中，选择【编辑】/【移动或复制工作表】菜单命令，打开“移动或复制工作表”对话框，选择目标工作表，然后单击 确定 按钮，如图4-17所示。

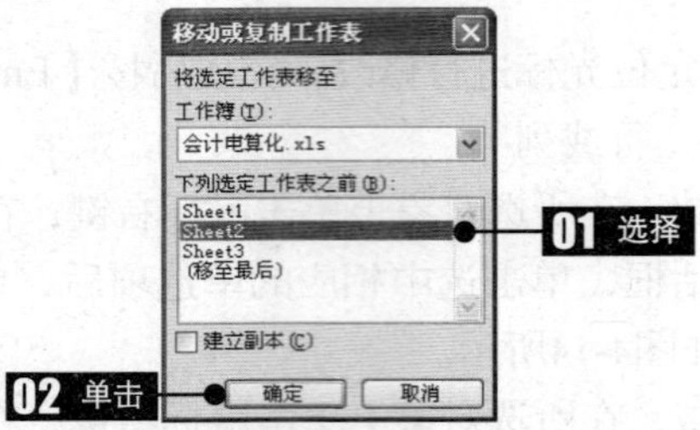

图4-17 调整工作表顺序

- 在需调整顺序的当前工作表标签上单击鼠标右键，在弹出的快捷菜单中选择“移动或复制工作表”命令，也可打开“移动或复制工作表”对话框进行设置。
- 在需调整顺序的当前工作表标签上按住鼠标左键不放，此时鼠标指针变为形状，且原标签左上方会出现黑色小三角图表，拖动鼠标到需移动到的工作表标签区域后释放鼠标即可。

2. 删除Excel文件

Excel文件的删除方法主要有以下两种。

- 选择要删除的Excel文件，按【Delete】键进行删除。
- 在要删除的Excel文件上单击鼠标右键，在弹出的快捷菜单中选择“删除”命令。

任务二 输入与编辑数据

Excel的主要作用是输入大量数据，通过管理、分析、共享这些数据提升企业管理效率。有了Excel文件（即工作簿）这个载体，就可以实现对数据的输入与编辑操作。

【任务目标】

本任务的目标是按照数据的排列规律，运用一般方法和快速方法录入数据，掌握输入、编辑和保护数据操作的具体操作。

【知识讲解】

一、单元格的数字格式

在财会工作中，Excel文件主要处理的数据是数字，并可对不同的数字格式进行设置，例如数值、货币、日期、百分比等。使用数字格式更改数字（包括日期和时间）的显示，不会影响单元格中的实际数值。各种主要格式的具体介绍如下。

- **常规格式**：常规格式是默认的单元格格式，它不包含任何特定的数字格式，输入的内容即为显示的内容。
- **数值格式**：用于表示一般数字，可设置小数位数、千位分隔符、负数，例如

-5,620.84。

- **货币格式**：用于表示一般货币数值，可设置小数位数、货币符号、负数，例如￥5,620.84。
- **会计专用格式**：可设置小数位数、货币符号，还可对一列数值设置货币符号和小数点对齐。
- **日期格式**：把日期系列数显示为日期值。
- **时间格式**：把时间系列数显示为时间值。
- **百分比格式**：以百分数形式显示单元格的值。
- **文本格式**：在这种格式下，可将数字设置为文本，例如输入身份证号码时，由于数字很长，单元格宽度不够，输入的号码可能会自动变为"0"，此时就要先将该单元格设置为文本格式，然后就能完整显示身份证号码。
- **自定义格式**：以现有格式为基础，生成自定义的数字格式。

二、序列与序列类型

序列是指按照某种规律排列的一列数据，例如"2，4，6，8，10"就是相邻两个数字差额为2的序列。Excel中默认的序列类型有等差序列、等比序列、日期等，利用自动填充功能填充序列后，可以指定序列类型，例如填充日期值时，可以指定按月填充、按年填充或者按日填充等。

【任务实施】

下面根据前面所讲的基础知识，介绍输入与编辑数据的具体操作。

一、输入数据

（一）手工录入数据

Excel中，数据的输入和修改都在当前单元格或者对应的编辑栏中进行。Excel文件打开后，所有单元格均默认处于就绪状态，等待数据的输入。

1. 在单个单元格中录入数据

选择目标单元格，直接录入所需的数字或文本，然后按【Enter】键或者将鼠标移至其他单元格，即可确认录入。

2. 在单张工作表的多个单元格中快速录入完全相同的数据

选择单元格区域，在当前活动单元格或者对应的编辑栏中录入所需的数字或文本，按【Ctrl + Enter】组合键确认，此时单元格区域显示的数据都是相同的。

3. 在单张工作表的多个单元格中快速录入部分相同的数据

有时数据之间有些内容相同，有些不同，例如企业为员工办理的工资卡账号。为了快速录入这类数据，可首先对相同部分的数据进行设置。

【例4-3】泰煌公司每月10日发放工资，为了及时更新员工的相关信息，该公司财务部人员编制了员工信息表，现需录入各员工工资卡账号。

员工工资卡一般由公司统一到开户银行办理，因此账号前面几个数字是相同的。为了避免输入一长串数字，现用快速方法在Excel中输入账号信息，其具体操作如下（演示参见：光盘\视频演示\项目四\例4-3.swf）。

STEP 1 打开"员工信息表"（素材参见：光盘\素材文件\项目四\任务二\员工信息

表.xls），选择需输入这类数据的单元格区域，按【Ctrl+1】组合键或选择【格式】/【单元格】菜单命令，打开“设置单元格格式”对话框。

STEP 2 单击“数字”选项卡，在“分类”列表框中选择“自定义”选项，在右侧的“类型”文本框中输入重复部分的数据——"6222353602"#符号，然后单击 确定 按钮，如图4-18所示。

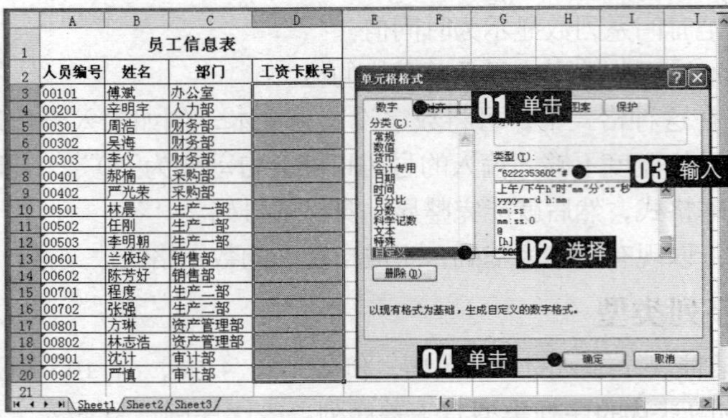

图4-18 自定义单元格格式

STEP 3 选择目标单元格，输入不重复的数字部分“103806646”，系统会在输入的数字前自动加上重复部分，如图4-19所示（效果参见：光盘\效果文件\项目四\任务二\员工信息表.xls）。

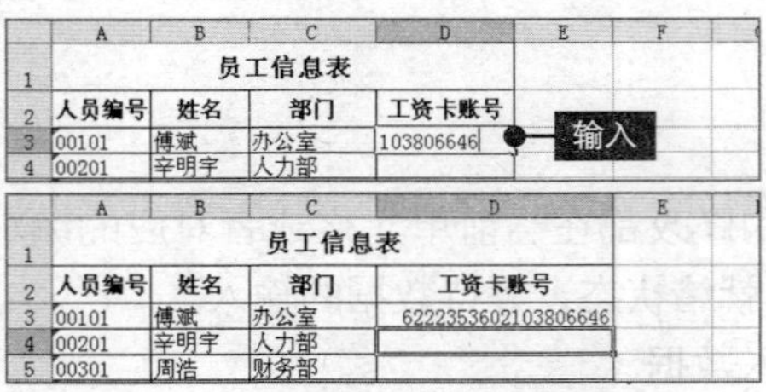

图4-19 快速录入部分相同的数据

4. 在工作组的一个单元格或多个单元格中快速录入相同的数据

一个工作簿中的多张工作表可组合成工作组，工作组的标题栏将显示“[工作组]”字样。组合的方法有以下3种。

- 按住【Shift】键不放，依次单击两个工作表标签，可选中这两个标签及其中间的所有连续的多个工作表。
- 按住【Ctrl】键不放，依次单击各工作表标签。
- 在任意工作表标签上单击鼠标右键，在弹出的快捷菜单中选择“选定全部工作表”命令。

在工作组状态下，可快速录入相同的数据，例如在活动工作表的目标单元格，按照在单个单元格中录入数据的方法录入相关数据，相同的数据将出现在工作组中其他工作表；同样，在一个单元格区域，按照在单张工作表的多个单元格中录入相同数据的方法，可在工作组中其他工作表的相应单元格区域中录入相同数据。

完成数据录入后，可采用以下两种方法取消工作组。

- 单击所在工作簿中其他未被选中的工作表标签（即工作组外工作表标签），如果该工作组包含工作簿中所有工作表，则只需单击活动工作表以外的任意一个工作表标签。

● 指向该工作组中任意一个工作表标签，单击右键，从弹出的快捷菜单中选定“取消成组工作表”。

试题精讲

【判断题】选定单元格区域，在当前活动单元格中录入所需的数字或文本，按【Enter】键可在所选定的单元格区域中录入相同的内容。（ ）

【答案】×

【解析】在多个单元格中录入相同数据，需要按【Ctrl+Enter】组合键才能实现。如果按【Enter】键，只能在选定单元格区域的左上角单元格中输入所需数字或文本。

（二）快速填充单元格数据

1. 填充相同数据

某单元格的内容需要复制到其他单元格时，通常可单击该单元格右下角的填充柄，鼠标指针随之变为➕形状，按住鼠标左键向上下左右的任一方向拖动，然后松开鼠标左键，该单元格的内容即被填充到相关单元格。

2. 填充序列

输入序列时，由于序列有排列的规律，因此使用填充柄可根据已填入的数据自动填充序列的其他数据，这样可大大提高录入数据的速度和效率。

【例4-4】通过填充柄功能，在空白工作簿中的B列输入“2、4、6、8、10”序列。

使用填充柄填充序列的具体操作如下（演示参见：光盘\视频演示\项目四\例4-4.swf）。

STEP 1 在B1、B2单元格中分别输入序列的前两个数：2、4，选择B1:B2单元格区域。

STEP 2 单击B2单元格右下角的填充柄，按住鼠标左键拖动，在B5单元格释放鼠标，拖过的单元格将会按序列自动进行填充，如图4-20所示。

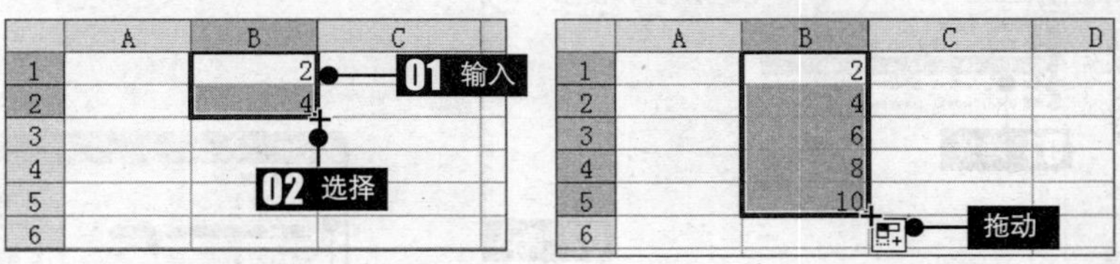

图4-20 填充序列

名师点睛

对于上面的例子，还有另外两种设置方法：（1）选择【编辑】/【填充】/【序列】菜单命令，打开“序列”对话框，在“类型”栏中单击选中“等差序列”单选项，在“步长值”文本框中输入“2”（步长为序列相邻两个数据的差额），然后单击 确定 按钮，如图4-21所示；（2）在单元格中输入数值，将鼠标移动到单元格右下角，然后按住鼠标的右键不放进行拖动，到指定位置后松开右键，在弹出的快捷菜单中选择与“序列”对话框相同的选项，如图4-22所示。

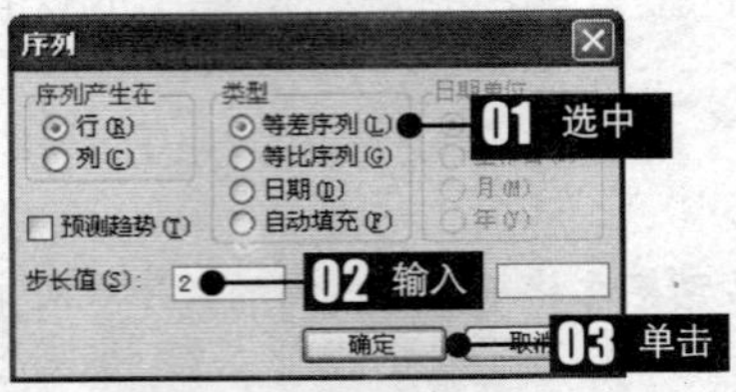

图4-21　设置序列参数

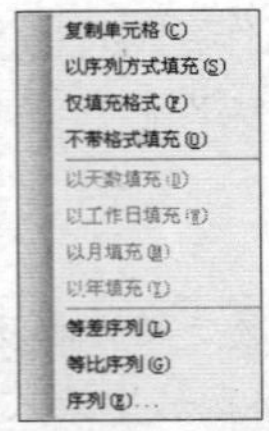

图4-22　右键拖动序列

3. 指定填充序列类型

拖动填充柄并释放鼠标时，鼠标箭头附近出现“自动填充选项”按钮，单击该按钮，打开的下拉菜单中显示了以下填充序列的类型。

- **复制单元格**：选择该类型，填充后的数据与原数据是相同的。
- **填充序列**：选择该类型，其他单元格中的数据将按原数据的排列规律显示。
- **仅填充格式**：选择该类型，其他单元格只复制原单元格的格式，不复制数据。
- **不带格式填充**：选择该类型，其他单元格只复制原单元格的数据，不复制格式。

（三）导入其他数据库的数据

Excel可以获取SQL Server、Access等数据库的数据，实现与小型数据库管理系统的交互。导入外部数据的具体操作如下。

STEP 1 选择【数据】/【导入外部数据】/【导入数据】菜单命令，打开“选取数据源”对话框。

STEP 2 选择数据源文件，然后单击 打开(O) 按钮，如图4-23所示。

STEP 3 打开“导入数据”对话框，设置数据的放置位置后，单击 确定 按钮后即可完成外部数据的导入，如图4-24所示。

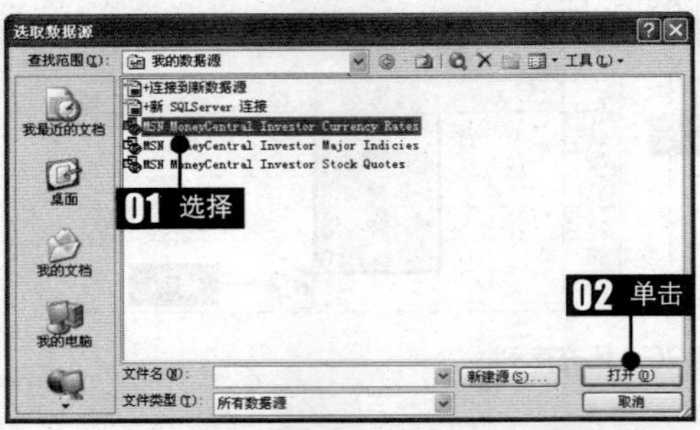

图4-23　选取数据源

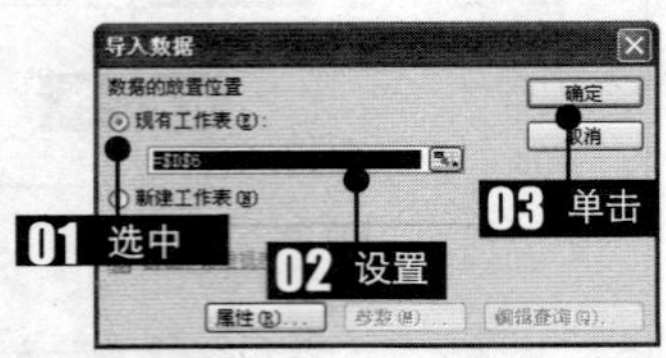

图4-24　设置导入数据的放置位置

二、编辑数据

（一）复制和剪切数据

1. 复制和粘贴数据

数据的复制和粘贴是指复制单元格的内容，将其粘贴到指定的位置，原单元格中的数据保持不变。复制数据时，先选择单元格或单元格区域，然后执行以下任一操作进行复制。

- 按【Ctrl+C】组合键。
- 单击工具栏中的“复制”按钮。
- 单击鼠标右键，在弹出的快捷菜单中选择“复制”命令。
- 选择【编辑】/【复制】菜单命令。

粘贴数据时，先选择需粘贴数据的单元格，然后执行以下任一操作完成粘贴。

- 按【Ctrl+V】组合键。
- 单击工具栏中的“粘贴”按钮。
- 单击鼠标右键，在弹出的快捷菜单中选择“粘贴”命令。
- 选择【编辑】/【粘贴】菜单命令。

Excel中，除了使用“粘贴”命令粘贴复制的内容，还可以有选择地粘贴剪贴板中的数值、格式、公式、批注等内容。具体方法是选择【编辑】/【选择性粘贴】菜单命令，在打开的“选择性粘贴”对话框中进行相应设置，如图4-25所示。

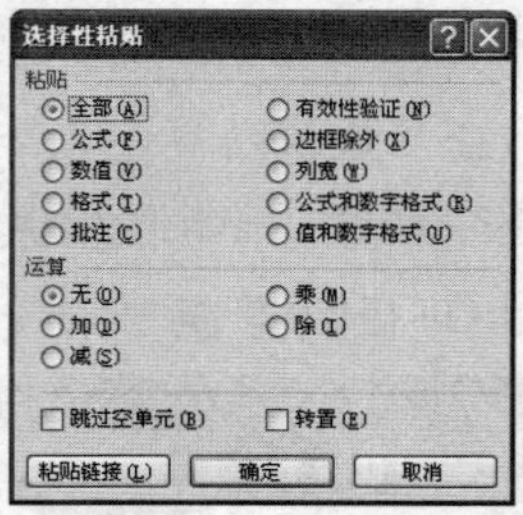

图4-25 选择性粘贴

2. 数据剪切和粘贴

数据的剪切与粘贴方法和数据的复制与粘贴方法类似，只是将复制数据的操作改为剪切操作即可。选择目标单元格后，执行以下任一操作即可完成数据的剪切。

- 按【Ctrl+X】组合键。
- 单击工具栏中的“剪切”按钮。
- 单击鼠标右键，在弹出的快捷菜单中选择“剪切”命令。
- 选择【编辑】/【剪切】菜单命令。

当然，数据的复制与剪切有区别：数据复制后，原单元格中的数据仍然存在，目标单元格中同时还增加原单元格中的数据；数据剪切后，原单元格中数据不复存在，只在目标单元格中增加原单元格中的数据。

> **知识补充**
>
> 在实际操作中，快捷键有助于提高速度和效率。而要尽快记住快捷键，最好了解其对应英文单词或字母的含义。例如，复制操作的快捷键中的“C”表示Copy，即“复制”的意思。而粘贴和剪切操作的快捷键中的“V”“X”比较特别，它们没有对应的英文单词，而是以这两个英文字母的形象（“V”与漏斗相像，“X”与剪刀相像）表示对应操作的作用。

（二）查找和替换数据

1. 查找特定数据

当Excel文件的数据很多时，通过查找功能可快速地找到所需数据。查找特定数据的具体操作如下。

STEP 1 选择【编辑】/【查找】菜单命令或者按【Ctrl+F】组合键，打开“查找和替换”对话框。

STEP 2 在“查找内容”下拉列表框中输入需查找的数据，单击查找下一个(F)按钮逐个查找或单击查找全部(I)按钮一次性全文查找。

2. 替换特定数据

通过替换功能，可准确、快速地修改错误数据。替换特定数据的操作与查找操作类似。

【例4-5】泰煌公司主管会计编制了一份“会计科目表”，由于复制的原因，将“收入”写成了“收人”,现需将该表中的所有误写的地方进行更正。

当内容有误时，可通过替换功能进行更正，其具体操作如下（演示参见：光盘\视频演示\项目四\例4-5.swf）。

STEP 1 打开“会计科目表”（素材参见：光盘\素材文件\项目四\任务二\会计科目表.xls），选择【编辑】/【查找】菜单命令或者按【Ctrl+F】组合键，打开“查找和替换”对话框。

STEP 2 单击“替换”选项卡，在“查找内容”“替换为”下拉列表框中分别输入“收人”“收入”，单击[替换(R)]按钮逐个替换或单击[全部替换(A)]按钮一次性全部替换，如图4-26所示（效果参见：光盘\效果文件\项目四\任务二\会计科目表.xls）。

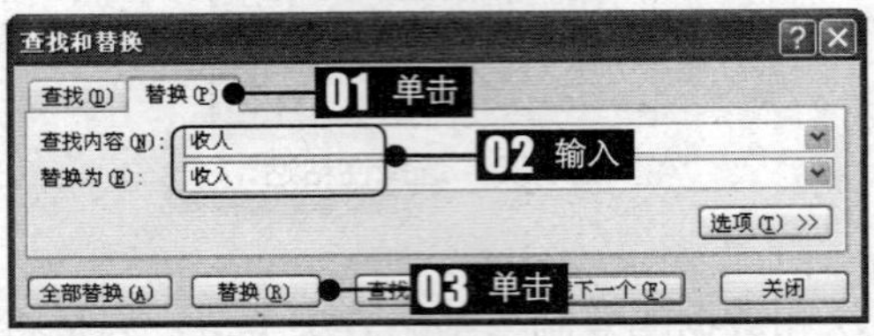

图4-26 替换数据

3. 选择包含公式的单元格

在Excel 2013中，可以直接选择包含公式的单元格，具体方法是：单击“开始”选项卡，在“编辑”组中单击“查找和选择”按钮，在弹出的下拉菜单中选择“公式”命令，即可选择工作簿中所有包含公式的单元格。

在Excel 2003中，可以用间接方法选择包含公式的单元格，具体方法是：按【Ctrl+`】组合键，将显示工作表中的所有公式，然后再选择所需的单元格；再次按【Ctrl+`】组合键后可隐藏公式。

4. 替换格式

当数据格式需要替换时，其具体操作如下。

STEP 1 按【Ctrl+H】组合键，打开“查找和替换”对话框的“替换”选项卡。

STEP 2 在“查找内容”和“替换为”下拉列表框中输入替换前后的文本。

STEP 3 单击[选项(T) >>]按钮，然后单击[格式(M)...]按钮，打开“查找格式”对话框。

STEP 4 分别设置查找内容和替换内容的格式，单击[确定]按钮后返回“查找和替换”对话框，然后单击[替换(R)]按钮逐个替换或单击[全部替换(A)]按钮一次性全部替换，如图4-27所示。

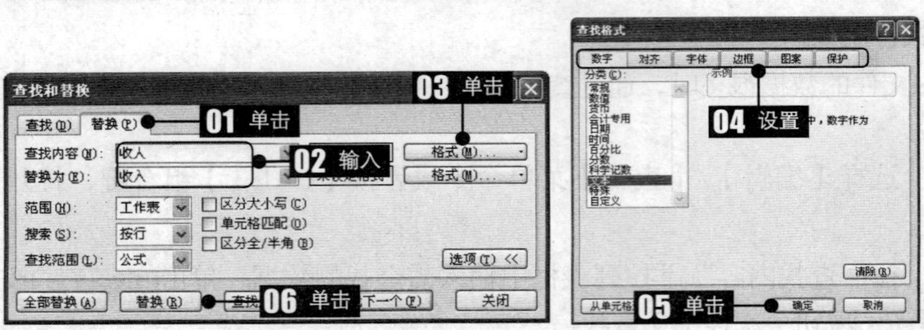

图4-27 替换格式

三、保护数据

（一）保护工作簿

Excel可以为重要的工作簿设置结构保护和窗口保护，对工作簿结构的保护是指禁止对工作表进行插入、删除、重命名以及移动和显示等操作，而对工作簿窗口的保护是指禁止用户对工作簿窗口进行拆分、冻结和新建等操作。

1. 限制编辑权限

在Excel 2003中，保护工作簿的具体操作如下。

STEP 1 选择【工具】/【保护】/【保护工作簿】菜单命令，打开“保护工作簿”对话框。

STEP 2 单击选中“结构”复选框，在“密码（可选）”文本框中输入密码，然后单击 确定 按钮，如图4-28所示。

STEP 3 打开“确认密码”对话框中再次输入相同的密码，单击 确定 按钮完成设置，如图4-29所示。

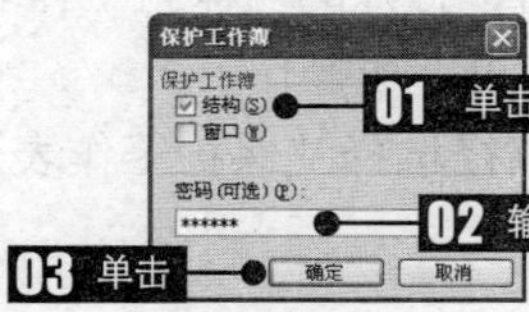

图4-28 输入密码

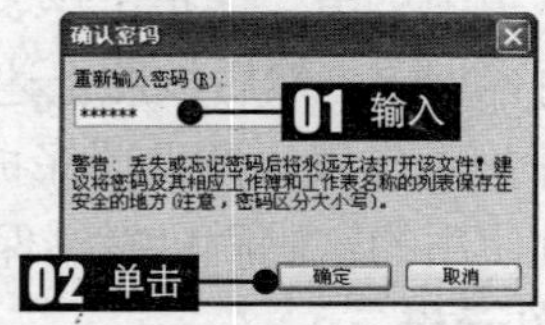

图4-29 确认密码

要撤销保护工作簿时，按设置保护工作簿的路径选择“保护工作簿”命令，输入正确的密码后可撤销保护。

在Excel 2013中，限制工作簿编辑权限的方法与在Excel 2003中的方法类似，首先单击“审阅”选项卡，在“更改”组中单击“保护工作簿”按钮后，打开的“保护结构和窗口”对话框与“保护工作簿”对话框内容相同，然后按照上述方法进行设置即可完成操作。

2. 设置工作簿打开权限密码

在Excel 2003中，设置工作簿打开权限密码即任务一中的“加密Excel文件”，此处不再赘述。设置密码完成后，当再次打开工作簿时需要输入正确的密码才能打开。

在Excel 2013中，设置工作簿打开权限密码与在Excel 2003中的操作有些区别。其具体操作如下。

STEP 1 单击“文件”选项卡，然后单击“保护工作簿”按钮，在弹出的下拉菜单中选择“用密码进行加密”命令。

STEP 2 打开“加密文档”对话框，输入密码后单击 确定 按钮，如图4-30所示。

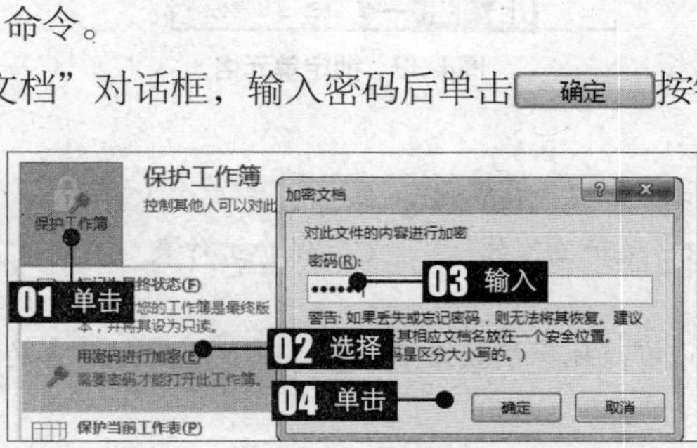

图4-30 设置工作簿打开权限密码

（二）保护工作表

在Excel 2003中，保护工作表的具体操作如下。

STEP 1 选择【工具】/【保护】/【保护工作表】菜单命令，打开“保护工作表”对话框。

STEP 2 在“取消工作表保护时使用的密码”文本框中输入保护密码，在“允许此工作表的所有用户进行”列表框中设置使用权限，单击 确定 按钮，如图4-31所示。

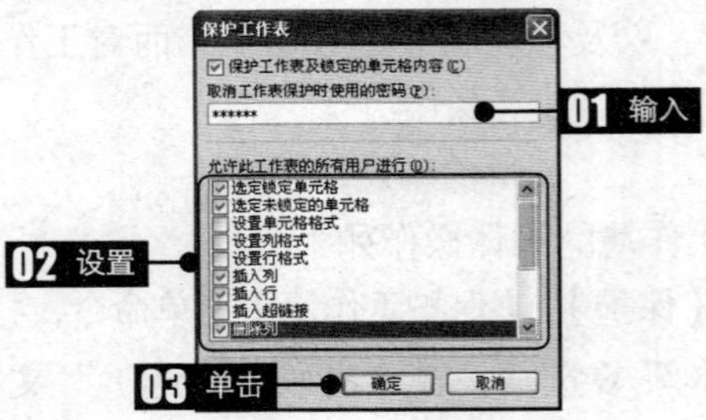

图4-31 保护工作表

STEP 3 打开“确认密码”对话框，再次输入相同的密码，单击 确定 按钮完成设置。

在Excel 2013中，保护工作表的方法与在Excel 2003中的方法类似，首先单击“审阅”选项卡，在“更改”组中单击“保护工作表”按钮后，打开的“保护工作表”对话框与Excel 2003中的对话框内容相同，然后按照上述设置方法即可完成操作。

如果要撤销保护工作表，按设置保护工作表的路径选择“保护工作表”命令，正确输入取消工作表保护时使用的密码后可撤销保护。

（三）锁定单元格

锁定单元格可以使单元格的内容不能被修改，只有在工作表被保护后，锁定单元格才有效。在Excel 2003中，锁定单元格的具体操作如下。

STEP 1 选择【格式】/【单元格】菜单命令，打开“单元格格式”对话框。

STEP 2 单击“保护”选项卡，单击选中“锁定”复选框，单击 确定 按钮完成设置，如图4-32所示。

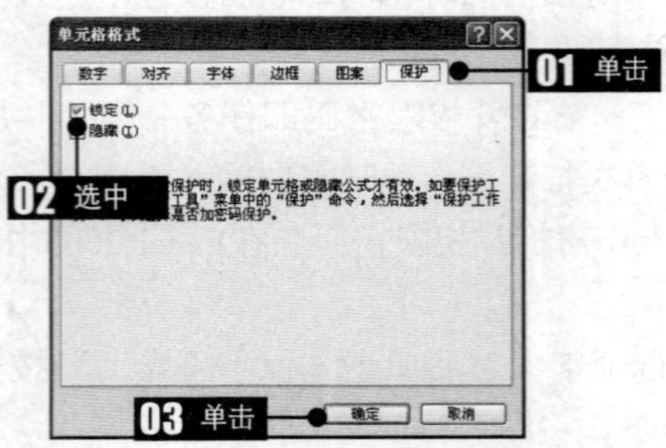

图4-32 锁定单元格

试题精讲

【单选题】下列选项中，不属于Excel数据保护的是（ ）。

A. 数据备份　B. 保护工作簿　C. 保护工作表　D. 锁定单元格

【答案】A

【解析】数据备份可以有效地保护数据不丢失，但不是Excel具备的数据保护功能。

任务三 应用公式与函数

本任务涉及的知识点非常实用，在实际工作中经常需要用到。如果掌握了公式和函数的设置原理、方法，就能灵活、快速、准确地处理大量数据，从而让数据为我们所用。

【任务目标】

本任务的目标是了解公式与函数的原理，掌握常用的统计函数、财务函数的设置方法与具体操作，能够利用相应的函数解决实际问题。

【知识讲解】

一、公式的基础知识

（一）公式的概念及其构成

公式是指由等号“=”、运算体和运算符在单元格中按特定顺序连接而成的运算表达式。运算体是指能够运算的数据或者数据所在单元格的地址名称、函数等；运算符是使Excel自动执行特定运算的符号。

Excel中，公式总是以等号“=”开始，以运算体结束，相邻的两个运算体之间必须使用能够正确表达二者运算关系的运算符进行连接。即一个完整的公式的表达式为等号“=”、第一个运算体、第一个运算符、第二个运算体，以下类推，直至最后一个运算体，完成后按【Enter】键确认。

（二）公式的运算符类型

Excel中，公式的运算符主要有四种类型：算术运算符、比较运算符、文本运算符和引用运算符，表4-1所示为常用运算符的介绍。

表 4-1　Excel 公式中的运算符汇总表

类型	符号	功能	使用举例	结果
算术运算符	+	加法	1+1	2
	–	减法	2–1	1
	*	乘法	1*2	2
	/	除法	10/2	5
	^	乘方	2^3	8
	%	百分比	50%	0.5
比较运算符	=	等于	A1=B1	
	>	大于	A1>B1	
	<	小于	A1<B1	
	<>	不等于	A1<>B1	
	>=	大于或等于	A1>=B1	
	<=	小于或等于	A1<=B1	
文本运算符	&	将两个文本字符串串联为一个连续的文本	"北"&"京"	"北京"
引用运算符	:	单元格区域的引用	A1:C2	A1:C2
	，	将多个引用合并为一个	AVERAGE(A1:C2, A3:C4)	
	空格	取两个引用中共有的单元格	A1:C2 B2:D3	B2:C2

二、公式的运算次序

（一）运算符优先级次

不同运算符的运算优先级次有相应规定，表4-2所示即为Excel中各种运算符的优先级次明细表。

表 4-2　运算符优先级次明细表

运算符	优先级次	运算符	优先级次	运算符	优先级次
:	1	^	6	>和<	11
空格	2	*和/	7	<=	12
,	3	+和–	8	>=	13
–	4	&	9	<>	14
%	5	=	10		

（二）公式运算次序的规则

公式的运算次序主要遵循以下3个规则。

- **从左到右**：对于只由一个运算符或者多个优先级次相同的运算符（如既有加号又有减号）构成的公式，Excel将按照从左到右的顺序自动进行智能运算。
- **从高到低**：对于由多个优先级次不同的运算符构成的公式，Excel则自动按照公式中运算符优先级次从高到低进行智能运算。
- **从内向外**：为了改变运算优先顺序，应将公式中需要最先计算的部分放置于“( )”符号内，但不能使用中括号。公式中“( )”符号的对数超过一对时，Excel将自动按照从内向外的顺序进行计算。

三、单元格的引用类型

单元格引用是指在不同单元格之间建立连接，以引用来自其他单元格的数据。引用的作用在于标识工作表上的单元格或单元格区域，并指明公式中所使用的数据的位置。通过引用，可以在公式中使用工作表不同部分的数据，或者在多个公式中使用同一单元格的数值。

常用的单元格引用分为相对引用、绝对引用和混合引用三种。此外还可以引用同一工作簿不同工作表的单元格、不同工作簿的单元格，甚至引用其他应用程序中的数据。

（一）相对引用

相对引用是Excel默认使用的单元格引用类型。对于相对引用，公式记忆的是源数据所在单元格与引用源数据的单元格的相对位置，如果复制使用了相对引用的公式到别的单元格，被粘贴公式中的引用将自动更新，数据源将指向与当前公式所在单元格位置相对应的单元格。在相对引用中，所引用的单元格地址的列坐标和行坐标前面没有任何标示符号。

（二）绝对引用

对于绝对引用，公式记忆的是源数据所在单元格在工作表中的绝对位置，如果复制使用了绝对引用的公式到别的单元格，被粘贴公式中的引用不会更新，数据源仍然指向原来的单元格。在绝对引用中，所引用的单元格地址的列坐标和行坐标前面分别加入标示符号“$”。如果要使复制公式时数据源的位置不发生改变，应当使用绝对引用。

（三）混合引用

混合引用是指所引用单元格地址的行标与列标中只有一个是相对的，可以发生变动，而另一个是绝对的。

单元格的引用功能可提高数据录入、计算、检查等的效率，为了更好地理解3种引用类型的作用和结果，可通过表4-3进行理解（将C1单元格复制到C2单元格）。

表 4-3 单元格引用的实例

引用类型 单元格	相对引用	绝对引用	混合引用
C1	C1=A1+B1	C1=$A$1+$B$1	C1=$A1+B$1
C2	C2=A2+B2	C2=$A$1+$B$1	C2=$A2+B$1

试题精讲

【单选题】假定单元格D5中保存的公式为："B$5+C$5"，若把它复制到E4中，则E4中保存的公式为（　　）。

A. "=B5+C5"　　B. "=C$5+D$5"

C. "=B6+C6"　　D. "=C$6+D$6"

【答案】B

【解析】"B$5+C$5"属于混合引用，即列标是相对的，可以发生变动；行标是绝对的，都是第5行。D5单元格公式涉及的列标是B、C，则与E5单元格对应的列标将变为C、D，因此选择"=C$5+D$5"。

知识补充

相对引用和绝对引用可以相互转换，例如，对于"=A1"，按一次【F4】键后变为"=¥A¥1"，按第二次【F4】键后变为"=A¥1"，按第三次【F4】键后变为"=¥A1"，按第四次【F4】键后重新变为"=A1"。

四、函数的类型

函数的基本格式是：函数名（参数序列）。参数序列是用于限定函数运算的各个参数，这些参数除中文外都必须使用英文半角字符，函数只能出现在公式中。

（一）常用函数

1. 统计函数

常用的统计函数有Max函数、Min函数、Sum函数等，具体如表4-4所示。

表 4-4 常用的统计函数

函数名称	函数作用	语法格式	备注
MAX	返回数值参数中的最大值（忽略参数中的逻辑值和文本）	=MAX(number1, number2,…)	Max是maximum的缩写，即最大值
MIN	返回数值参数中的最小值（忽略参数中的逻辑值和文本）	=MIN(number1，number2,…)	Min是minimum的缩写，即最小值

续表

函数名称	函数作用	语法格式	备注
SUM	对单元格区域中所有数值求和	=SUM(number1, number2,…)	Sum即求和
SUMIF	对满足条件的单元格求和	=SUMIF(range,criteria, sum_range)	range：用于条件判断的单元格区域 criteria：确定哪些单元格将被相加求和的条件 sum_range：需要求和的实际单元格
AVERAGE	返回参数的算术平均值	=AVERAGE(number1, number2,…)	Average即平均数
AVERAGEIF	返回某个区域内满足给定条件的所有单元格的算术平均值	=AVERAGEIF(range, criteria,average_range)	range：计算平均值的单元格区域 criteria：确定哪些单元格将被计算平均值的条件 average_range：需要求平均值的实际单元格
COUNT	计算包含数字的单元格以及参数列表中数字的个数	=COUNT(value1,value2,…)	Count即计数
COUNTIF	对区域中满足单个指定条件的单元格进行计数	=COUNTIF(range,criteria)	range：要计算其中非空单元格数目的区域 criteria：以数字、表达式或文本形式定义的条件

试题精讲

【单选题】在Excel的工作表中，假定A2:A7单元格区域内的每个单元格中都保存着一个数值，则“COUNT(A2:A7)”的值为（　　）。

A. 4　　B. 5　　C. 6　　D. 8

【答案】C

【解析】COUNT函数用于计算包含数字的单元格以及参数列表中数字的个数，A2:A7单元格区域内有A2、A3、A4、A5、A6、A7这6个单元格，它们对应的值的个数也为6，因此COUNT(A2:A7)=6。

2. 文本函数

常用的文本函数有LEN函数、RIGHT函数等，具体介绍如下。

- **LEN函数**：语法格式为LEN(text)，用于返回文本字符串中的字符数。Len为length的缩写，即长度。
- **LEFT函数**：语法格式为LEFT(text, num_chars)，用于返回文本字符串中第一个字符开始至指定个数的字符。Left意为左边，即从左到右提取文本字符。
- **RIGHT函数**：语法格式为RIGHT(text, num_chars)，用于从文本字符串中最后一个字符开始返回指定个数的字符。Right意为右边，即从右到左提取文本字符。
- **MID函数**：语法格式为MID(text, start_num, num_chars)，用于返回文本字符串中从指定位置开始的指定数目的字符。Mid为Middle的缩写，意为“中间”，即在中间位置从左到右提取文本字符。

3. 逻辑函数IF

逻辑函数IF的语法格式为IF(logical_test, value_if_true, value_if_false)，用于判断“logical_ test”的内容是否为真，如果为真则返回“value_if_true”，如果为假则返回“value_if_false”的内容。例如，A1单元格中的值为“65”，则B1=IF(logical_test, value_if_true, value_if_false)=IF(A1>60,"合格","不合格")，由于65>60，即“logical_test”的内容为真，则返回“value_if_true”（“合格”），因此B1单元格中显示“合格”。

4. 查找与引用函数

常见的查找与引用函数有LOOKUP函数、INDEX函数和MATCH函数。其中，Lookup意为“查找”，Index意为“索引”，Match意为“匹配”。

（1）LOOKUP

LOOKUP函数用于返回向量（单行区域或单列区域）或数组中的数值。它具有两种语法形式：向量形式和数组形式。其中，向量是指单行区域或单列区域；数组是指用于建立可生成多个结果或可对在行和列中排列的一组参数进行运算的单个公式，数组区域共用一个公式。数组常量是用作参数的一组常量。

- **向量形式**：LOOKUP(lookup_value, lookup_vector, result_vector)用于在单行区域或单列区域中查找值，然后返回第二个单行区域或单列区域中相同位置的值。其中，lookup_value表示要查找的值，lookup_vector表示要查找的区域，result_vector表示在查找区域中返回查找值对应的结果。
- **数组形式**：LOOKUP(lookup_value, array)用于在数组的第一行或第一列中查找指定的值，并返回数组最后一行或最后一列内同一位置的值。其中，array表示包含要与lookup_value 进行比较的文本、数字或逻辑值的单元格区域。

名师点睛

由于Excel是微软公司开发的产品，即使对其进行了汉化，很多功能中的快捷方式或表示方式仍为英语。因此，为了更好地学习函数和公式，读者最好在学习本门课程时记忆一些基本的单词，这样对于理解和使用公式，甚至对于学习高等数学、财务管理等课程都会有所帮助。

（2）INDEX

INDEX(array, row_num, column_num)用于返回表格或数组中的元素值，此元素由行号和列号的索引值给定。其中，row表示行，column表示列。

（3）MATCH

MATCH(lookup_value, lookup_array, match_type)用于在单元格区域中搜索指定项，然后返回该项在单元格区域中的相对位置。其中，“match_type”表示设置匹配类型，默认为1。

5. 日期与时间函数

常见的日期与时间函数有YEAR函数、MONTH函数等，具体介绍如下。

- **YEAR函数**：语法格式为YEAR(serial_number)，用于返回某日期对应的年份。例如，“=YEAR(2015-3-15)”的结果为“2015”。
- **MONTH函数**：语法格式为MONTH(serial_number)，用于返回某日期对应的月份，介于1到12之间。例如，“=MONTH(2015-3-15)”的结果为“3”。
- **DAY函数**：语法格式为DAY(serial_number)，用于返回某日期对应的天数，介于1到31之间。例如，“=DAY(2015-3-15)”的结果为“15”。
- **NOW函数**：语法格式为NOW（），用于返回当前的日期和时间。

（二）基本财务函数

1. SLN

SLN（Straight-LiNe method）函数的语法格式是SLN(cost, salvage, life)，用于返回某项资产以直线法计提的每一期的折旧值。其中，cost指固定资产原值，salvage指固定资产的残值，life指固定资产的折旧期数，三个参数都是必需参数，不能为空。

2. DDB

DDB（Double-Declining Balance method）函数的语法格式是DDB(cost, salvage, life, period, factor)，用于使用双倍余额递减法或其他指定的方法，计算一项固定资产在给定期间内的折旧值。该函数的参数具体介绍如下。

- cost：是必需参数，指固定资产原值。
- salvage：是必需参数，指固定资产的残值。应注意，原值与残值的单位应一致，如果一个参数的单位为万元，另一个参数的单位为元，则应统一为元或万元。
- life：是必需参数，指固定资产的折旧期数。
- period：是必需参数，指需要计算折旧值的期间。period必须使用与life相同的单位，例如一项固定资产的预计使用年限是5年，则折旧期数可表示为5，period可表示1、2、3、4、5，即分别表示第1年~第5年。
- factor：是可选参数，指余额递减速率。如果factor被省略，则默认为2，即使用双倍余额递减法。

3. SYD

SYD（Sum-of-the-Years-Digits method）函数的语法格式是SYD(cost, salvage, life, per)，用于返回某项资产按年数总和折旧法计算的在第“per”期的折旧值。其中，cost指固定资产原值，salvage指固定资产的残值，life指固定资产的折旧期数，per指第几期，其单位必须与life相同。以上4个参数都是必需的，不能为空。

【任务实施】

下面根据前面所讲的基础知识，具体介绍如何应用公式和函数进行计算。

一、应用公式进行计算

（一）创建公式

Excel中，创建公式的方式包括手动输入和移动单击输入。

1. 手动输入公式

以输入“=A3-SUM(A1:A2)”为例，在Excel中手动输入公式的方法为：选择单元格，输入“=”，然后输入第一个运算体“A3”、第一个运算符“-”、第二个运算体“SUM”、第二个运算符“:”，完成后按【Enter】键确认。若公式中包含小圆括号，应注意其位置是否适当以及左括号是否与右括号相匹配。

2. 移动单击输入公式

当输入的公式中含有其他单元格的数值时，为了避免重复输入费时甚至出错，还可以通过移动鼠标去单击拟输入数值所在单元格的地址（即引用单元格的数值）来创建公式。移动单击输入数值所在单元格的地址后，单元格将处于“数据点模式”。

以输入公式“=35+A2-12.5”为例，输入“=35+”后，可单击A2单元格，此时公式将自动引用变为“=35+A2”，此时A2单元格四周将出现“数据点”，如图4-33所示。继续输入其他公式内容，完成后按【Enter】键确认。

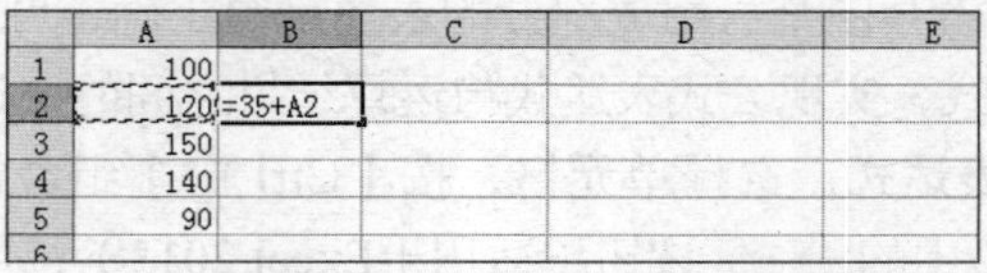

图4-33 移动单击输入公式

（二）编辑和修改公式

公式编辑和修改的方法有以下3种。

- 双击公式所在的单元格，直接在单元格内修改内容。
- 选择公式所在的单元格，按【F2】键后直接在单元格内更改内容。
- 选择公式所在的单元格后，单击公式编辑栏，在公式编辑栏中做相应更改。

应注意，在编辑或者移动单击输入公式时，不能随便移动方向键或者单击公式所在单元格以外的单元格，否则单元格内光标移动之前的位置将自动输入所移至单元格的地址名称。

试题精讲

【多选题】关于公式的创建与修改，下列说法正确的是（　　）。

A. 公式只能手动创建

B. 创建公式时可通过单击来引用单元格数值

C. 双击公式所在单元格，可对公式进行修改

D. 双击公式所在单元格，只能修改公式的计算结果，不能修改公式本身

【答案】B、C

【解析】Excel 中创建公式的方式包括手动输入和移动单击输入，因此选项A错误；双击公式所在的单元格，可直接在单元格内修改公式内容，因此选项D错误。

（三）显示公式运算结果

一般情况下，使用了公式的单元格显示的是公式的计算结果，公式表达式的完整内容则显示在编辑栏。当该单元格处于编辑状态时，单元格也将显示公式的完整表达式，与所对应编辑栏显示的内容一致。

1. 查看公式中某步骤的运算结果

单元格中默认显示的运算结果是根据完整的公式表达式进行运算的结果，可通过以下方法查看公式中某步骤的运算结果。

- 选择公式所在的单元格，双击该单元格或直接按【F2】键进入编辑状态。
- 选择公式中需要查看其运算结果的运算体和运算符，按【F9】键后，被选中的内容将转化为运算结果，该运算结果同时处于被选中状态。
- 按【Esc】键或者【Ctrl+Z】组合键（或单击“撤销”按钮），运算结果将恢复为公式表达式的原来内容。

名师点睛

在运算结果处于被选中状态下，如果按下确认键或者移动光标键，公式中参与运算的运算体和运算符将不复存在，而被该结果所替代；如果拖动鼠标去单击其他单元格，公式所在单元格将由编辑状态切换成数据点状态，公式所在单元格里同时显示被选中单元格的地址或名称。

2. 公式默认显示方式的改变

为了检查公式整体或者其中某一组成部分的表述是否正确，可以通过以下方法使单元格默认显示完整的公式表达式，实现公式表达式与运算结果之间的快速切换。

- **运算结果→公式表达式**：选择单元格，按【Ctrl+`】组合键或者单击“公式”选项卡“公式审核”栏中的显示公式按钮（适用于Excel 2013），可切换为显示公式内容。
- **公式表达式→运算结果**：选择单元格，选择【工具】/【公式审核】/【公式审核模式】菜单命令，或者按【Ctrl+`】组合键，或者单击“公式”选项卡“公式审核”组中的显示公式按钮（适用于Excel 2013），可切换为显示运算结果。

3. 将公式运算结果转换为数值

如果需要将公式运算结果转换为数值，可以通过以下操作得以实现。

STEP 1 选择目标单元格，然后选择【编辑】/【复制】菜单命令，或者按【Ctrl+C】组合键。

STEP 2 选择【编辑】/【选择性粘贴】菜单命令，打开“选择性粘贴”对话框。

STEP 3 单击选中“数值”单选项，单击确定按钮后目标单元格中将显示数值，如图4-34所示。

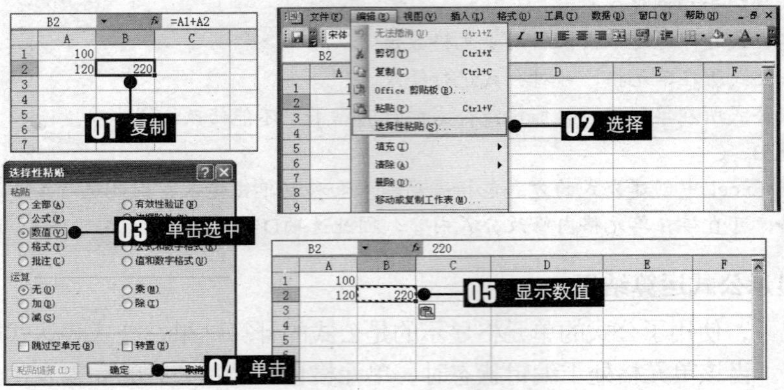

图4-34 将公式运算结果转换为数值

> **名师点睛**
>
> 将公式运算结果转换为数值还有一种方法，按【Ctrl+C】组合键复制单元格后，接着按【Ctrl+V】组合键粘贴单元格，此时该单元格右下方出现按钮。单击该按钮，在弹出的下拉菜单中单击选中“只有值”单选项后，即可完成转换操作。

试题精讲

【判断题】包含公式的单元格只能显示公式计算的结果，要想查看公式本身的结构，只能选择该单元格，在编辑栏中查看。（ ）

【答案】×

【解析】题目描述的是默认情况下的显示情形。选择包含公式的单元格，按【Ctrl+`】组合键或者单击“公式”选项卡“公式审核”组中的显示公式按钮（适用于Excel 2013）后，可以由运算结果转换为公式。

二、引用单元格进行计算

单元格引用可以在同一个工作表的不同单元格之间进行，也可以在不同工作表、不同工作簿之间进行。

（一）输入单元格引用

在公式中可以直接输入单元格的地址引用单元格，也可以使用鼠标或键盘的方向键选择单元格。单元格地址输入后，通常使用以下两种方法来改变引用的类型：

- 在单元格地址的列标和行标前直接输入“$”符号；
- 输入单元格地址后，重复按【F4】键选择合适的引用类型。

（二）跨工作表单元格引用

跨工作表单元格引用是指引用同一工作簿里其他工作表中的单元格，又称三维引用，需要按照以下格式进行跨表引用：工作表名！数据源所在单元格地址。

假定在一个工作簿中，工作表Sheet1中的A1、A2单元格的值分别为100、120，如果工作表Sheet2想要在B2单元格中引用Sheet1的A1、A2单元格数据，则引用格式如下B2=Sheet1!A1+Sheet1!A2，其具体操作如下。

STEP 1 选择Sheet2中的B2单元格，输入“=”，然后单击Sheet1的工作表标签。

STEP 2 用鼠标单击Sheet1中的A1单元格，然后输入“+”、用鼠标单击A2单元格，最后按【Enter】键完成公式设置，如图4-35所示。

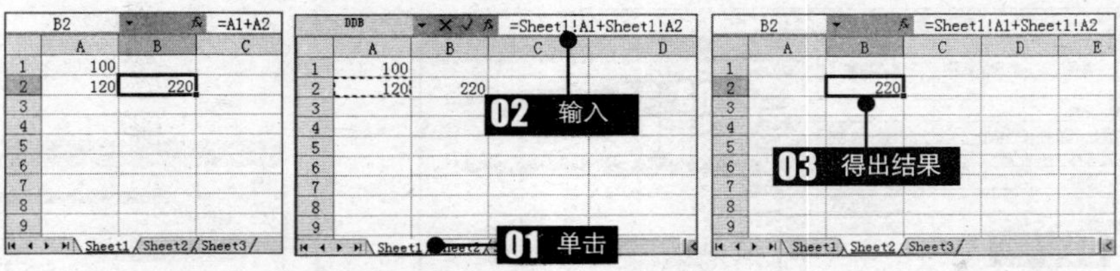

图4-35 跨工作表单元格引用

（三）跨工作簿单元格引用

跨工作簿单元格引用是指引用其他工作簿中的单元格，又称外部引用，需要按照以下格式进行跨工作簿引用：[工作簿名]工作表名！数据源所在单元格地址。跨工作簿引用与跨工作表引用的操作基本相同，只是在选择单元格时，要先转换到引用单元格所在的工作簿。

三、应用函数进行计算

在Excel中，利用函数可以快速执行有关计算。

（一）应用常用函数进行计算

【例4-6】泰煌公司在2014年急需扩大生产规模，无奈流动资产不足，因此向当地工商银行申请贷款。请使用公式、函数计算该公司“银行借款登记卡”中的剩余数据。

“银行借款登记卡”中需要使用公式、函数的是未偿还金额一列和合计数，其中未偿还金额=期初未偿还金额+借款额度-借款偿还金额，合计数一行需要使用求和函数，其具体操作如下（演示参见：光盘\视频演示\项目四\例4-6.swf）。

STEP 1 打开“银行借款登记卡”（素材参见：光盘\素材文件\项目四\任务三\银行贷款登记卡.xls），选择H7单元格，在编辑栏中输入“=H6+F7-G7”，然后按【Enter】键得出计算结果。

STEP 2 将鼠标指针移至H7单元格的右下角后变为╋形状，按住鼠标左键拖动至H11单元格后释放鼠标左键，如图4-36所示。

图4-36 输入与填充公式

STEP 3 选择F12单元格，单击编辑栏中的“插入函数”按钮，打开“插入函数”对话框，在“选择函数”下拉列表框中选择“SUM”选项，然后单击 确定 按钮，如图4-37所示。

STEP 4 打开“函数参数”对话框，在“Num1”文本框中输入“F7:F11”或通过鼠标单击该单元格区域，然后单击 确定 按钮，如图4-38所示。

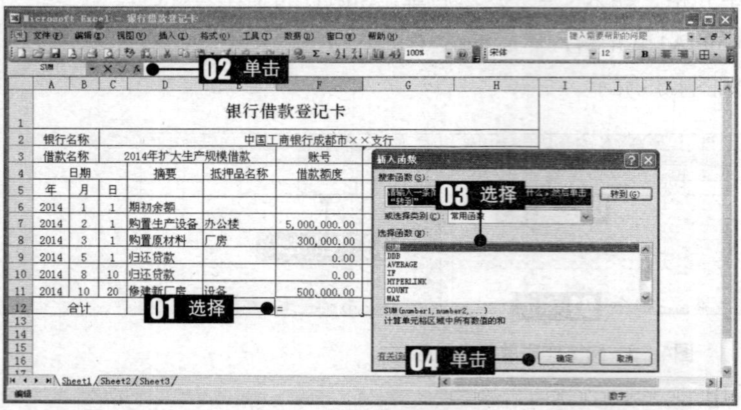

图4-37 选择函数

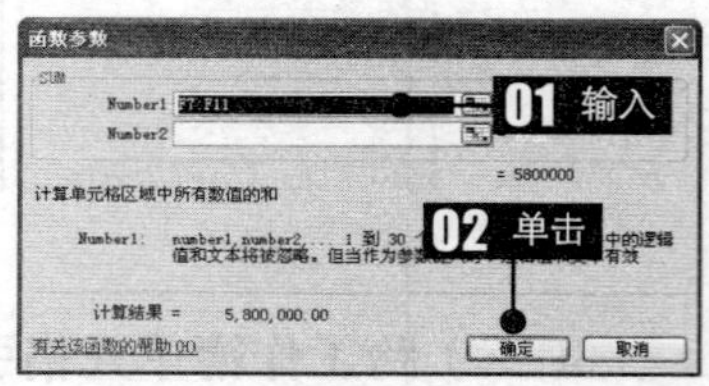

图4-38 设置函数参数

STEP 5 用同样的方法将F12单元格的函数填充到G12单元格（效果参见：光盘\效果文件\项目四\任务三\银行借款登记卡.xls）。

（二）应用文本函数进行计算

【例4-7】假定A1单元格中的文本为“804197”，分别使用LEN、LEFT、RIGHT和MID函数计算该文本的结果（得出的值显示在B1单元格）。

使用不同的文本函数时，得出的值也不同。

B1=LEN(text)=LEN(A1)=6；

B1=LEFT(text, num_chars)=LEFT(A1, 3)=804；

B1=RIGHT(text, num_chars)=RIGHT(A1, 3)=197；

B1=MID(text, start_num, num_chars)=MID(A1, 3, 3)=419。

本例的操作与【例4-6】基本一致，区别在于打开“插入函数”对话框后，应先在“或选择类别”下拉列表框中选择“文本”选项，然后在“选择函数”下拉列表框中选择“LEN”等函数选项，其他操作不再赘述。

（三）应用查找与引用函数进行计算

【例4-8】假定A1~A5单元格分别为：成本、300、390、420、450，B1~B5单元格分别为：利润、47、50、64、72，则使用不同的文本函数时，得出的值将不同（假定得出的值显示在C2单元格）。

C2=LOOKUP(lookup_value, lookup_vector, result_vector)=LOOKUP(420, A2:A5, B2:B5)=64，即在A2:A5单元格区域中查找值“420”，然后在B2:B5单元格区域中查找“420”对应单元格的数值64。

C2=INDEX(array, row_num, column_num)=INDEX(A2:B5, 2, 2)=50，即返回A2:B5单元格区域中第2行和第2列交叉处的数值50。

C2=MATCH(lookup_value, lookup_array, match_type)=MATCH(60, B2:B5, 1)=3，在B2:B5单元格区域查找值“60”，由于此处无精确匹配项，因此函数会查找最接近的下一个最小值（64）的位置3（即B2:B5单元格区域的第3个数据）。

（四）应用基本财务函数进行计算

【例4-9】假定甲公司拥有一项固定资产，原价为100万元；预计使用年限为5年，净残值为0.4万元。计算该固定资产第1年的折旧（假定按12个月）。

根据企业会计准则，企业可选择的折旧方法主要包括年限平均法（直线法）、双倍余额递减法和年数总和法。各种折旧方法的计算不同，具体过程如下。

直线法：第1年的折旧=（固定资产原价－预计净残值）÷预计使用寿命=（100－0.4）÷5=19.92（万元），用函数表示为SLN(100, 0.4, 5)=19.92。

双倍余额递减法：第1年的折旧=固定资产账面净值×（2/预计使用寿命×100%）=100×（2/5×100%）=40（万元），用函数表示为DDB(100, 0.4, 5, 1, 2)=40。

年数总和法：第1年的折旧=（固定资产原价－预计净残值）×（尚可使用年限/预计使用寿命的年数总和×100%）=（100－0.4）×[5/（5＋4＋3＋2＋1）×100%]=33.2（万元），用函数表示为SYD(100, 0.4, 5, 1)=33.2。

任务四 应用数据清单、分析与管理数据

在实务中，从各种渠道取得的原始数据可能是杂乱无章、未经处理的，这样不便于整理和保存数据，更谈不上分析与管理数据，也就不能使数据发挥其管理价值、经济价值。如果将数据按清单的形式重新组织，就可以在后续工作中使用记录单快速地完成数据录入，同时可生成数据透视表，并用图表的形式直观、清晰地展示相关数据，以便于管理层直接使用。

【任务目标】

本任务的目标是了解构建数据清单的要求，熟悉记录单的使用方法，掌握排序、筛选、分类汇总数据的具体设置，能够使用数据透视表和图表分析与管理数据。

【知识讲解】

一、数据清单的概念及构建要求

（一）数据清单的概念

Excel中，数据库是通过数据清单或列表来实现的。数据清单是一种包含一行列标题和多行数据且每行同列数据的类型和格式完全相同的Excel工作表，如图4-39所示。数据清单

中的列对应数据库中的字段，列标志对应数据库中的字段名称，每一行对应数据库中的一条记录。

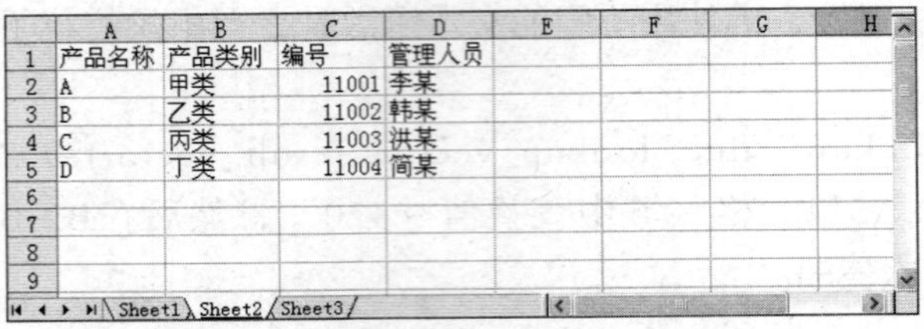

图4-39　数据清单

（二）构建数据清单的要求

为了使Excel自动将数据清单当作数据库，构建的数据清单应满足以下4个要求。

- 列标志应位于数据清单的第一行，用以查找和组织数据、创建报告。
- 同一列中各行数据项的类型和格式应当完全相同。
- 避免在数据清单中间放置空白的行或列，但需将数据清单和其他数据隔开时，应在它们之间留出至少一个空白的行或列。
- 尽量在一张工作表上建立一个数据清单。

二、记录单的概念和作用

记录单又称数据记录单，是快速添加、查找、修改或删除数据清单中相关记录的对话框。该对话框左侧从上到下显示的文本框，为数据清单第一行从左到右依次排列的列标志，右侧从上到下依次是“记录状态”显示区和［新建(W)］按钮、［删除(D)］按钮、［还原(R)］按钮、［上一条(P)］按钮、［下一条(N)］按钮、［条件(C)］按钮和［关闭(L)］按钮，如图4-40所示。其中，“记录状态”显示区显示相应记录的次序数以及数据清单中记录的总条数。

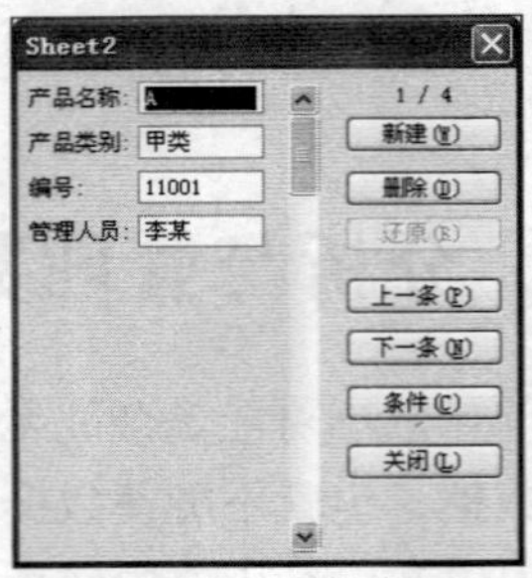

图4-40　“记录单”对话框

数据清单是记录单的基础和数据来源，没有数据清单，记录单功能将无法使用；通过记录单，便于使用和管理数据清单。通过记录单处理记录主要有以下3个优点。

- 界面直观，操作简单。
- 减少数据处理时行列位置的来回切换，避免输入错误。
- 特别适用于大型数据清单中记录的核对、添加、查找、修改或删除。

三、图表的作用与构成

Excel自带有多种图表，它的作用是直观显示数值大小、变化趋势、所占比例、多个数据比较、数据差异等，便于对数据进行分析，提高数据的可读性和观赏性。图表主要由图表标题、坐标轴、数据系列、网格线和图例等部分组成，如图4-41所示。

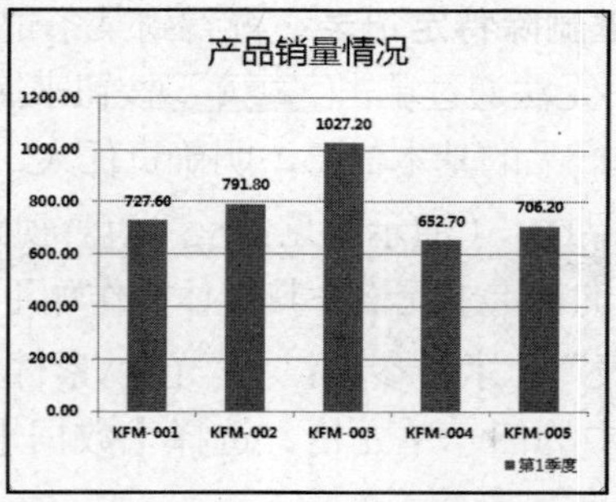

图4-41 图表的组成

- **图表标题**：即图表名称（图4-41所示图表的名称“产品销量情况”），可以根据需要修改标题内容，也可以调整标题显示位置或隐藏标题。
- **坐标轴**：分为分类轴（也称系列轴）和数值轴，作用是辅助表现数据系列要传达的数据信息。Excel中只有少数类型的图表没有坐标轴，如饼图。
- **数据系列**：图4-41中的柱状即为数据系列，它对应一组表格数据，并以相同的颜色或图案显示，通过它可以直观地查看相关数据的变化情况。
- **网格线**：为了便于看清图表中的数值大小，可以在图表的绘图区中显示水平和垂直网格线。网格线可以分为主网格线和次网格线，主网格线是从坐标轴的主要刻度向水平或垂直方向延伸出来的直线，次网格线是从坐标轴上的次要刻度延伸出来的直线，它们分别与坐标轴上显示的主要和次要刻度线对齐。
- **图例**：指每一组数据系列对应的数据对象，如图4-41中所示的“第1季度”。根据需要，图例可设置为显示或者隐藏。
- **数据标签**：即数据系列的具体数值，便于使用者了解数据的详细信息。

【任务实施】

下面根据前面所讲的基础知识，具体介绍如何使用记录单，如何对数据排序、筛选和分类汇总，以及如何插入数据透视表和图表。

一、使用记录单

记录单功能实现的载体是“记录单”对话框。打开该对话框的方法是：输入数据清单的列标志，选择数据清单的任意一个单元格，然后选择【数据】/【记录单】菜单命令。

Excel 2013的数据功能区中尽管没有“记录单”命令，但可通过单击以自定义方式添入“快速访问工具栏”中的“记录单”按钮来打开。

“记录单”对话框打开后，只能通过“记录单”对话框来输入、查询、核对、修改或者删除数据清单中的相关数据，而无法直接在工作表的数据清单中进行相应的操作。

- **在“记录单”对话框中输入新记录**：单击“新建(W)”按钮，在文本框中输入相应的记录内容（各文本框可通过按【Tab】键或单击鼠标来定位），按【Enter】键确认输入。
- **利用“记录单”对话框查找特定单元格**：通过查询功能，符合条件的记录将分别出现在对话框相应列后的文本框中，这种方法尤其适合用于具有多个查询条件的查询中，只要在对话框多个列名后的文本框内同时输入相应的查询条件即可。
- **利用“记录单”对话框核对或修改特定记录**：查找到待核对或修改的记录后，在对话框相应列后文本框中逐一核对或修改。在确认修改前，“还原(R)”按钮处于激活状态，可通过单击“还原(R)”按钮放弃本次确认前的所有修改。

- **利用“记录单”对话框删除特定记录**：查看到某条记录后，单击 删除(D) 按钮可删除该记录。记录删除后无法通过单击 还原(R) 按钮来撤销。

【例4-10】为了有效管理产品的基本信息，明确责任人，泰煌公司编制了一份“产品信息表”。请使用记录单查询产品D。（演示参见：光盘\视频演示\项目四\例4-10.swf）

通过记录单，可以快速查询特定单元格，其具体操作如下。

STEP 1 打开“产品信息表”（素材参见：光盘\素材文件\项目四\任务四\产品信息表.xls），选择产品数据清单中的任一单元格，选择【数据】/【记录单】菜单命令，打开“产品信息表”对话框。

STEP 2 单击 条件(C) 按钮，在“产品名称”文本框中输入“D”，按【Enter】键可查询D产品的详细信息，如图4-42所示。

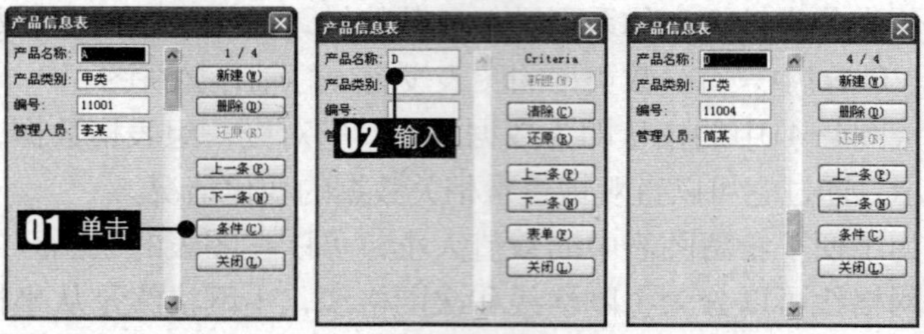

图4-42　使用记录单查询信息

> **名师点睛**　在数据录入过程中，如果发现某个文本框中的数据录入有误，可将光标移入该文本框，直接进行修改；如果发现多个文本框中的数据录入有误，不便逐一修改，可通过单击 还原(R) 按钮放弃本次确认前的所有输入，光标将自动移入第一个空白文本框，等待数据录入。

二、管理与分析数据

在数据清单下，可以执行排序、筛选、分类汇总、插入图表和数据透视表等数据管理和分析功能。

（一）数据排序

数据的排序是指在数据清单中，针对某些列的数据，通过“数据”菜单或功能区中的排序命令来重新组织行的顺序。

1. 快速排序

快速排序是指按单个关键字进行排序的操作，快速排序的方法是：在数据清单中选定需要排序的各行记录，单击工具栏中的“升序排序”按钮或“降序排序”按钮即可。

需要注意的是，如果数据清单由单列组成，即使不执行第一步，只要选定该数据清单的任意单元格，直接执行第二步，系统都会自动排序；如果数据清单由多列组成，应避免不执行第一步而直接执行第二步的操作，否则数据清单中光标所在列的各行数据被自动排序，但每一记录在其他各列的数据并未随之相应调整，记录将会出现错行的错误。

2. 自定义排序

自定义排序是指设置多个关键字进行排序，当主要关键字相同时，按第二关键字排序，以此类推进行排序的操作。使用自定义排序的方法如下。

STEP 1 单击【数据】/【排序】菜单命令（Excel 2013中可单击“数据”选项卡“排序和筛选”组中的“排序”按钮），打开“排序”对话框。

STEP 2 设置“主要关键字”“次要关键字”和“第三关键字”和排序方式，单击 确定 按钮，如图4-43所示。在Excel 2013中，可通过单击 添加条件(A) 按钮来设置多个关键字、排序方式、排序依据，如图4-44所示。

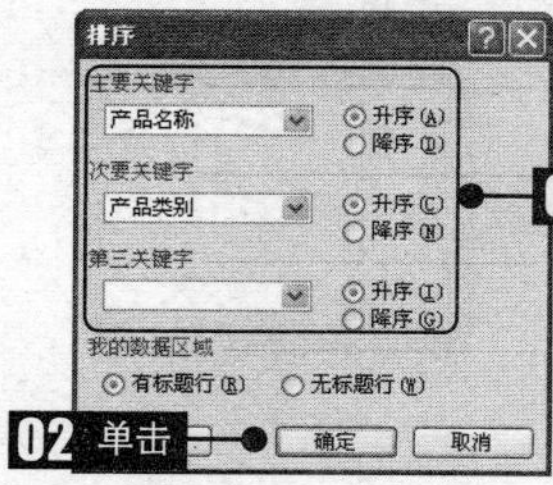

图4-43　自定义排序（适用于Excel 2003）

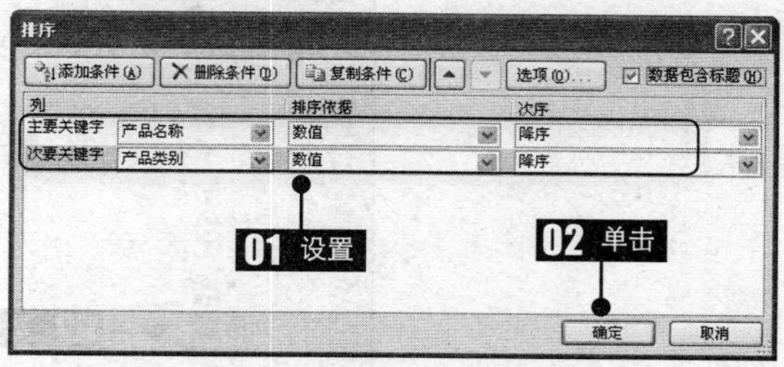

图4-44　自定义排序（适用于Excel 2013）

试题精讲

【判断题】在Excel中排序时如果选择多个关键字段，则所有关键字段必须选用相同的排序趋势（如递增或递减）。（　）

【答案】×

【解析】在Excel中排序时选择多个关键字段，所有关键字段可以选用不同的排序趋势。

（二）筛选数据

数据的筛选是指对数据清单中的指定数据进行查找和其他工作。筛选后的数据清单仅显示那些包含了某一特定值或符合一组条件的行，暂时隐藏其他行。通过筛选工作表中的信息，用户可以快速查找数值。用户不但可以利用筛选功能控制需要显示的内容，而且还能够控制需要排除的内容。

1. 快速筛选

快速筛选也叫自动筛选，适用于简单条件的筛选操作，可以将不满足条件的数据暂时隐藏，只显示符合条件的数据。

【例4-11】通过编号查询A产品的详细信息。

本例指定通过编号来查询（A产品的编号为11001），即对全部产品信息进行快速筛选，其具体操作如下（演示参见：光盘\视频演示\项目四\例4-11.swf）。

STEP 1 打开“产品信息表”（素材参见：光盘\素材文件\项目四\任务四\产品信息表.xls），在数据清单中选定任意单元格或需要筛选的列，选择【数据】/【筛选】/【自动筛选】菜单命令。

STEP 2 单击“编号”字段右侧的下拉按钮，在弹出的下拉列表中选择筛选结果，如图4-45所示。

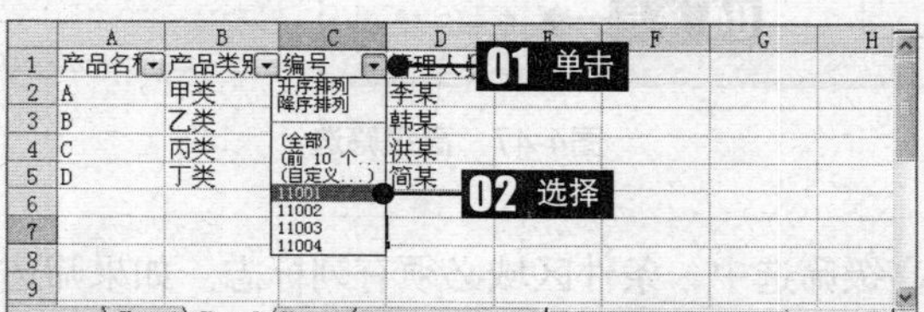

图4-45　快速筛选（适用于Excel 2003）

在Excel 2013中，快速筛选的方法有所不同，以查询管理人为洪某和简某对应的产品信息为例，首先应单击“数据”选项卡的“排序和筛选”组中“筛选”按钮，然后单击“管理人员”字段右侧的下拉按钮，在弹出的下拉列表中单击选中一个或多个复选框，最后单击 确定 按钮，如图4-46所示。

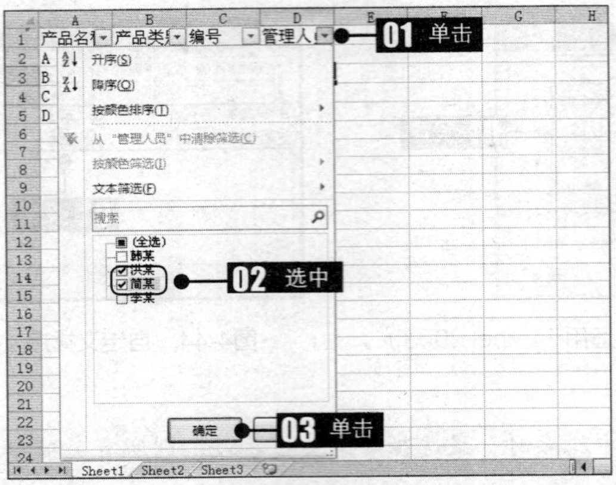

图4-46　快速筛选（适用于Excel 2013）

2. 高级筛选

高级筛选可以根据自行设置的条件筛选出同时符合所有条件的记录。

【例4-12】泰煌公司于月末编制员工工资表，请筛选出提成大于1 400元、应发合计小于3 700元的员工（演示参见：光盘\视频演示\项目四\例4-12.swf）。

本例涉及两个筛选条件，需使用高级筛选，其具体操作如下。

STEP 1 打开“员工工资表”（素材参见：光盘\素材文件\项目四\任务四\员工工资表.xls），在C15:D16单元格区域设置条件“提成＞1 400，应发合计＜3 700”，然后选择【数据】/【筛选】/【高级筛选】菜单命令，打开“高级筛选”对话框。

STEP 2 在“列表区域”和“条件区域”文本框中选定或输入$A$2:$F$13、Sheet!$C$15:$D$16，单击 确定 按钮，如图4-47所示。

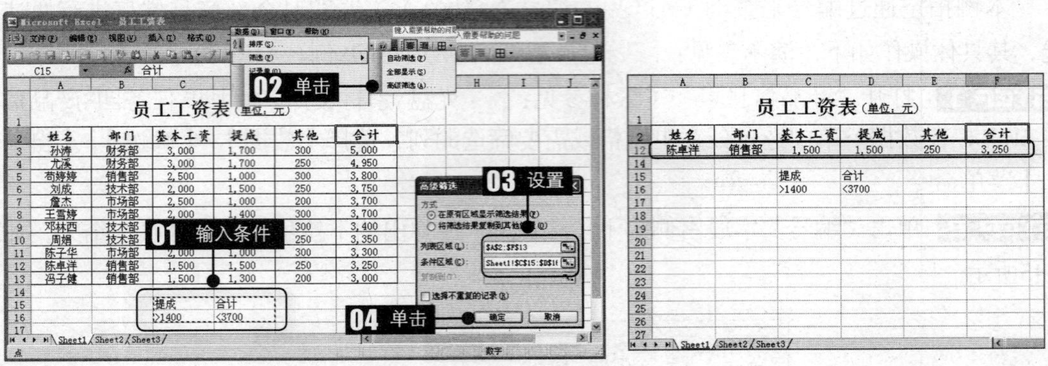

图4-47　高级筛选

名师点睛

在高级筛选中，条件区域必须有列标志。如果筛选结果需复制到其他位置，可在“高级筛选”对话框的“方式”栏中单击选中“将筛选结果复制到其他位置”单选项，然后在“复制到”文本框中输入或选择目标单元格区域即可。

3. 清除筛选

如果不需要筛选结果时，可进行清除筛选操作。具体方法有以下两种。

- 对经过筛选后的数据清单进行第二次筛选，之前的筛选将被清除。
- 在Excel 2003中，选择【数据】/【筛选】/【全部显示】菜单命令可清除筛选。在Excel 2013中，在筛选状态下单击“数据”选项卡“排序和筛选”组中的“筛选”按钮可清除筛选。

（三）分类汇总数据

数据的分类汇总是指在数据清单中按照不同类别对数据进行汇总统计。分类汇总采用分级显示的方式显示数据，可以收缩或展开工作表的行数据或列数据，实现各种汇总统计。

1. 创建分类汇总

实务中，有些初始数据可能存在排列无序、无规律的情况，这样不便于使用和分析，因此需要对数据进行分类汇总。

【例4-13】为了业务需要，泰煌公司分公司组织了一次房交会，根据参会客户的相关资料，编制了一份房交会展会分布表。请按展区进行分类汇总。

创建分类汇总的具体操作如下（演示参见：光盘\视频演示\项目四\例4-13.swf）。

STEP 1 打开“房交会展会分布表”（素材参见：光盘\素材文件\项目四\任务四\房交会展会分布表.xls），选择C3单元格，单击“常用”工具栏中的按钮，对“展区”字段进行升序排序，如图4-48所示。

图4-48 对要分类的字段进行排序

STEP 2 选择【数据】/【分类汇总】菜单命令，打开“分类汇总”对话框，分别在“分类字段”“汇总方式”下拉列表框中选择“展区”“求和”选项，在“选定汇总项”下拉列表框中选中“参展费用（万元）”，然后单击 确定 按钮完成设置，如图4-49所示。

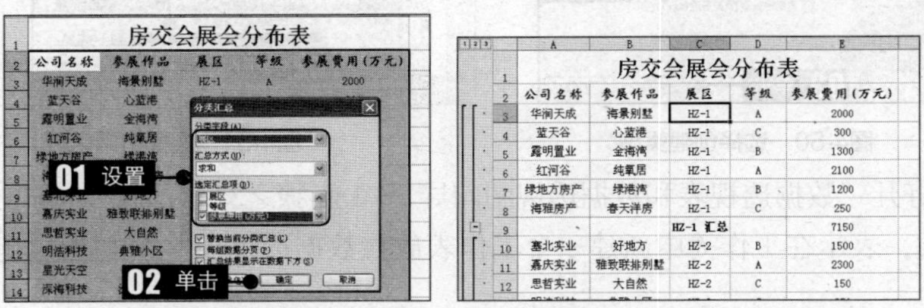

图4-49 分类汇总的参数设置与结果

> **名师点睛**
>
> 对数据清单进行分类汇总后，工作表左侧会出现分类汇总表的分级显示区，通过单击相关按钮，可控制分类汇总后数据的显示情况，例如单击1按钮、2按钮和3按钮可显示数据清单中不同级别的内容；单击-按钮、+按钮可隐藏或显示对应的数据。

2. 清除分类汇总

清除分类汇总的方法是选择数据清单中的任意一个单元格，选择【数据】/【分类汇总】菜单命令，在打开的"分类汇总"对话框中单击左下角的全部删除(R)按钮，即可取消当前数据清单中的分类汇总状态。

（四）插入数据透视表

数据透视表是根据特定数据源生成的，可以动态改变其版面布局的交互式汇总表格。数据透视表不仅能够按照改变后的版面布局自动重新计算数据，而且能够根据更改后的原始数据或数据源来刷新计算结果。

1. 创建数据透视表

数据透视表的布局框架由页字段、行字段、列字段和数据项等要素构成，可以通过选择不同的页字段、行字段、列字段，设计出不同结构的数据透视表。通过数据透视表向导的功能，可以方便地创建数据透视表。

【例4-14】为了更详细地统计房交会各展区的参展费用，现根据房交会展会分布表创建数据透视表，以备管理层开会使用。

创建数据透视表的具体操作如下（演示参见：光盘\视频演示\项目四\例4-14.swf）。

STEP 1 打开"房交会展会分布表"（素材参见：光盘\素材文件\项目四\任务四\房交会展会分布表.xls），选择数据清单中的任意一个单元格，选择【数据】/【数据透视表和数据透视图】菜单命令，打开"数据透视表和数据透视图向导 — 3 步骤之1"对话框。

STEP 2 在"请指定待分析数据的数据源类型"栏中选择数据源类型，一般保持默认选中的"Microsoft Office Excel数据列表或数据库"单选项即可；在"所需创建的报表类型"栏中选中"数据透视表"单选项，单击下一步(N) >按钮，如图4-50所示。

STEP 3 打开"数据透视表和数据透视图向导 — 3 步骤之2"对话框，在"选定区域"文本框中选定或输入"$A$2:$E$17"，单击下一步(N) >按钮，如图4-51所示。

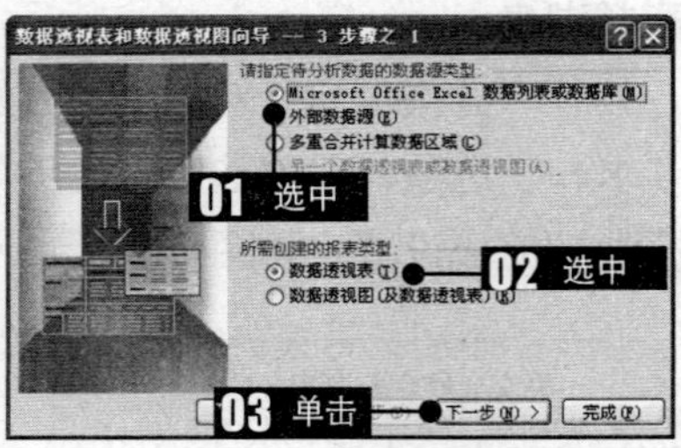

图4-50 选择创建类型

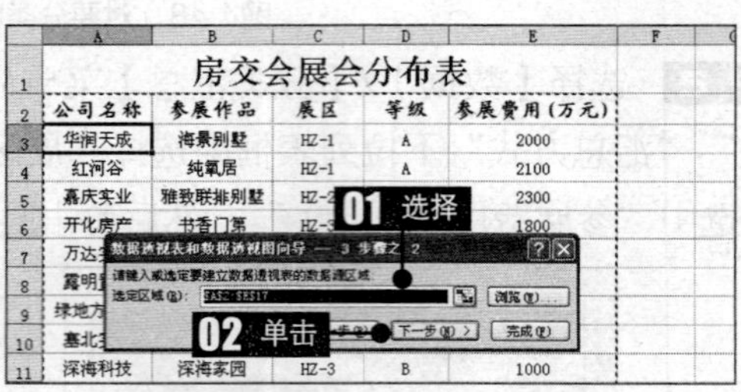

图4-51 选择引用区域

STEP 4 打开"数据透视表和数据透视图向导 — 3 步骤之3"对话框，单击选中"新建工作表"单选项，表示在工作簿中新建一个工作表放置数据透视表，单击布局(L)...按钮，如图4-52所示。

STEP 5 打开"数据透视表和数据透视图向导 — 布局"对话框，拖动右侧的"等级"字段对应的按钮拖动到"列"区域，将"展区"拖动到"行"区域；将"参展费用（万元）"拖动到"数据"区域，单击确定按钮，如图4-53所示。

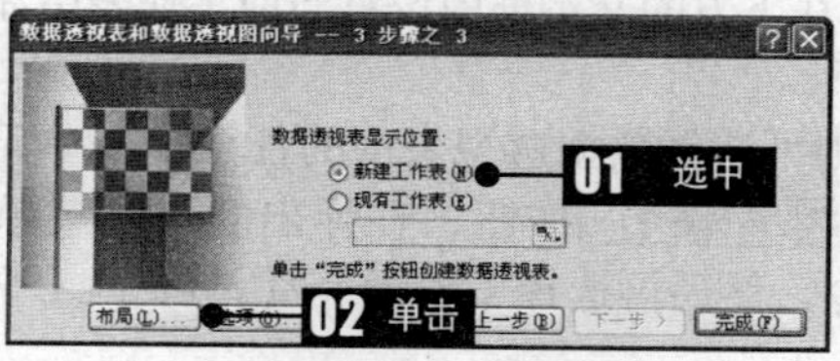

图4-52　选择创建位置

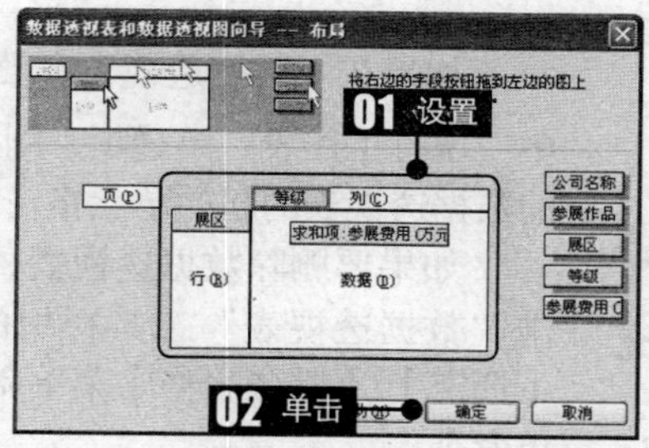

图4-53　设置布局

STEP 6　返回"数据透视表和数据透视图向导 — 3 步骤之3"对话框，单击 完成(F) 按钮，完成数据透视表的创建，如图4-54所示。

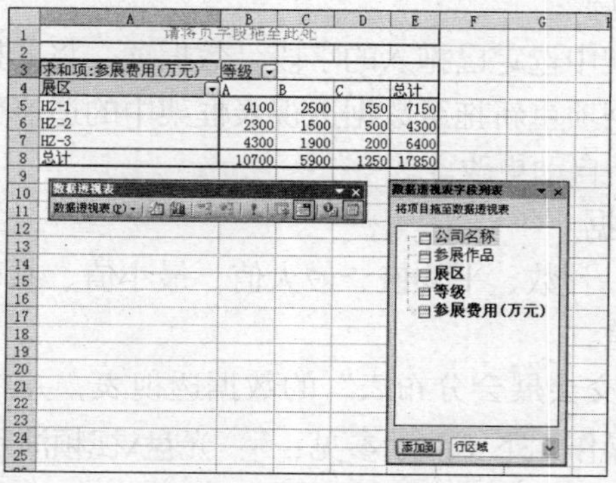

图4-54　完成创建

试题精讲

【多选题】关于数据透视表的说法，下列选项正确的是（　　）。

A. 数据透视表是一种表格　　B. 数据透视表可以汇总数据

C. 创建数据透视表后，表格数据不能更改　　D. 数据透视表中的数据可以随时调整

【答案】A、B、D

【解析】数据透视表是根据特定数据源生成的，可以动态改变其版面布局的交互式汇总表格，因此其表格数据是可以根据需要更改的。

在Excel 2013中创建数据透视表的方法为：在"插入"选项卡"表格"组中单击"数据透视表"按钮，打开"创建数据透视表"对话框，按Excel 2003的方法进行设置后，单击 确定 按钮即可，如图4-55所示。

图4-55　在Excel 2013中创建数据透视表

知识补充

如果在"数据透视表和数据透视图向导 — 3 步骤之3"对话框中单击选中"现有工作表"单选项，则可在下方的文本框中设置当前工作表中显示创建的数据透视表的起始单元格。

如果要删除数据透视表，则可选择数据透视表中的任意一个单元格，单击"数据透视表"工具栏中的数据透视表(P)▾按钮，在弹出的下拉菜单中选择【选定】/【整张表格】菜单命令，然后再选择【编辑】/【清除】/【全部】菜单命令。

2. 设置数据透视表

创建数据透视表后，可根据需要对其进行适当设置。

（1）重新设计版面布局

在数据透视表布局框架中选定已拖入的字段、数据项，将其拖出，将"数据透视表字段列表"窗格中的字段和数据项重新拖至数据透视表框架中的适当位置，报表的版面布局将自动更新，计算结果也会重新自动更改。

（2）设置值的汇总依据

值的汇总依据有求和、计数、平均值、最大值、最小值、乘积、数值计数、标准偏差、总体偏差、方差和总体方差。

【例4-15】创建"房交会展会分布表"的数据透视表，并将参展费用按最大值进行汇总。设置汇总依据的具体操作如下（演示参见：光盘\视频演示\项目四\例4-15.swf）。

STEP 1 打开"房交会展会分布表"（素材参见：光盘\素材文件\项目四\任务四\房交会展会分布表.xls），在数据透视表中单击需要更改计算函数的字段名称，然后单击"数据透视表"工具栏中的"字段设置"按钮。

STEP 2 打开"数据透视表字段"对话框，在"汇总方式"列表框中选择"最大值"选项，单击确定按钮，即可汇总得出最大值，如图4-56所示。

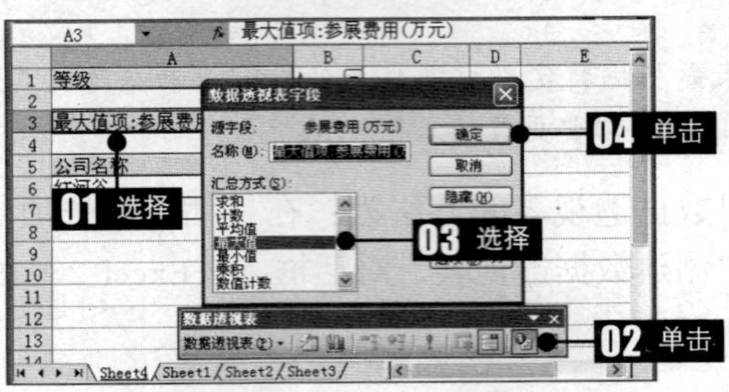

图4-56 设置最大值汇总

在Excel 2013中，设置值的汇总依据的操作比Excel更便捷、更人性化，在数据透视表的数值单元格上单击鼠标右键，在弹出的快捷菜单中选择"值汇总依据"命令，在弹出的子菜单中选择指定的汇总依据命令即可。

（3）设置值的显示方式

在Excel 2003中，值的显示方式有差异、百分比、差异百分比等。设置值的显示方式的具体操作如下。

STEP 1 在数据透视表的数值单元格上单击鼠标右键，在弹出的快捷菜单中选择"字段设置"命令，打开"数据透视表字段"对话框。

STEP 2 单击选项(O) >>按钮后，在“数据显示方式”下拉列表框中选择“百分比”等选项，然后单击确定按钮，如图4-57所示。

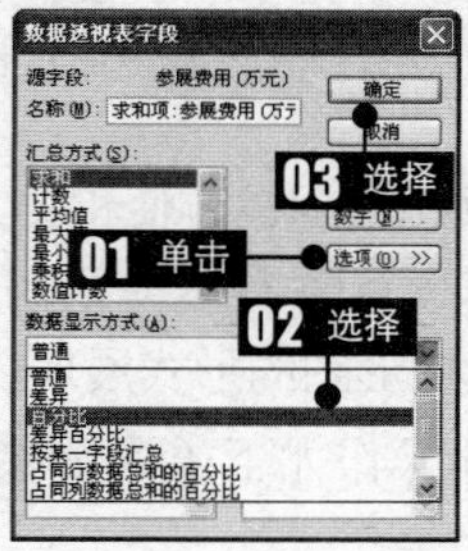

图4-57 选择数据显示方式

值的显示方式在Excel 2013中比在Excel 2003更加集成、综合，便于快速选择、修改。其具体方法是：在数据透视表的数值单元格上单击鼠标右键，在弹出的快捷菜单中选择“值显示方式”命令，在弹出的子菜单中选择值的具体显示方式。

（4）筛选数据

Excel可分别对报表的行和列进行数据筛选，系统会根据条件自行筛选出符合条件的数据列表。具体的筛选方法是：单击数据透视表字段右侧的下拉按钮▼，在弹出的下拉列表中选中需筛选记录对应的复选框，单击确定按钮，如图4-58所示。

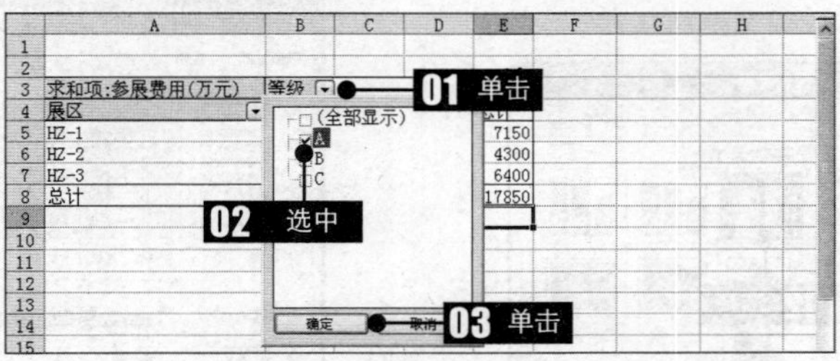

图4-58 筛选数据

在Excel 2013中，筛选数据的方法与在Excel 2003基本一致，具体方法是：单击数据透视表字段右侧的下拉按钮▼，在弹出的快捷菜单中选择“值筛选”命令，在弹出的子菜单中选择具体的筛选方式。

（5）设定报表样式

数据透视表中，既可选用系统自带的各种报表样式，也可通过设置单元格格式的方法自定义报表样式。在Excel 2003中，应用系统自带报表样式的方法为：选择数据透视表，然后选择【格式】/【自动套用格式】菜单命令，打开“自动套用格式”对话框。选择某个报表样式后，单击确定按钮，如图4-59所示。

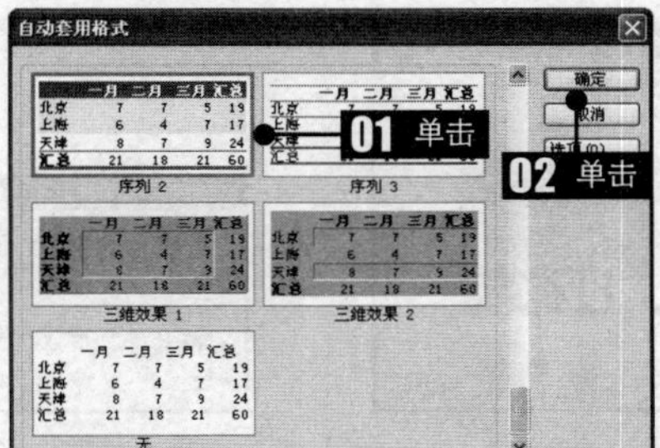

图4-59 设定报表样式

在Excel 2013中，应用系统自带报表样式的方法为：选择数据透视表，在“数据透视表工具–设计”选项卡“数据透视表样式”组中选择指定的报表样式。

（五）插入图表

1. 在Excel 2003中插入图表

在Excel中插入图表，可直观地展示数据，方便相关人员的使用。

【例4–16】为了在制定2015年预算时有参考依据，泰煌公司编制了“企业日常费用表”，请将该表按费用类别、以簇状柱形图的形式展现。

在Excel 2003中插入图表的具体操作如下（演示参见：光盘\视频演示\项目四\例4–16.swf）。

STEP 1 打开“企业日常费用表”（素材参见：光盘\素材文件\项目四\任务四\.xls），按【Ctrl】键，选择B2:F2、B9:F9单元格区域，然后选择【插入】/【图表】菜单命令，打开“图表向导 – 4步骤之1 – 图表类型”对话框，在“图表类型”列表框中选择“柱形图”选项，在“子图表类型”选择“簇状柱形图”选项，单击 下一步(N) > 按钮，如图4-60 所示。

STEP 2 打开“图表向导 – 4步骤之2 – 图表源数据”对话框，在“数据区域”文本框中输入或选择单元格区域，在“系列产生在”栏中单击选中“行”单选项，然后单击 下一步(N) > 按钮，如图4-61所示。

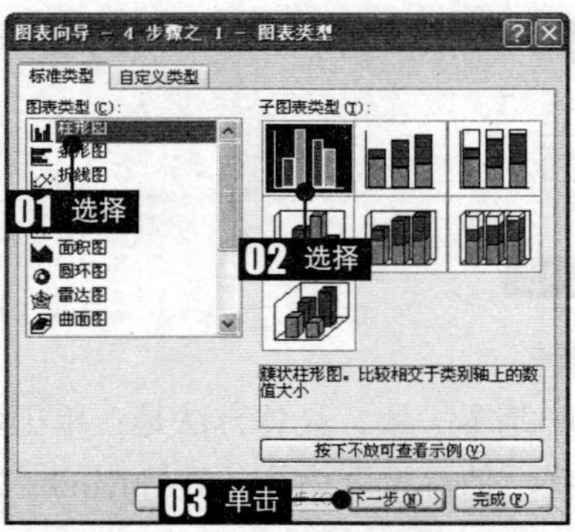

图4-60　选择图表类型

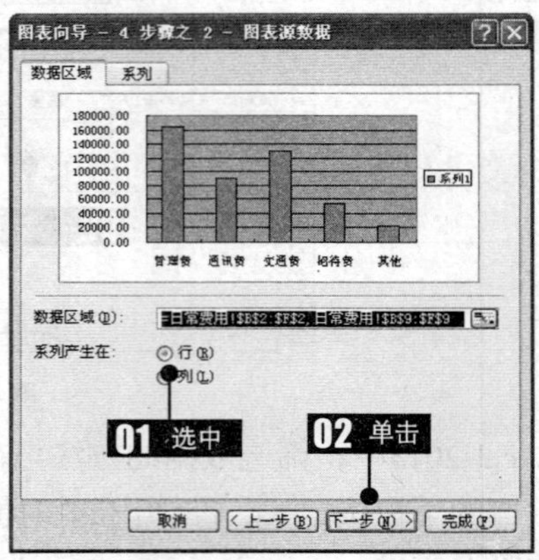

图4-61　选择图表源数据

STEP 3 打开“图表向导 – 4步骤之3 – 图表选项”对话框，设置图表标题为“费用分析表”，单击 下一步(N) > 按钮，如图4-62所示。

STEP 4 打开“图表向导 – 4步骤之4 – 图表位置”对话框，选中“作为其中的对象插入”，单击 完成(F) 按钮，如图4-63所示。

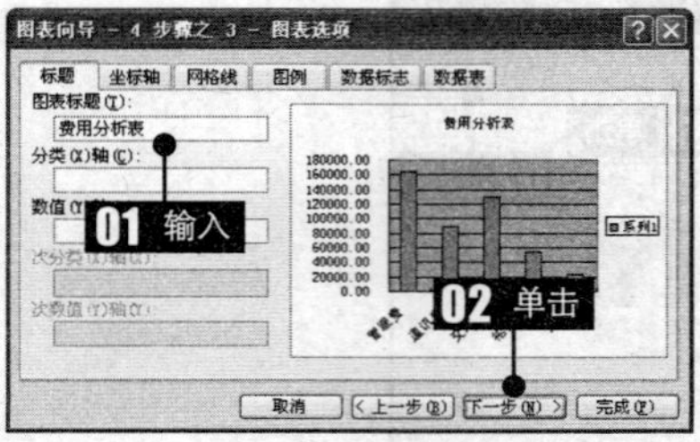

图4-62　设置图表选项

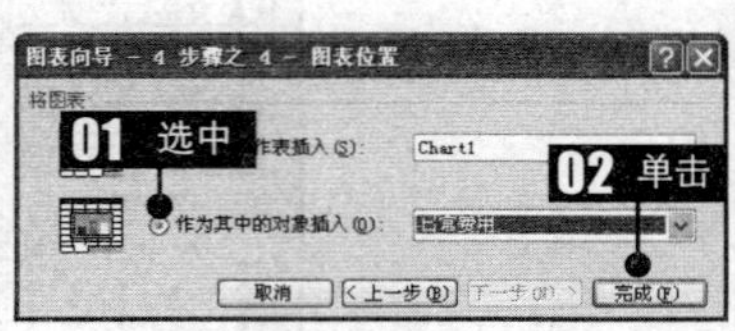

图4-63　设置图表位置

【例4-17】将“企业日常费用表”改为以饼图形式展现，且数据标志改为百分比。

建立图表后，可以根据需要输入标题、各轴所代表的数据含义，还可以适当改变图表类型、调整大小及其位置等。现根据要求修改图表类型和数据标志，其具体操作如下（演示参见：光盘\视频演示\项目四\例4-17.swf）。

STEP 1 在原图表上单击鼠标右键，在弹出的快捷菜单中选择“图表类型”命令，打开“图表类型”对话框，在“图表类型”列表框中选择“饼图”选项，在“子图表类型”选择第一个选项，单击 确定 按钮，如图4-64所示。

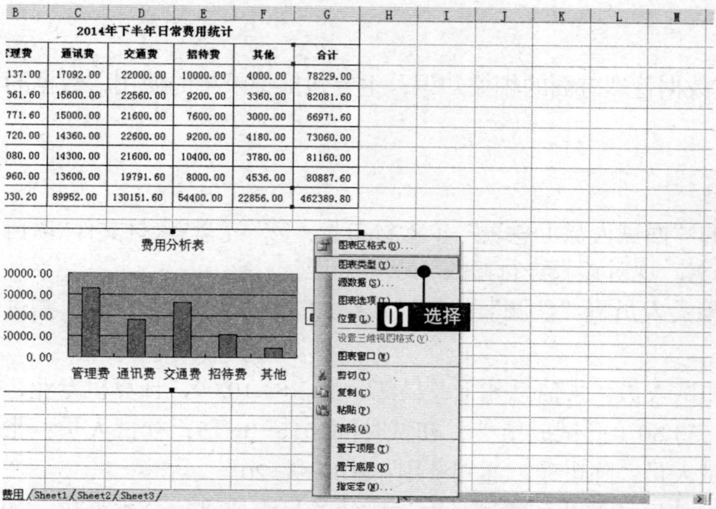

图4-64 改变图表类型

STEP 2 在原图表上再次单击鼠标右键，在弹出的快捷菜单中选择“图表选项”命令，打开“图表选项”对话框，单击“数据标志”选项卡，然后单击选中“百分比”复选框，最后单击 确定 按钮，如图4-65所示。

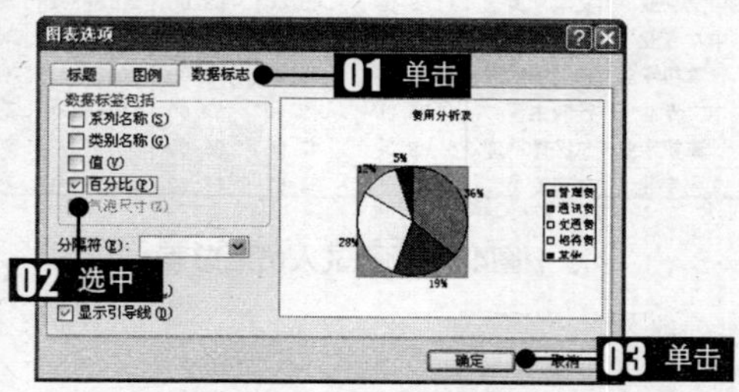

图4-65 改变数据标志

2. 在Excel 2013中插入图表

在Excel 2013中插入图表的方法：选择单元格区域，在“插入”选项卡“图表”组中单击某种图表类型按钮，在弹出的下拉列表中选择该类型的某种子类型图表选项即可。

项目总结

本项目主要介绍电子表格软件的种类与功能，特别是介绍了该类软件的代表——Excel的界面、启动与退出等基础知识，通过录入、编辑数据到分析、管理数据，由浅及深地讲解数据的处理全过程；通过详细介绍公式与函数的原理及具体用法，帮助读者掌握数据计算的快捷方法，以应对学习、工作中可能遇到的数据处理问题。

项目实训一 编制A公司面试人员汇总表

由于急需工作人员，A公司近期开展招聘工作。由于参加应聘的人员众多，且能力参差不齐，A公司人力部干事将面试人员的信息进行汇总分析，协助管理人员从中挑选出适合企业发展的人才。

【实训目标】

本实训的目标是掌握Excel在数据管理方面的相关知识，主要包括记录单的使用，数据的排序、分类汇总等。

【实训资料】

本实训的资料为A公司编制的“面试人员汇总表”（素材参见：光盘\素材文件\项目四\项目实训\面试人员汇总表.xls）。现对该表进行修改和以下处理。

（1）由于录入时不小心，相关人员将“沈圆”的笔试成绩33.5分录成了27.78分，需进行修改。

（2）编表时临时增加一名面试人员，其信息如下：吴江，男，84.10.09，计算机专业，行政主管，42.36（笔试成绩），33.80（面试成绩），初试时间2015-3-15，初试人员：张阳，复试时间：2015-3-18，复试人员：陈琪珊，通知录用：2015-3-20。

（3）对面试成绩降序排列，然后按专业和笔试、面试成绩的最大值进行分类汇总，如图4-66所示。

	A	B	C	D	E	F	G	H	I	J	K	L	M	N
1	面试人员汇总表													
2	序号	姓名	性别	出生年月	专业	应聘职位	笔试成绩	面试成绩	总成绩	初试时间	初试人员	是否复试	复试时间	复试人员
3	1	陈少华	男	86.03.26	中文专业	文案专员	45.00	43.00	88.00	2015-3-15	刘海梅	是	2015-3-19	刘伟
4	2	田蓉	女	88.06.13	中文专业	行政主管	43.00	47.00	90.00	2015-3-14	刘海梅	是	2015-3-19	刘伟
5	3	李文奥	男	85.08.29	计算机专业	总经理助理	44.00	37.00	81.00	2015-3-15	刘海梅	是	2015-3-19	刘伟
6	4	喻刚	男	86.03.20	中文专业	行政主管	35.00	49.00	84.00	2015-3-15	刘海梅	是	2015-3-19	刘伟
7	5	汪雪	女	82.09.30	计算机专业	总经理助理	38.00	47.00	85.00	2015-3-14	刘海梅	是	2015-3-19	刘伟
8	6	白静	女	86.03.21	文秘专业	文案专员	33.05	34.57	67.62	2015-3-15	刘海梅	否	／	／

图4-66 面试人员汇总表

【实训指导】

由于表格中所含行列数较多，若是按逐行、逐列的方式查找要添加记录的位置就比较麻烦，此时，可利用记录单进行数据管理。

STEP 1 通过记录单查找“沈圆”并修改其笔试成绩，然后新增“吴江”的记录。

STEP 2 在“排序”对话框设置参数，对面试成绩降序排列；在“选定汇总”列表框中选择“专业”选项，选择“最大值”汇总方式，最终的分类汇总效果如图4-67所示（效果参见：光盘\效果文件\项目四\项目实训\面试人员汇总表.xls）。

面试人员汇总表

性别	出生年月	专业	应聘职位	笔试成绩	面试成绩	总成绩	初试时间	初试人员	是否复试	复试时间	复试人员	是否录用	通知
男	83.06.08	中文专业	行政主管	32.73	49.58	82.31	2013-3-15	刘海梅	是	2013-3-19	刘伟	录用	2013
男	86.03.20	中文专业	行政主管	35.00	49.00	84.00	2013-3-15	刘海梅	是	2013-3-19	刘伟	录用	2013
女	88.06.13	中文专业	行政主管	43.00	47.00	90.00	2013-3-14	刘海梅	是	2013-3-19	刘伟	录用	2013
男	86.03.28	中文专业	总经理助理	46.44	46.18	92.62	2013-3-14	刘海梅	是	2013-3-19	刘伟	否	/
男	86.03.26	中文专业	文案专员	45.00	43.00	88.00	2013-3-15	刘海梅	是	2013-3-19	刘伟	录用	2013
男	86.03.25	中文专业	行政主管	49.63	40.71	90.34	2013-3-14	刘海梅	是	2013-3-19	刘伟	备用	/
男	83.12.06	中文专业	行政主管	30.69	35.34	66.03	2013-3-15	刘海梅	否	/	/	/	/
男	86.03.29	中文专业	行政主管	36.96	33.17	70.13	2013-3-14	刘海梅	否	/	/	/	/
女	82.03.09	中文专业	行政主管	29.13	32.30	61.43	2013-3-14	刘海梅	否	/	/	/	/

图4-67　面试人员分类汇总效果图

项目实训二 编制A公司本月应交增值税明细表

A公司是生产型企业，其销售货物或者加工时需按增值额缴纳增值税。通过应交增值税明细表，企业可以了解计算缴纳税款的情况。

【实训目标】

本实训的目标是了解本月应交增值税款的计算，掌握单元格格式（日期、负数）的设置以及求和函数、条件函数的具体运用。

【实训资料】

本实训的资料为A公司编制的“应交增值税明细表”，如图4-68所示（素材参见：光盘\素材文件\项目四\项目实训\应交增值税明细表.xls）。

应交增值税明细表

编制单位：A公司	日期：		金额：元
项目	行次	本月数	本年累计数
一、应交增值税			
1.年初未抵扣数（以“-”号填列）	1	0.00	0.00
2.销项税项	2	34000.00	374000.00
出口退税	3	0.00	0.00
进项税额转出	4	1700.00	8500.00
转出多交增值税	5	0.00	0.00
3.进项税额	6	28500.00	136000.00
已交税金	7	29200.00	242700.00
出口抵减内销产品应交纳税额	8		0.00
转出未交增值税	9		0.00
			0.00
4.期末未抵扣数（以“-”号填列）	12		
二、未交增值税			
1.年初未交数	16	500.00	3400.00
2.本期转入数	17		
3.本期已交数	18	0.00	0.00
4.期末未交数	19		

图4-68　应交增值税明细表

【实训指导】

“应交增值税明细表”中需设置公式或函数的项目主要有日期、期末未抵扣数的本月数和本年累计数、本期转入数的本月数和本年累计数、期末未交数的本月数和本年累计数。其中，日期单元格的格式为“自定义”，类型为“mmm-yy”；期末未抵扣数的本月数和本年累计数、期末未交数的本月数和本年累计数应先设置为数值格式，且计算结果为负数时，字体应显示为红色，且用负号表示。

按照以下公式或函数设置“应交增值税明细表”：C2=NOW( )，C16=SUM(C5:C9)-SUM(C11:C14)，D16=SUM(D5:D9)-SUM(D11:D14)，C20=IF(C16>0,C16,0)（即期末未

抵扣数为正数时，当月应交增值税等于该数值；为负数时，当月应交增值税等于0），D20=IF(D16>0,D16,0)，C22=C19+C20−C21，D22=D19+D20−D21，最终的计算结果如图4-69所示。（效果参见：光盘\效果文件\项目四\项目实训\应交增值税明细表.xls）

应交增值税明细表			
编制单位：A公司	日期：	Mar-15	金额：元
项目	行次	本月数	本年累计数
一、应交增值税			
1.年初未抵扣数（以"-"号填列）	1	0.00	0.00
2.销项税项	2	34000.00	374000.00
出口退税	3	0.00	0.00
进项税额转出	4	1700.00	8500.00
转出多交增值税	5	0.00	0.00
3.进项税额	6	28500.00	136000.00
己交税金	7	29200.00	242700.00
出口抵减内销产品应交纳税额	8		0.00
转出未交增值税	9		0.00
			0.00
4.期末未抵扣数（以"-"号填列）	12	-22000.00	3800.00
二、未交增值税			
1.年初未交数	16	500.00	3400.00
2.本期转入数	17	0.00	3800.00
3.本期己交数	18	0.00	0.00
4.期末未交数	19	500.00	7200.00

图4-69　应交增值税明细表效果图

项目实训三 汇总"员工培训考评表"表格

员工培训考评表是对员工的培训情况、员工自身的专业技能、员工个人素质等内容进行培训考核后的成绩汇总，对于员工以后发展有重要意义。其考评项目一般包括业务知识熟悉程度、团队协作能力以及沟通和协调能力等。

【实训目标】

本实训的目标是掌握数据透视表的创建与编辑。

【实训资料】

本实训的资料为A公司2015年1月编制的"员工培训考评表"（素材参见：光盘\素材文件\项目四\项目实训\员工培训考评表.xls），如图4-70所示。根据该表在当前工作表中的空白位置建立数据透视表，以考核项目为列，被考核人为行，汇总方式为得分的最大值。

员工培训考评表						
应聘岗位	被考核人	考核项目	得分	总分值	评分标准	考评人
会计助理	陈云	职业道德	12.00	20.00	优：15分～20分　良：8分～14分　差：1分～8分	王磊
	郑玲	责任心	10.00	20.00	优：15分～20分　良：8分～14分　差：1分～8分	王磊
	陈云	诚实	15.00	30.00	优：20分～30分　良：10分～19分　差：1分～9分	王磊
	郑玲	诚实	25.00	30.00	优：20分～30分　良：10分～19分　差：1分～9分	王磊
	张文雨	责任心	18.00	20.00	优：15分～20分　良：8分～14分　差：1分～8分	王磊
	许珍	沟通能力	6.00	10.00	优：10分　良：5分～9分　差：1分～4分	王磊
	张文雨	团队协作	16.00	20.00	优：15分～20分　良：8分～14分　差：1分～8分	王磊
客服人员	李明申	个人素质	16.00	20.00	优：15分～20分　良：8分～14分　差：1分～8分	林琳
	刘海军	个人素质	18.00	20.00	优：15分～20分　良：8分～14分　差：1分～8分	林琳
	杨浦	专业技能	28.00	40.00	优：30分～40分　良：15分～29分　差：1分～14分	林琳
	李明申	团队协作	25.00	30.00	优：20分～30分　良：10分～19分　差：1分～9分	林琳
	杨浦	个人素质	18.00	20.00	优：15分～20分　良：8分～14分　差：1分～8分	林琳
	王央	专业技能	39.00	40.00	优：30分～40分　良：15分～29分　差：1分～14分	林琳
	刘海军	团队协作	29.00	30.00	优：20分～30分　良：10分～19分　差：1分～9分	林琳
市场专员	王珏	职业道德	5.00	10.00	优：10分　良：5分～9分　差：1分～4分	吴天翼
	周学圻	责任心	9.00	10.00	优：10分　良：5分～9分　差：1分～4分	吴天翼
	王珏	诚实	16.00	20.00	优：15分～20分　良：8分～14分　差：1分～8分	吴天翼
	林海	诚实	10.00	20.00	优：15分～20分　良：8分～14分　差：1分～8分	吴天翼
	周学圻	沟通能力	26.00	40.00	优：30分～40分　良：15分～29分　差：1分～14分	吴天翼
	林海	沟通能力	35.00	40.00	优：30分～40分　良：15分～29分　差：1分～14分	吴天翼
	林海	团队协作	15.00	20.00	优：15分～20分　良：8分～14分　差：1分～8分	吴天翼

图4-70　员工培训考评表

【实训指导】

STEP 1 以B2:E23单元格区域为数据源，按照创建数据透视表向导的提示一步步操作，分别将被考核人、考核项目、得分设置为行区域、列区域和数据区域后，完成创建。

STEP 2 在数据透视表中筛选出除了“许珍”和“王央”的其他所有数据，然后选择汇总方式为最大值，设置后的效果如图4-71所示（效果参见：光盘\效果文件\项目四\项目实训\员工培训考评表.xls）。

最大值项:得分	考核项目							
被考核人	诚实	个人素质	沟通能力	团队协作	责任心	职业道德	专业技能	总计
陈云	15					12		15
李明申		16		25				25
林海	10		35	15				35
刘海军		18		29				29
王珏	16					5		16
杨浦		18					28	28
张文雨				16	18			18
郑玲	25				10			25
周学圻			26		9			26
总计	25	18	35	29	18	12	28	35

图4-71　员工培训考评数据透视表效果图

项目实训四 分析A公司本年生产成本

生产成本是企业为了生产产品而发生的各种耗费。成本核算是企业的一项重要日常事项，可以审核产品生产的各项费用，从而为企业降低成本提供有效数据支持，最终提高企业生产技术和经营管理的水平。

【实训目标】

本实训的目标是了解生产成本的构成，能够创建公式计算相关数据，并能根据生产成本数据创建出可供管理用的图表（分离型饼图、数据标志为百分比）。

【实训资料】

本实训的资料为A公司在2015年年初编制的“2014年生产成本统计表”（素材参见：光盘\素材文件\项目四\项目实训\2014年生产成本统计表.xls），如图4-72所示。

2014年生产成本统计表

项目	1月份	2月份	3月份	4月份	5月份	6月份	7月份	8月份	9月份	10月份	11月份	12月份	合计
期初数	6000.00												
直接材料	3120.00	6000.00	14400.00	7800.00	3000.00	3000.00	4800.00	9000.00	11000.00	12000.00	9000.00	9000.00	
直接人工	6400.00	13200.00	12800.00	5916.00	4800.00	4800.00	5520.00	5280.00	11840.00	7200.00	4680.00	5520.00	
制造费用	2112.00	3480.00	2800.00	1119.00	382.80	382.80	270.00	2520.00	1800.00	2880.00	1200.00	1500.00	
其他	0.00	540.00	720.00	0.00	0.00	0.00	180.00	0.00	0.00	0.00	300.00	0.00	
合计													
本期转出	11000.00	10000.00	14000.00	7500.00	5200.00	6686.30	5385.00	8100.00	11700.00	10500.00	8400.00	8100.00	
期末数													
直接材料比重													
直接人工比重													
制造费用比重													
其他比重													
合计													

图4-72　2014年生产成本统计表

【实训指导】

在设置公式或函数前，首先要明确各数据之间的关系。其中，每月的期末数=期初数+本月投入-本期转出；每月的期初数=上月的期末数，例如2月的期初数（C3）=1月的期末数（B10）；合计=直接材料+直接人工+制造费用+其他，例如，B8=SUM(B4:B7)；生产成本各组成部分的比重=组成部分的金额/合计数，例如，B11=B4/B$8（B$8是混合引用，便于下一步用填充方式复制到其他月份对应的单元格）。

STEP 1 分别设置每月期初数、合计、生产成本各组成部分的比重的公式或函数。

STEP 2 选择成本项目、全年合计数所在的单元格区域，按照系统向导创建图表，效果如图4-73所示（效果参见：光盘\效果文件\项目四\项目实训\2014年生产成本统计表.xls）。

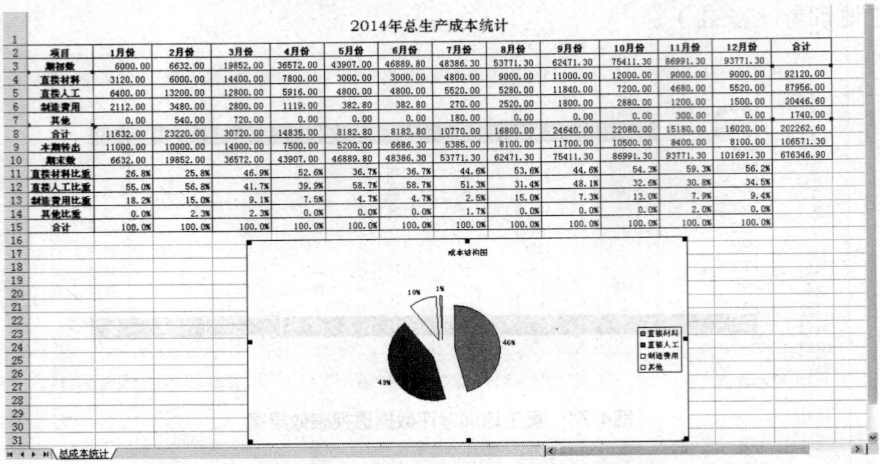

2014年总生产成本统计

项目	1月份	2月份	3月份	4月份	5月份	6月份	7月份	8月份	9月份	10月份	11月份	12月份	合计
期初数	6000.00	6632.00	19852.00	36572.00	43907.00	46889.80	48386.30	53771.30	62471.30	75411.30	86991.30	93771.30	
直接材料	3120.00	6000.00	14400.00	7800.00	3000.00	3000.00	4800.00	9000.00	11000.00	12000.00	9000.00	9000.00	92120.00
直接人工	6400.00	13200.00	12800.00	5916.00	4800.00	4800.00	5520.00	5280.00	11840.00	7200.00	4680.00	5520.00	87956.00
制造费用	2112.00	3480.00	2800.00	1119.00	382.80	382.80	270.00	2520.00	1800.00	2880.00	1200.00	1500.00	20446.60
其他	0.00	540.00	720.00	0.00	0.00	0.00	180.00	0.00	0.00	0.00	300.00	0.00	1740.00
合计	11632.00	23220.00	30720.00	14835.00	8182.80	8182.80	10770.00	16800.00	24640.00	22080.00	15180.00	16020.00	202262.60
本期转出	11000.00	10000.00	14000.00	7500.00	5200.00	6686.30	5385.00	8100.00	11700.00	10500.00	8400.00	8100.00	106571.30
期末数	6632.00	19852.00	36572.00	43907.00	46889.80	48386.30	53771.30	62471.30	75411.30	86991.30	93771.30	101691.30	676346.90
直接材料比重	26.8%	25.8%	46.9%	52.6%	36.7%	36.7%	44.6%	53.6%	44.6%	54.3%	59.3%	56.2%	
直接人工比重	55.0%	56.8%	41.7%	39.9%	58.7%	58.7%	51.3%	31.4%	48.1%	32.6%	30.8%	34.5%	
制造费用比重	18.2%	15.0%	9.1%	7.5%	4.7%	4.7%	2.5%	15.0%	7.3%	13.0%	7.9%	9.4%	
其他比重	0.0%	2.3%	2.3%	0.0%	0.0%	0.0%	1.7%	0.0%	0.0%	0.0%	2.0%	0.0%	
合计	100.0%	100.0%	100.0%	100.0%	100.0%	100.0%	100.0%	100.0%	100.0%	100.0%	100.0%	100.0%	

图4-73　2014年生产成本统计表效果图

拓展知识

一、冻结与拆分窗口

财会实务工作中，经常要处理大量数据，在一张Excel工作表上，可能行数很多，如果单纯依靠鼠标来显示相关数据，会影响工作效率。此时，通过冻结窗口的方法，可保证表头与数据的对应，以避免在处理数据时出错。冻结窗口的方法如下：选择需冻结的单元格或单元格区域，然后选择【窗口】/【冻结窗格】菜单命令，如果该单元格不在第1列或不是A1单元格，则该单元格的左侧与上方区域都将被冻结。

二、设置数据有效性

在输入数据时，为了减少操作失误、检查相关数据的合理性，可通过设置数据有效性的方式提高数据输入的准确性。其具体操作如下：选择需进行设置的单元格或单元格区域，然后选择【数据】/【有效性】菜单命令，打开"数据有效性"对话框，在"设置"选项卡的"允许"下拉列表框中可设置单元格或单元格区域允许输入的数据类型，包括任何值、整数、小数和序列等。选择相应类型后，将激活对话框下方的参数，然后逐步进行设置即可。

三、打印工作表标题

当一个工作表的行数很多，打印出来会有很多页，而Excel默认的打印效果是从第二页开始不会显示标题行，这样会影响对数据性质的判断，因此，需要在打印时进行设置打印标题行。其具体操作如下。

STEP 1 选择【文件】/【页面设置】菜单命令，打开"页面设置"对话框。

STEP 2 单击"工作表"选项卡，在"顶端标题行"文本框中输入需打印的标题行或者用鼠标选择标题行，然后单击 确定 按钮完成设置，如图4-74所示。

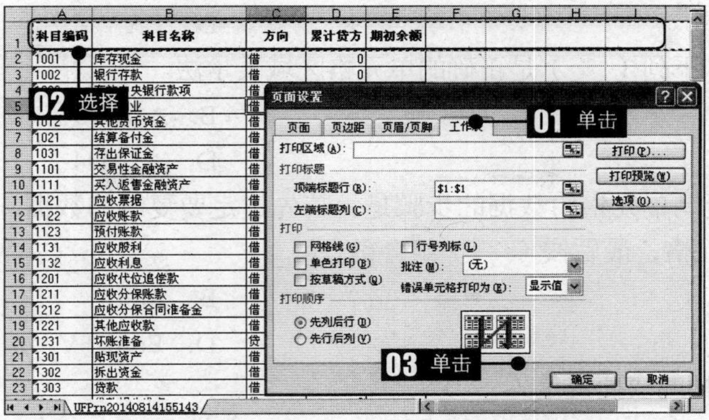

图4-74 打印工作表标题

真题精练

一、单选题

1. Excel是一个（　　）应用系统。

A. 字处理　　B. 电子表格

C. 数据库　　D. 图形

2. 不能启动Excel软件的是（　　）。

A. 选择“开始”菜单中的Excel快捷启动菜单命令

B. 双击Excel文件

C. 单击任务栏中的Excel快捷方式图标

D. 单击桌面上的Excel快捷方式图标

3. 在Excel中，最小的单位是（　　）。

A. 单元格　　B. 单元格区域

C. 行　　D. 列

4. 下列说法正确的是（　　）。

A. 工作表中包含一个或多个工作簿

B. 工作簿中包含一张或多张工作表

C. 工作表是Excel的最小组成单元

D. 单元格中包含多个工作表

5. 下列关于打开与关闭Excel文件的描述，不正确的是（　　）。

A. 按【F4】键可关闭Excel文件

B. 单击工具栏上的“关闭”按钮可关闭Excel文件

C. 双击Excel文件可将其打开

D. 选择【文件】/【打开】菜单命令可打开Excel文件

6. 选择Excel文件后，按（　　）键可将其删除。

A. 空格键　　B. Enter

C. BackSpace　　D. Delete

7. 下列Excel单元格地址表示正确的是（　　）。

A. 22E　　B. 2E2

C. E22　　D. EA

8. 在Excel中，下列（　　）是正确的单元格区域表示法。

A. A1#1M　　B. A1&D5

C. A1:D4　　D. A1>D4

9. 通过键盘复制单元格中数据的步骤是：首先选定要复制的数据，按Ctrl+C组合键，然后再选择目的单元格，最后按（　　）组合键。

A. Ctrl+V　　B. Alt+V

C. Shift+V　　D. Enter+V

10. Excel中剪切的快捷键是（　　）。

A. Ctrl+Z　　B. Ctrl+X

C. Ctrl+C　　D. Ctrl+V

11. 下列选项中，（　　）不属于公式中的运算符。

A. 运算体　　B. 引用运算符

C. 算术运算符　　D. 比较运算符

12. Excel绝对地址引用的符号是（　　）。

A. ?　　B. $

C. #　　D. !

13. 要在Excel工作表区域A1:A10输入等比数列2，4，8，16 … 1 024，可以在A1单元格输入数字2，在A2单元格输入公式（　　），然后选中A2单元格，用鼠标拖动填充柄至A10单元格。

A. =2*$A$1　　B. =2*A1

C. =2+$A$1　　D. =2+A1

14. 在Excel公式中不能包含有（　　）。

A. 运算符　　B. 数值

C. 单元格地址　　D. 空格

15. 在Excel中，下列（　　）是输入正确的公式形式。

A. 2*d3+1　　B. c7+c1

C. sum(d1:d2)　　D. =8^2

16. 下列运算符中不是比较运算符的是（　　）。

A. <　　B. <>

C. <=　　D. /

17. 在Excel中，单元格B2中输入（　　），使其结果显示为1.2。

A. 2*0.6　　B. “2*0.6”

C. =“2*0.6”　　D. =2*0.6

18. 在Excel中，若C5=A1*B2，将其复制到D7单元格，则D7单元格的公式为（　　）。

A. A1*B2　　B. B2*C3

C. B3*C4　　D. C3*E4

19. SUM函数的作用是（　　）。

A. 求和　　B. 按条件求和

C. 求平均值　　D. 按条件求平均值

20. 公式“=SUM (A1:B2)”是要对（　　）求和。

A. A1，B2　　B. A2，B1

C. A1，A2，B1　　D. A1，A2，B1，B2

21. 在Exce1中，D2单元格内输入“=SUM(B3:C5, E7:G9)”后按Enter键，则D2最多存放（　　）个单元格内容的和。

A. 42　　B. 6

C. 9　　D. 15

22. 在Excel表中C1单元格输入100，在D1单元格输入条件函数=IF(C1≥100, "GOOD", IF(C1≥60,"PASS","FAIL"))，则Dl单元格中显示（　　）。

A. FAIL　　B. PASS

C. GOOD　　D. IF

23. 使用双倍余额递减法计算固定资产折旧值的是（　　）函数。

A. SLN　　B. SYD

C. DDB　　D. SUM

24. 在Excel中，使用的特定的排序顺序是根据（　　）。

A. 单元格格式　　B. 单元格中的数值

C. 升序　　D. 降序

25. 下列操作不能实现对数据表的排序的是（　　）。

A. 单击数据区中任意单元格，然后单击工具栏的“升序”或“降序”按钮

B. 选择要排序的数据区域，然后单击工具栏的“升序”或“降序”按钮

C. 选择要排序的数据区域，然后使用“编辑”菜单中的“排序”命令

D. 选择要排序的数据区域，然后使用“数据”菜单中的“排序”命令

26. （　　）是指在数据清单中，针对某些列的数据重新组织行的顺序。

A. 筛选　　B. 分类

C. 排序　　D. 汇总

27. Excel提供的两种筛选数据的方法是：自动筛选和（　　）。

A. 随机筛选　　B. 低级筛选

C. 高级筛选　　D. 智能筛选

28. （　　）是指在数据清单中按照不同类别对数据进行汇总统计。

A. 排序　　B. 筛选

C. 高级筛选　　D. 分类汇总

二、多选题

1. 下列关于Excel文件新建与保存的描述，正确的是（　　）。

A. 按【Ctrl+N】组合键可新建Excel文件

B. 按【F12】键可新建Excel文件

C. 按【Ctrl+S】组合键可保存Excel文件

D. 选择【文件】/【另存为】菜单命令可保存Excel文件

2. 以下选项中，属于工作表区的组成部分的是（　　）。

A. 工具栏

B. 全选按钮

C. 工作表标签

D. 滚动条

3. 关于Excel的说法正确的是（　　）。

A. 基于DOS环境

B. 基于Windows环境

C. 是电子表格应用软件

D. 是微软公司推出的办公自动化办公软件

4. 在Excel中，可以选取（　　）。

A. 单个单元格

B. 多个单元格

C. 连续单元格

D. 不连续单元格

5. 要退出Excel应用程序，可以（　　）。

A. 单击Excel标题栏右侧的“×”形图标

B. 同时按【Alt】键和【F4】键

C. 单击Excel菜单栏右端的“×”形按钮

D. 选择【文件】/【关闭】菜单命令

6. 在Excel中，通过（　　）可将整个工作表全部选中。

A. 单击“全选”按钮

B. 按【Ctrl+A】组合键

C. 选择【编辑】/【全选】菜单命令

D. 选择【视图】/【全选】菜单命令

7. 向Excel工作表的单元格输入内容时，必须确认后才完成输入。确认的方法是（　　）。

A. 双击该单元格

B. 单击另一单元格

C. 按【Enter】键

D. 单击该单元格

8. Excel可自动填充（　　）。

A. 相同数据　　B. 等差数列

C. 等比数列　　D. 任意数据

9. 在Excel中，通过（　　）可以修改单元格内容。

A. 选中该单元格，重新输入新内容

B. 选中该单元格，对编辑栏中出现的原内容进行编辑修改

C. 右键单击该单元格，并直接在单元格中进行内容的修改

D. 双击该单元格，并直接在单元格中进行内容的修改

10. 下列属于Excel算术运算符的是（　　）。

A. +　　B. ^

C. <　　D. =

11. 在Excel中可以运用的运算符的有（　　）。

A. 算术运算符

B. 比较运算符

C. 文本运算符

D. 引用运算符

12. 在Excel中，利用填充功能可以方便地实现（　　）的填充。

A. 等差数列

B. 等比数列

C. 多项式

D. 方程组

13. 以下选项中，属于保护工作簿的功能是（　　）。

A. 限制编辑权限

B. 无法启动Excel

C. 设置打开权限密码

D. 无法退出Excel

14. 有关绝对引用和相对引用，下列说法正确的是（　　）。

A. 当复制公式时，单元格绝对引用不改变

B. 当复制公式时，单元格绝对引用将改变

C. 当复制公式时，单元格相对引用将会改变

D. 当复制公式时，单元格相对引用不改变

15. 以下单元格引用中，属于混合引用的有（　　）。

A. $A2　　B. B$2

C. A$2　　D. $C$20

16. 关于公式的创建与修改，下列说法正确的是（　　）。

A. 公式只能手动创建

B. 创建公式时可通过单击来引用单元格数值

C. 双击公式所在单元格，可对公式进行修改

D. 双击公式所在单元格，只能修改公式的计算结果，不能修改公式本身

17. Excel中关于公式，正确的说法是（　　）。

A. 所有用于计算的表达式都要以等号（=）开头

B. 公式中可以使用文本运算符

C. 引用运算符只有冒号和逗号

D. 函数中不可使用引用运算符

18. 要对A1:A4单元格内的四个数字求平均值，可采用的公式或函数有（　　）。

A. (A1+A2+A3+A4)/4

B. AVERAGE(A1:A4)/4

C. SUM(A1:A4)/4

D. AVERAGE(A1:A4)

19. 下列关于函数作用的说法中，正确的是（　　）。

A. MAX函数可以返回数值参数中的最大值

B. YEAR函数可以返回当前日期和时间

C. IF函数属于逻辑函数，可以判断设置的条件来返回对应的真值和假值

D. LEN函数可以返回文本字符串的字符数

20. Excel中下列函数描述正确的是（　　）。

A. 求和函数为SUM

B. 最大值函数为MAX

C. 条件判断函数为IF

D. 求平均值函数是AVEAGE

21. 有关数据筛选，正确的说法是（　　）。

A. 可以自动筛选，也可设置条件进行筛选

B. 数据筛选前必须排序

C. 筛选后将删除不符合条件的数据

D. 高级筛选可以筛选出符合多个条件的数据

22. 数据记录单可以（　　）。

A. 新建记录　　B. 查询记录

C. 删除记录　　D. 排序记录

三、判断题

1. WPS也是一种电子表格软件。（　　）

2. Excel的工作簿中，最多可包含3个工作表。（　　）

3. 在Excel中，工作表标签显示的内容，如Sheet1，其表示的工作表名称由系统确定，用户无权更改。

4. 功能区是Excel 2003用户界面中重要的组成部分之一。（　　）

5. 在Excel中，单击某行的行号可以选择整行。（　　）

6. 选择单元格区域，在当前活动单元格中录入所需的数字或文本，按【Enter】键可在所选择的单元格区域中录入相同的内容。（　　）

7. 在Excel中，B3:D8与D3:B8代表的是同一区域。（　　）

8. Excel中的公式与普通数据不同，不能通过复制粘贴操作来编辑公式的内容。（　　）

9. Excel不仅可以引用同一工作簿中的单元格，还能引用其他工作簿中的单元格。（　　）

10. $AC$21不是正确的单元格地址引用方式。（　　）

11. Excel的运算符是按优先级排列的。（　　）

12. 可直接在单元格中输入函数，如：SUM(H5:H9)。（　　）

13. 已知工作表中K6单元格中公式“=F6*$D$4”，在第3行插入一行，则插入后K7单元格中的公式为“=F7*$D$5”。（　　）

14. SUM(A1:A7)/COUNT(A1:A7)可以求A1至A7的7个单元格的平均值。（　　）

15. 在Excel中排序时，只能指定一种关键字。（　　）

16. 对Excel中的数据进行筛选后，符合条件的数据将显示在表格中，其余数据将被删除。（　　）

17. 在Excel中，自动筛选的条件只能有一个，高级筛选的条件可以有多个。（　　）

18. 在Excel中插入图表时，只需选择表格数据和图表类型即可。（　　）

appendix

附录 考情简介与应试策略

本附录介绍了会计从业资格考试的考情简介，并针对“会计电算化”科目，提供相应的考纲分析与应试策略，可作为参加考试的参考。

一、考情简介

会计从业资格考试（俗称“会计证考试”）是《中华人民共和国会计法》规定的从事会计工作的人员必须通过的考试，通过考试后即可获得会计从业资格证。

按照财政部的要求，于2013年7月1日开始，会计从业资格实行无纸化考试，即采用国家题库进行统一考试，通过随机组卷生成无纸化考试试卷。考试时在全国统一题库里随机抽题，每个考生的题都不相同。无纸化考试题库以财政部发布的《会计从业资格考试大纲》为依据，由财政部统一组织建设。财政部于2014年4月4日发布了《关于印发会计从业资格考试大纲（修订）的通知》（财办会〔2014〕13号），对2009年修订的会计从业资格考试大纲进行了修订，从2014年10月1日起施行。

（一）考试科目

会计从业资格考试科目包括“财经法规与会计职业道德”“会计基础”“会计电算化”（或者“珠算”）。其中，会计电算化或珠算科目，考生可择其一报考。按照《会计从业资格管理办法》（财政部令第73号）规定，自2013年7月1日以后参加考试的考生，一律实行“财经法规与会计职业道德”“会计基础”“会计电算化”3科连考，各科成绩须一次性同时合格才有效，并取消了会计从业资格考试的免试规定。

（二）考试形式

会计从业资格考试采用无纸化考试形式，所有科目的考试答题全部通过计算机实现。

（三）考试题型

根据财政部会计司《关于印发〈全国会计从业资格无纸化考试题库建设方案〉征求意见稿的函》文件规定的考试题型，“会计电算化”考试题型为单项选择题、多项选择题、判断题和实务操作题。其中单项选择题10题（10分）、多项选择题10题（20分）、判断题10题（10分）、实务操作题（使用财政部最新开发的针对从业考试的会计软件，60分）。

（四）考试时间

会计从业资格考试一般由省级财政部门组织，报考及考试时间全国各省有差异，上半年考试的报名集中在前一年的11月到当年的4月，考试集中在5～6月；下半年考试的报名集中在6～9月，考试集中在10～11月。

会计从业资格无纸化考试采用国家题库进行统一考试，考生连续抽取3个科目的考题完成考试，3个科目满分均为100分，考试时间均为60分钟，考试总时间为180分钟。

各地考生可登录自己所在地财政局官方网站查询报考通知，例如四川省的考生可登录财政厅官方网站"四川财政会计网"，该网站对2015年度全省会计从业考试的时间做出了安排并公告。其中成都本级在2015年将举行三次从业考试，考试时间段分别是从4月16日开始、7月10日开始、11月10日开始。考生应及时了解报名时间和考试时间，以便更有计划地进行复习，从容应考。

二、考纲分析

"会计电算化"科目考试大纲规定的考试内容包括四个部分（考试大纲详细内容可参见本书配套光盘），从内容结构上来说，该科目主要内容包括会计电算化概述、会计软件的运行环境、会计软件的应用和电子表格软件在会计中的应用。

"会计电算化"科目考试大纲中四个部分的内容分别对应本教材前面的项目一至项目四，各项目的考核要点、考试题型及复习重视度如下表所示。

对应位置	考核要点	主要考试题型	复习重视度
项目一	本项目主要考核会计电算化、会计信息化等知识的概念，读者需了解ERP、XBRL等英文术语的含义，熟悉会计软件配备方式的优缺点，认识会计软件的功能模块和企业会计信息化工作规范的具体要求	单项选择题 多项选择题 判断题	★★
项目二	本项目主要考核企业硬件、软件和网络环境的具体组成，读者需了解会计软件使用过程中可能面临的安全问题，掌握使用会计软件的基本要求和防范黑客的基本方法	单项选择题 多项选择题 判断题	★★★
项目三	本项目以会计从业资格考试专用的会计电算化软件为例进行演示讲解。主要考核会计软件的应用流程、系统级初始化的操作和各功能模块的具体操作。本项目内容较多，不仅涉及理论知识，还涉及大量实务操作，读者需重点复习、掌握，做到灵活运用、举一反三	单项选择题 多项选择题 判断题 实务操作题	★★★★★
项目四	本项目主要考核Excel软件的基本操作，由于该项目内容在考试中常出现在客观题中，读者需通过多次练习熟悉并牢记相关操作涉及的快捷键、功能等，同时要了解Excel 2003和Excel 2013的一些区别	单项选择题 多项选择题 判断题	★★★

三、学习方法

掌握合理的学习方法，可以有效提高学习效率，节约学习时间。以下几种方法仅供参考，希望能对大家有所帮助。

- **收集信息，制订计划：**由于会计从业资格考试的考试科目和考试大纲由财政部统一制定，组织和安排考试由各地区自行决定，所以各个地区考试的情况都有所不同。因此考生可以通过本地财政局官方网站或该考试指定报名网站弄清楚相关考试情况，在此基础之上，制订一些切实可行的计划。

- **精读教材，系统学习**：本教材是考试大纲的具体体现，考试的命题范围、命题依据一般都不会超出教材，无论考试时试题怎么变化，所有的试题大都出自教材中。因此，对教材进行反复通读、精读是学习的重要方法。
- **归纳总结，注重实际**：学习时可以采用对比法、综合分析法等对相关知识点进行归纳总结，再对结论进行适当的记忆。同时尽量将理论与实际相结合，多做一些与具体实际相关的习题，特别是实务操作题，平时应注重提高实际操作的能力。
- **全真模拟，反复练习**：本书的配套光盘中的无纸化考试题库系统中提供了往年考试真题及由相关专家编写的模拟题，通过做题，不仅可以检验自己的学习效果，查漏补缺，还可以尽快掌握重要的知识点，找到真正考试的感觉。

四、应试技巧

无纸化考试所有试题都在计算机上操作完成，考试时只需带上身份证和准考证就行了。一般来说，答题时应采用“先易后难”的做题原则，将考试过程分成做简单题、攻克难题、检查三个步骤来进行，同时要看清题目，领会题目的考查意图，建议一定要看完所有的选项，然后再进行选择。

此外，不同的题型有不同的答题技巧，掌握下面这些技巧可以有效提高考试成绩。

（一）单项选择题

顾名思义，单项选择题只有一个正确答案。相对于其他题型，单项选择题是最简单的一种题型，能否在单项选择题中拿到尽可能高的分数是能否顺利通过考试的关键。解答单项选择题时，有以下技巧可供参考。

1. 运用排除法

如果解题时不能一眼看出正确答案，应首先排除明显是荒诞、拙劣或不正确的答案，尽可能排除一些选择项，可以提高选对答案的概率。例如：

RAM是（　）。

A. 随机存储器　　B. 外部存储器

C. 辅助存储器　　D. 内部存储器

显然，在本题中，答案B、C所表达的含义实质上是一样的，因为外部存储器实际上就是辅助存储器，所以这两个答案要么都对，要么都错。但这是一道单项选择题，不可能都对，于是选项B、C可以排除。（正确答案：A）

2. 运用比较法

比较法是指直接将各备选答案加以比较，并分析它们之间的不同点，集中考虑正确答案和错误答案的关键所在。例如：

委托外部单位开发会计软件的开发费用（　），开发时间（　），系统实用性（　）。

A. 低　短　好　　B. 低　长　差

C. 高　长　好　　D. 高　长　差

本题考核委托外部单位开发会计软件的优缺点，只要知道其中一个优缺点，就可以减少题目难度，比如知道该方法的开发费用高，则马上可以排除A选项和B选项，在剩余两个选项中选择。观察剩余两个选项后，只需要解决系统实用性好还是差即可，这样即使不会，也能将答题成功率从25%提高到50%。本题正确答案为D选项，考核的知识点为委托外部单位开发会计软件。委托开发费用较高，开发人员需要花大量的时间了解业务流程和客户需求，会延长开发时间，开发系统的实用性差。

3. 运用猜测法

如果在考试过程中，想尽方法都不能得出确定的答案，那也一定不要放弃，要充分利用所学知识去猜测答案。不选答案肯定不能得分，选了答案就有可能得分。在猜测之前，尽量先排除掉干扰答案，一般来说，排除的项目越多，猜测出正确答案的可能性就越大。

（二）多项选择题

多项选择题每道题所涉及的考点较多，但在答题技巧方面与单项选择题基本一致，需要注意的有以下两点。

- 多项选择题分值较高，每小题2分，但其评分标准一般是多选、少选、错选、不选均不得分，因此需要运用所掌握的知识推敲每一个答案，慎重选择。
- 多项选择题至少有两个正确答案，因此在运用排除法时只要能够准确地排除掉两个选项，剩余两个选项就是正确答案。

（三）判断题

判断题的评分标准是判断正确得1分，判断错误或不做判断的，不得分也不扣分。

对该类题型，需要准确地判断出题目的对错，做题时，尽量根据所掌握的知识对每个题做出判断，以下答题技巧可供参考。

- 分清绝对和相对概念。判断题中含有绝对概念的词，如“总是”“决不”等，这道题很可能是错误的。例如，“在Excel中排序时，可以进行升序或降序排列，但只能选择一个关键字。”这道题是错误的。而判断题中含有相对概念的词，包括“通常”“一般来说”“多数情况下”等，这道题很可能是正确的，例如“在同一会计软件中可以建立一个或多个账套。”，该题含有相对概念，其表述是正确的。
- 只要题目有一处错误，该题就可判断为错误。例如，“手工输入的记账凭证需要审核，计算机自动产生的机内凭证不需要审核。”这道题包含两个问题：手工输入的记账凭证是否需要审核？计算机自动产生的凭证是否需要审核？如果这两个问题中有一个是错的，那么整个命题就是错的。本题答案应该是“×”，错就错在第一个问题，计算机自动产生的机内凭证同样需要审核。
- 运用大概率事件。解答判断题是指出其是正确还是错误的，因此即使自己对题目完全没有把握，也有50%的概率猜对答案。这种方法只能运用在判断错误不倒扣分数的地区。

（四）实务操作题

实务操作题在无纸化考试中所占分值较大，共60分，很多考生将其视为考试中的高难度试题，但反过来考生更应该在这种题型中拿到尽可能多的分数。

进入操作题的操作环境后，考生首先应该全面浏览整个操作界面的所有信息，不要武断地按照自己的想法进行操作。一般来说，操作题会在当前的界面中给出每一步的详细参数或要求，考生只需按照这些指示进行相应操作即可。经过对历年会计电算化操作题的分析，现总结出一些答题技巧，供考生参考。

- **打好基础**：对于会计电算化考试而言，一套实务操作题由15小题组成，主要涉及会计软件的系统管理模块（账套的初始化设置）、账务处理模块（总账、报表、日常业务等）、固定资产模块以及工资模块等，因此考生在复习时应加强对会计软件各功能模块的熟悉和操作练习，打好基础。
- **见机行事**：会计电算化的操作环境默认根据正确的操作进行答题，对于错误的操作，要么无法执行，要么会给予相应错误提示，因此考生可以根据自己的操作和考试界面中给出的各种反馈来判断操作是否正确。